英国社会道德问题研究

（1660—1860）

姜德福 著

中国社会科学出版社

图书在版编目(CIP)数据

英国社会道德问题研究：1660—1860 / 姜德福著 . —北京：中国社会科学出版社，2023. 3

ISBN 978 - 7 - 5227 - 1483 - 7

Ⅰ. ①英… Ⅱ. ①姜… Ⅲ. ①道德—社会问题—研究—英国—1660 - 1860 Ⅳ. ①D756. 18

中国国家版本馆 CIP 数据核字（2023）第 031510 号

出 版 人 赵剑英
责任编辑 刘 芳
责任校对 郝阳洋
责任印制 李寡寡

出 版 中国社会科学出版社
社 址 北京鼓楼西大街甲 158 号
邮 编 100720
网 址 http://www. csspw. cn
发 行 部 010 - 84083685
门 市 部 010 - 84029450
经 销 新华书店及其他书店

印 刷 北京君升印刷有限公司
装 订 廊坊市广阳区广增装订厂
版 次 2023 年 3 月第 1 版
印 次 2023 年 3 月第 1 次印刷

开 本 710 × 1000 1/16
印 张 18. 5
字 数 267 千字
定 价 98. 00 元

目　　录

导　论

一　研究缘起

从17世纪中叶到19世纪中叶，是英国由传统农业社会向现代工业社会转型的关键时期。在这一时期，英国不仅实现了经济发展方式的转型，而且构建起新型的政治制度，与之相应的是在思想文化领域出现的一系列变化，其中就包括适应新社会制度的新型道德规范的塑造。当然，在这一过程中，作为现代化先行国的英国也遇到了前所未有的挑战，在社会转型过程中出现了许多前人未曾遇到的问题。英国在社会转型过程中遭遇的诸多问题，英国人对这些问题的解决及其经验教训，一直是学术界英国史研究中受到重点关注的问题。但是，相对于劳资关系、环境污染、贫困救济、犯罪等问题，英国转型过程中的道德问题并没有得到足够的重视。

在这一时期，英国社会出现了诸多道德问题。经济生活中的制售假冒伪劣产品、商业投机、金融投机、商业欺诈，社会生活中酗酒问题、卖淫问题的恶化、性道德的堕落，政治生活中的贪污、贿赂、渎职、闲职与干薪问题，甚至犯罪问题的恶化，都和道德失范有着极大的关系。这些道德问题极大地影响英国社会秩序稳定和社会发展，甚至威胁到国家政权的稳固。为此，英国政府、教会和社会有识之士大声疾呼，他们或者倡导回归传统道德，或者积极探索新的社会道德规范，试图填补道德真空；或者通过强化宗教信仰，来洗涤被污染的灵魂，强化道德教化；或者由国家政权出面，通过法制手段，用法律来解决因道德失范而引发的社会问题。通过长期不懈的努力，一种适合现代工业社会的道德规范逐渐确立，并与逐渐完善的法律制度一道，成为英国现代工业社会发展的保障。

作为原生形态的现代化国家，英国在近代社会转型时期遭遇的道德问题，政府及社会有识之士对这些问题的认识，他们提出的思想主张、采取的措施与行动，这些措施与行动的成效、经验与教训，都具有典型性，具有极高的学术研究价值。与此同时，这项研究不仅对于那些在社会转型时期都要经历“道德阵痛”的国家，而且对于我国解决改革开放以来出现的道德问题，也具有极大的借鉴意义。

二　研究状况概述

在这一时期的英国历史上，工业革命的开展、“光荣革命”的发生、立宪君主制的确立、内阁制度与政党制度的形成和发展、殖民扩张与大英帝国的建立、议会改革、宪章运动、苏格兰启蒙运动等，都吸引了学界的高度关注，因此，国内外史学界关于这一时期英国的研究成果可谓汗牛充栋。大致来看，关于这一时期英国社会道德问题的研究成果以专题研究居多数，且主要围绕以下问题而展开。

（一）关于酗酒问题的研究

酗酒问题是这一时期的严重社会问题和道德问题，禁酒成为解决这一问题的方案，“禁酒运动”也就随之出现。

国外史学界对这一时期英国酗酒问题及“禁酒运动”的研究成果较多。早在1854年，理查德·巴雷特就出版了《禁酒运动：起源、过程与成就》，[①] 对英国“禁酒运动”的缘起、进展以及取得的成绩做了分析。在这之后，这方面的研究成果就一直未断。塞缪尔·库林的《大不列颠及爱尔兰禁酒运动史》，[②] 对自兴起时到作者所处年代

① Richard Barrett, *The Temperance Movement: Its Rise, Progress and Results*, London: Mark Lane, 1854.

② Samuel Couling, *History of the Temperance Movement in Great Britain and Ireland*, London: William Tweedie, 1862.

的“禁酒运动”做了比较全面的描述。威廉·霍伊尔的《饮酒 50 年及其对这个国家的财富与工业利益的影响》对“禁酒运动”开展以来取得的成绩做了回顾，他认为“禁酒运动”的目标远未达到，“禁酒运动”任重道远。① 理查德·维尔皮·福伦齐的《饮酒在英国的 19 个世纪》对英国人的饮酒历史做了长时间回顾。② P. T. 温斯基尔的《禁酒运动及其参加者》重点对“禁酒运动”的支持者与参加者进行了研究。③ 约瑟夫·朗特里和阿瑟·舍韦尔的《禁酒问题与社会改革》对 19 世纪的“禁酒运动”做了总结性研究，与威廉·霍伊尔一样，他们也认为“禁酒运动”的目标还没有真正实现。④ 布莱恩·哈里森的《饮酒与维多利亚时代的人：1815 年至 1872 年英国的禁酒问题》分阶段研究了“禁酒运动”，并对各个社会阶层、各种社会力量在“禁酒运动”中的表现及作用做了深入分析。⑤ A. E. 丁格尔的《维多利亚时代英国的禁售运动》对“联合王国禁止贩运所有烈酒联盟”开展的通过立法打击酒类贸易的斗争做了描述，分析了“禁酒运动”失败背后的一些深层次原因。⑥ 莉莲·刘易斯·希曼的《维多利亚时代英国的反饮酒斗争》对“禁酒运动”的诸多因素作了分析，尤其对福音禁酒、“主日停业运动”“蓝带运动”等做了很好的研究。⑦ 约翰·格里纳韦的《饮酒与 1830 年以来的不列颠政治：一项关于政策制定的研究》分析了饮酒对 1830 年以来英国政治的影响，

---

① William Hoyle, *Fifty Years of Drinking, and Its Influence upon the Wealth and Industrial Well-Being of the Nation*, Manchester: United Kingdom Alliance, 1880.

② Richard Valpy French, *Nineteen Centuries of Drink in England: A History*, Edinburgh, 1884.

③ P. T. Winskill, *The Temperance Movement and Its Workers*, London: Blackie & Son, 1892.

④ Joseph Rowntree and Arthur Sherwell, *The Temperance Problem and Social Reform*, London: Hodder and Stoughton, 1901.

⑤ Brian Harrison, *Drink and The Victorians: The Temperance Question in England 1815 – 1872*, London: Faber and Faber, 1971.

⑥ A. E. Dingle, *The Campaign for Prohibition in Victorian England*, London: Croom Helm, 1980.

⑦ Lilian Lewis Shiman, *Crusade Against Drink in Victorian England*, Basingstoke: Macmillan, 1988.

并对英国解决酗酒问题的六种方法做了述评。[①] 当然，这些论著在研究“禁酒运动”的同时，也对酗酒问题的表现、原因、危害等做了分析。“杜松子酒热”在 18 世纪上半叶成为酗酒问题的突出表现，引发社会极大关注。帕特里克·狄龙的《杜松子酒：日内瓦夫人令人扼腕的逝去》[②] 和杰西卡·沃纳的《疯狂：理性时代的杜松子酒与放荡》[③] 对“杜松子酒热”给英国社会带来的危害进行了分析。由于国外相关著作与论文数量众多，这里只选取具有代表性的若干著作加以说明。

相比之下，国内史学界对这一时期英国酗酒问题及禁酒运动的研究就显得单薄许多。到目前为止，还没有相关的专门著作问世，已有成果皆为期刊论文与学位论文。其中主要的有：向荣的《啤酒馆问题与近代早期英国文化和价值观念的冲突》，许志强的《伦敦“杜松子酒之靡”：社会转型与酗酒问题》，谭赛花的《啤酒馆与英国近代早期平民公共领域的形成》，许志强的《19 世纪英国禁酒运动与工人文化转向》，曾亚英的《英国维多利亚时期的女性酗酒现象分析》，龚小刚的《工业革命时期英国工人形象的构建与权利的斗争——基于酗酒问题及其政治文化影响的考察》，魏子任、丁双双的《近代英国陆军士兵酗酒问题及禁酒运动》，邱振裕的《论 1829—1853 年英国的禁酒运动》，陈礼伟的《马修神父与 19 世纪爱尔兰禁酒运动研究》，王晨辉的《英国 19 世纪禁酒运动研究》等。[④]

---

① John Greenaway, *Drink and British Politics Since 1830: A Study of Policy-Making*, Basingstoke: Palgrave Macmillan, 2003.

② Patrick Dillon, *Gin: The Much Lamented Death of Madam Geneva*, London: Review Press, 2002.

③ Jessica Warner, *Craze: Gin and Debauchery in an Age of Reason*, London: Profile, 2003.

④ 向荣：《啤酒馆问题与近代早期英国文化和价值观念的冲突》，《世界历史》2005 年第 5 期；许志强：《伦敦“杜松子酒之靡”：社会转型与酗酒问题》，《史林》2011 年第 1 期；谭赛花：《啤酒馆与英国近代早期平民公共领域的形成》，《绥化学院学报》2006 年第 3 期；许志强：《19 世纪英国禁酒运动与工人文化转向》，《苏州科技学院学报》2014 年第 3 期；曾亚英：《英国维多利亚时期的女性酗酒现象分析》，《绵阳师范学院学报》2015 年第 1 期；龚小刚：《工业革命时期英国工人形象的构建与权利的斗争——基于酗酒问题及其政治文化影响的考察》，《长江师范学院学报》2014 年第 4 期；魏子任、丁双双：《近代英国陆军士兵酗酒问题及禁酒运动》，《军事历史研究》2013 年第 3 期；邱振裕：《论 1829—1853 年英国的禁酒运动》，硕士学位论文，南京大学，2015 年；陈礼伟：《马修神父与 19 世纪爱尔兰禁酒运动研究》，硕士学位论文，南京大学，2016 年；王晨辉：《英国 19 世纪禁酒运动研究》，博士学位论文，北京师范大学，2015 年。

（二）关于性道德问题的研究

性道德问题是这一时期英国又一个严重的社会问题，这一问题有两个突出的表现：上流社会的性道德堕落、卖淫问题的恶化。

在国外学术界的研究成果中，劳伦斯·斯通的《英国的家庭、性与婚姻 1500—1800》是这方面的重要著作，在该书中，斯通对1500—1800 年英国上层阶级的性态度与性行为、庶民的性行为进行了阐释，并以塞缪尔·佩皮斯和詹姆斯·鲍斯韦尔为例，进行了个案分析。[①] 威尼西亚·默里的《上流社会：摄政时代的社会史 1788—1830》对 18 世纪末到 19 世纪 30 年代英国王室及上流社会的性混乱现象进行了剖析。[②] 劳伦斯·斯通的《破裂的生活：1660—1857 年英国的分居与离婚》揭示了因为通奸等性道德问题而引发的夫妻分居与离婚问题，书中还列出了一些因为通奸而引发的离婚案件。[③] 朱迪思·R. 沃尔克维茨的《卖淫与维多利亚社会：女性、阶级与国家》从女性、阶级与国家的角度对维多利亚时代英国的卖淫问题及政府与社会团体为解决这一问题而进行的努力做了研究。[④] 保罗·麦克休的《卖淫与维多利亚时代社会改革》研究了维多利亚时代社会改革在解决卖淫问题上进行的不懈努力。[⑤] 葆拉·巴特利的《卖淫：1860—1914 年英国的预防与改革》对维多利亚时代严重的卖淫问题进行了分析，对感化与矫正妓女、为青年女工与少女提供教育与培训、援助单亲母亲、向议会请愿推进相关立法工作、提升男性性道德、打击色

① ［英］劳伦斯·斯通：《英国的家庭、性与婚姻 1500—1800》，刁筱华译，商务印书馆 2011 年版。

② Venetia Murray, *High Society: A Social History of the Regency Period 1788 - 1830*, London: the Penguin Group, 1998.

③ Lawrence Stone, *Broken Lives: Separation and Divorce in England 1660 - 1857*, Oxford: Oxford University Press, 1993.

④ Judith R. Walkowitz, *Prostitution and Victorian Society: Women, Class, and the State*, Cambridge: Cambridge University Press, 1980.

⑤ Paul McHugh, *Prostitution and Victorian Social Reform*, London: Routledge, 1980.

情出版物等活动进行了较为全面的描述。[①] 迈克尔·马森的《维多利亚时代性观念的形成》主要分析了维多利亚时代英国人的性观念形成过程及在这一过程中发挥作用的相关因素。[②] 杰弗里·威克斯的《性、政治与社会：1800 年以来的性控制》对 1800 年以来英国的性问题状况、性道德变化以及性政治问题做了阐释。[③] 珍妮·赫尔 - 埃蒙的论文《控制男性性行为：1690—1720 年道德改善协会在威斯敏斯特打击妓院的行动》，对"道德改善协会"开展的打击妓院与嫖娼行为的行动进行了分析。[④]

相比之下，国内学界在这方面的专门研究非常少，仅见于少数几篇论文，如韩红华的《19 世纪英国城市的娼妓问题》，曾亚英的《维多利亚时期英国城市的娼妓问题》，邹翔的《维多利亚时代的〈接触传染病法〉与中下层妇女的废法运动》，毛利霞的《19 世纪末英格兰社会净化运动》《约瑟芬·巴特勒与维多利亚时代废除〈传染病法〉运动》《19 世纪英国围绕性病防治的争端》，舒小昀的《英国十九世纪的离婚》等。[⑤]

（三）关于政治腐败问题的研究

政治腐败问题是这一时期英国政治生活中比较突出的道德问题，

---

① Paula Bartley, *Prostitution: Prevention and Reform in England, 1860 - 1914*, London: Routledge, 2000.

② Michael Mason, *The Making of Victorian Sexual Attitudes*, Oxford: Oxford University Press, 1994.

③ Jeffrey Weeks, *Sex, Politics and Society: The Regulation of Sexuality Since 1800*, Harlow: Pearson Education Limited, 2012.

④ Jennine Hurl-Eamon, "Policing Male Heterosexuality: The Reformation of Manners Societies' Campaign against the Brothels in Westminster, 1690 - 1720", *Journal of Social History*, Vol. 37, No. 4, Summer 2004.

⑤ 韩红华：《19 世纪英国城市的娼妓问题》，硕士学位论文，南京大学，2007 年；曾亚英：《维多利亚时期英国城市的娼妓问题》，《妇女研究论丛》2005 年第 3 期；邹翔：《维多利亚时代的〈接触传染病法〉与中下层妇女的废法运动》，《世界近现代史研究》第八辑，社会科学文献出版社 2011 年版；毛利霞：《19 世纪末英格兰社会净化运动》，《历史教学》2017 年第 12 期；毛利霞：《约瑟芬·巴特勒与维多利亚时代废除〈传染病法〉运动》，《北方论丛》2015 年第 4 期；毛利霞：《19 世纪英国围绕性病防治的争端》，《世界历史》2016 年第 5 期；舒小昀：《英国十九世纪的离婚》，《社会》2002 年第 2 期。

其表现主要有两个方面：一是政府官员的腐败问题；二是议会选举中的贿赂舞弊问题。学界在这方面的研究或集中在斯图亚特王朝前期，作为英国内战原因的一种探讨；或集中在维多利亚时代后期，因为这时的预防与打击腐败的立法逐渐加强。但对于我们所述这一时期的政治腐败问题，专门的研究很少，相关的研究多体现在关于英国文官制度改革、议会改革、18 世纪激进运动的相关研究成果中，作为其原因或背景来描述。

在国外学术界，诸多关于英国文官制度改革、议会改革、18 世纪激进运动的相关研究成果中，都涉及政治腐败问题，但并未将其作为主要研究内容来对待。关于英国政治制度与政党制度的研究成果在国外学界也有很多，因为均不是对政治腐败问题的专门研究，恕不在此一一介绍。专门研究这一时期英国政治腐败问题的成果不多，科尼利厄斯·奥利里的著作《不列颠选举舞弊行为的消除 1868—1911》、凯瑟琳·里克斯的论文《不列颠选举舞弊行为消除了？对〈1883 年取缔选举舞弊及非法行为法〉作用的重新评价》就是这些成果中的代表。①

与国外学术界的研究类似，国内学术界对英国政治腐败问题的研究也集中在斯图亚特王朝前期和维多利亚时代后期。例如龚敏的论文《早期斯图亚特英国贵族官员腐败行为剖析》及《论近代早期英国政治社会监督机制与社会腐败》就属于前一类的研究成果。② 吴宪的硕士学位论文《19 世纪末 20 世纪初英国政治腐败问题探析》、邓若迅的论文《英国贿赂罪改革研究》则属于后一类研究成果。③ 而程西筠

① Cornelius O'Leary, *The Elimination of Corrupt Practice in British Elections, 1868 - 1911*, New York: Oxford University Press, 1962; Kathryn Rix, " The Elimination of Corrupt Practices in British Election? Reassessing the Impact of ' the 1883 Corrupt Practices Act' ", *English Historical Review*, Vol. CXXIII, No. 500 (Feb. 2008).

② 龚敏：《早期斯图亚特英国贵族官员腐败行为剖析》，《湖南科技大学学报》2005 年第 4 期；龚敏：《论近代早期英国政治社会监督机制与社会腐败》，《湖南科技大学学报》2006 年第 4 期。

③ 吴宪：《19 世纪末 20 世纪初英国政治腐败问题探析》，硕士学位论文，辽宁大学，2014 年；邓若迅：《英国贿赂罪改革研究》，《中国刑事法杂志》2012 年第 3 期。

的论文《从恩赐官职到择优录士——十九世纪中叶英国文官制度的改革》，陈友义的论文《试论 19 世纪中期英国文官制度改革》，施兴和、舒一新的论文《一八六七年英国议会改革起因、动因、后果简论》，张延华的论文《廉洁与效率：英国两次文官制度改革的共同价值取向》等研究议会改革与文官制度改革的成果中也对政治腐败问题有所涉及。[①] 另外，在研究英国政治制度史、英国政党史的成果中，也有相关研究内容。例如阎照祥的《英国政治制度史》、程汉大的《英国政治制度史》、阎照祥的《英国政党政治史》等。[②] 但国内学界对这一时期英国政治腐败问题的专门研究成果很少，如张怀印的论文《19 世纪英国治理选举舞弊现象的法律规制及其借鉴》对 19 世纪英国选举舞弊问题的表现、后果及政府通过的相关法律及其治理效果进行了较为全面的研究。[③]

（四）关于教会、政府和社会团体在道德改善中作用的研究

教会是这一时期道德问题治理中一支不可忽视的力量。无论是被认为普遍存在的不敬神问题，还是作为道德的传统维护者与仲裁者，都决定了教会对道德问题不应该漠然视之，在道德问题治理中也不可能置身事外。在学界研究英国社会史、宗教史尤其是研究福音运动及一些新兴教派的成果中，以及研究这一时期英国道德改善、教育和慈善活动的成果中，都会涉及教会在道德问题治理中的作用问题，但专门研究教会与这一时期英国社会道德问题的成果很少。由于国内外学

---

① 程西筠：《从恩赐官职到择优录士——十九世纪中叶英国文官制度的改革》，《世界历史》1980 年第 5 期；陈友义：《试论 19 世纪中期英国文官制度改革》，《嘉应大学学报》2003 年第 1 期；施兴和、舒一新：《一八六七年英国议会改革起因、动因、后果简论》，《历史教学问题》1996 年第 3 期；张延华：《廉洁与效率：英国两次文官制度改革的共同价值取向》，《山东师范大学学报》2002 年第 1 期。

② 阎照祥：《英国政治制度史》，人民出版社 1999 年版；程汉大：《英国政治制度史》，中国社会科学出版社 1995 年版；阎照祥：《英国政党政治史》，中国社会科学出版社 1993 年版。

③ 张怀印：《19 世纪英国治理选举舞弊现象的法律规制及其借鉴》，《湖南科技大学学报》2008 年第 2 期。

界研究英国宗教史的论著数量很多，这里就不一一列举了。

在国外学术界很多专题性研究成果中，如托马斯·沃尔特·拉奎尔的著作《信仰与尊重：1780—1850 年的主日学校与工人阶级文化》、特吕格弗·R. 索福森的论文《维多利亚时代主日学校中的道德教育》谈到了教会在其中的作用。①

在国内学术界，许志强的论文《英国主日学校运动背景、发展与影响》、陈翠翠的硕士学位论文《试论 1780—1870 年的英国主日学校》等，也或多或少谈到了教会在其中的作用。②

在这一时期的英国，不少道德问题同时也是社会问题甚至犯罪问题，因此，需要政府介入，运用法律手段加以遏制和打击，并通过改进民众教育来提升社会道德水平。对政府在这一时期道德问题治理中的行为及作用，学界的相关研究多散见于对酗酒、卖淫、腐败、制售假冒伪劣商品等道德问题的研究成果中，也见于关于道德改善团体的研究成果中。这些论著已见于前述相关研究成果中，或将见于下述专项研究成果中，故不在此处赘述。

在这一时期英国道德问题的治理中，各种协会、志愿团体扮演着主要角色，发挥了其他力量无法企及的作用。这些协会、志愿团体数量多，波及地域广，涉及问题领域多，其成员分布在社会各阶层，活动方式多样，社会影响大。因此，学界对其关注非常多，相关的研究成果也多。

在国外学术界的研究成果中，M. J. D. 罗伯茨的《塑造英国人的品德：1787—1886 年英国的志愿协会与道德改善》对志愿协会在 18

---

① Thomas Walter Laqueur, *Reiogion and Respectability: Sunday Schools and Working Classs Culture1780 - 1850*, New Haven: Yale University Press, 1976; Trygve R. Tholfsen, "Moral Education in the Victorian Sunday School", *History of Education Quarterly*, Vol. 20, No. 1 (Spring, 1980), pp. 77 - 99.

② 许志强:《英国主日学校运动背景、发展与影响》,《历史教学》(下半月刊) 2011 年第 14 期; 陈翠翠:《试论 1780—1870 年的英国主日学校》, 硕士学位论文, 苏州科技学院, 2010 年。

世纪 80 年代到 19 世纪 80 年代道德改善中的作用进行了探讨。[①] 阿兰·亨特在《监管道德：道德规范的社会史》中对 1690—1738 年的“道德改善协会”和 19 世纪初的“抑制恶习协会”做了分析。[②]

在国内学术界的研究成果中，袁弋胭的《19 世纪英国中产阶级自愿社团研究》虽非以道德改善为研究主题，但对 19 世纪英国中产阶级自愿社团在促进道德改善中的作用多有涉及。[③] 吕晓燕的《施善与教化：伦敦的慈善组织研究（1700—1900）》虽然以慈善组织为研究对象，但也分析了这些慈善组织在促进道德改善方面的作用。[④]

（五）关于思想文化界在道德改善中作用的研究

面对道德问题，英国思想文化界以各种方式参与道德改善，他们揭露社会丑恶现象，唤醒人们的良知，提出自己的主张，为即将到来的工业社会勾画道德蓝图。1845 年，恩格斯在德国莱比锡出版了《英国工人阶级状况》一书，恩格斯在书中对当时英国社会的道德问题尤其是工人阶级的道德问题进行了深刻的剖析。笔者未见到国外学界在这方面的研究成果，国内学界有学者对恩格斯在这本书中阐明的道德思想进行了分析。[⑤]

---

① M. J. D. Roberts, *Making English Morals*: *Voluntary Association and Moral Reform in England*, *1787 - 1886*, Cambridge: Cambridge University Press, 2004.

② Alan Hunt, *Governing Morals*: *A Social History of Moral Regulation*, Cambridge: Cambridge University Press, 1999.

③ 袁弋胭：《19 世纪英国中产阶级自愿社团研究》，中国社会科学出版社 2017 年版。

④ 吕晓燕：《施善与教化：伦敦的慈善组织研究（1700—1900）》，中国社会科学出版社 2018 年版。

⑤ 相关研究主要有，刘戎：《从恩格斯〈英国工人阶级状况〉论当代中国工人阶级的道德现状与认同》，《江苏社会科学》2012 年第 2 期；刘星：《简论〈英国工人阶级状况〉的阶级伦理思想》，《南昌大学学报》2006 年第 6 期；池小平：《无产阶级道德原则的精辟阐述——学习恩格斯〈英国工人阶级状况〉札记》，《内蒙古电大学刊》2006 年第 2 期；杨新新：《诚信首先是经济范畴——重读恩格斯〈英国工人阶级状况〉序言》，《许昌学院学报》2004 年第 6 期；高兆明：《主观善、客观善与商业道德——重读恩格斯〈英国工人阶级状况〉1892 年序》，《浙江社会科学》2004 年第 1 期；吴仁平：《恩格斯对资产阶级利己主义和金钱道德的批判及其意义——读恩格斯〈英国工人阶级状况〉》，《宜春师专学报》1995 年第 1 期；朱法贞：《恩格斯伦理思想简论》，《杭州大学学报》1989 年第 1 期。

亚当·斯密、大卫·休谟、伯纳德·曼德维尔以及苏格兰学派和功利主义思想家都有许多关于道德问题的论著，对他们道德思想的研究历来是学界研究的重要内容，而且相关研究成果数量庞大，故无法在此一一列举介绍。然而，就回应这一时期的道德问题以及为资本主义经济发展提供道德合理性而言，似乎斯密与曼德维尔更受学界关注。一些学者侧重从斯密为资本主义社会的良序运转提供道德支持以及斯密对现代社会道德秩序转换与重建所做的工作展开研究，而对曼德维尔道德思想的研究也关注到他对激情和欲望在资本主义经济发展中作用的肯定。①

“道德主题”是 18 世纪以来小说创作的重要主题，这方面的研究成果非常多，对作家个人和单个小说作品的相关研究更是浩如烟海，故不在此赘述。与“道德题材”的小说创作一样，“道德主题”的漫画创作在抨击道德堕落行为、倡导美德、促进道德改善方面的作用同样重要，这方面的研究成果值得注意。国外学界的研究成果有爱德华·福克斯的《欧洲漫画史（上卷）：古代—1848 年》，国内学界的研究成果有赵海虹的《“道德研究”——威廉·贺加斯的“现代道德主题”绘画》。②

（六）其他研究

制售假冒伪劣商品问题是这一时期经济生活中的一个突出问题，也是构建市场经济条件下商业道德规范必须解决的问题，学界对这一时期制售假冒伪劣商品问题及其治理进行了研究。在国外学界，约翰·伯内特的《丰裕与贫乏：1815 年以来的英国食品史》对 1860 年

---

① 这方面的论著也很多，这里仅举几例，如，陈晓龙、张鲲：《论亚当·斯密的良序经济社会思想》，《天津社会科学》2011 年第 4 期；张鲲：《斯密对现代社会道德秩序的转换与重建》，《湖北行政学院学报》2011 年第 2 期；张江伟：《欲望、自利与商业社会——从曼德维尔到凡勃伦的思想史考察》，博士学位论文，浙江大学，2015 年；罗卫东：《亚当·斯密的伦理学——〈道德情操论〉研究》，博士学位论文，浙江大学，2004 年。

② ［德］爱德华·福克斯：《欧洲漫画史（上卷）：古代—1848 年》，章国锋译，商务印书馆 2017 年版；赵海虹：《“道德研究”——威廉·贺加斯的“现代道德主题”绘画》，中国美术学院出版社 2017 年版。

英国关于食品掺假的法令进行了重点研究。[①] 罗杰·斯科拉的《养育维多利亚时代的城市：1770—1870 年曼彻斯特的食品供应》中也有关于打击食品掺假问题的研究内容。[②]

国内学界对英国打击食品掺假问题的研究成果不多，专著只有一部，即魏秀春的《英国食品安全立法与监管史研究（1860—2000）》。[③] 相关论文有若干篇，如刘金源、骆庆的《19 世纪伦敦市场上的牛奶掺假问题》，兰教材的《19 世纪初英国食品药品掺假泛滥的历史原因》《论英国媒体的食品药品掺假观（1850—1860）》，温小辉的《维多利亚时期英国食品掺假问题研究》等。[④] 在当时的道德改善派看来，懒惰是一个严重的道德问题和社会恶习。但是，学界对这一问题的研究主要体现在关于济贫问题的研究成果中。例如丁建定的《英国济贫法制度史》、郭家宏的《富裕中的贫困——19 世纪英国贫困与贫富差距问题研究》都对济贫法制定与实施过程中的道德原则进行了评析。[⑤]

这一时期英国道德改善运动有三次高潮，第一次在 17 世纪 90 年代到 18 世纪 30 年代，第二次在 18 世纪中叶，第三次在维多利亚时代。其中，18 世纪中叶的道德改善运动高潮持续时间最短，而维多利亚时代的道德改善运动持续时间最长。学界的相关研究多集中于第一次和第三次高潮。

---

① John Burnett, *Plenty and Want: A Social History of Food in England from 1815 to the Present*, London, 1989.

② Roger Scola, *Feeding the Victorian City: The Food Supply of Manchester, 1770 - 1870*, Manchester: Manchester University Press, 1992.

③ 魏秀春：《英国食品安全立法与监管史研究（1860—2000）》，中国社会科学出版社 2013 年版。

④ 刘金源、骆庆：《19 世纪伦敦市场上的牛奶掺假问题》，《世界历史》2014 年第 1 期；兰教材：《19 世纪初英国食品药品掺假泛滥的历史原因》，《哈尔滨师范大学学报》2018 年第 3 期；兰教材：《论英国媒体的食品药品掺假观（1850—1860）》，《吉林广播电视大学学报》2018 年第 12 期；温小辉：《维多利亚时期英国食品掺假问题研究》，硕士学位论文，河北大学，2018 年。

⑤ 丁建定：《英国济贫法制度史》，人民出版社 2014 年版；郭家宏：《富裕中的贫困——19 世纪英国贫困与贫富差距问题研究》，社会科学文献出版社 2016 年版。

在国外学界，马丁·英格拉姆的文章《现代早期英国的道德改善》、安德鲁·戈登·克雷格的论文《1688—1715 年的道德改善运动》、凯伦·索尼利特的论文《道德改善协会、王权与民族国家 1696—1717》，都对 17 世纪晚期到 18 世纪中叶的道德改善运动进行了研究。①

在国内学界，李晴的论文《17 世纪末到 18 世纪上半期英国社会道德与习俗改良运动研究》对 17 世纪末到 18 世纪上半期的道德改善运动做了研究，侧重分析“道德改善协会”“信仰协会”“基督教知识促进协会”开展的活动情况及其效果。② 崔明远的论文《英国道德与习俗改良运动研究（17 世纪末—18 世纪中期）》对 17 世纪末到 18 世纪中期的道德改善运动做了研究，特别对“揭发者”这一运动中的群体活动及其影响做了分析。③

对于 18 世纪中叶到 18 世纪末的道德改善运动，学界研究不多，乔安娜·英尼斯的文章《政治与道德：18 世纪晚期英国的道德改善运动》就是这为数不多的研究成果之一。④

维多利亚时代的道德改善与道德建设持续时间长、对后世影响大，自然吸引了学者们的高度关注，这方面的相关研究与专题研究成果也较多。然而，全面的研究成果并不多。在国外学界，格特鲁德·西梅尔法布的《社会堕落：从维多利亚时代的美德到现代价值观》对

---

① Martin Ingram, “Reformation of Manners in Early Modern England”, in Paul Griffiths, Adam Fox, and Steve Hindle eds., *The Experience of Authority in Early Modern England*, New York: St. Martin's Press, 1996; Andrew Gordon Craig, *The Movement for the Reformation of Manners, 1688 - 1715*, Ph. D., University of Edinburgh, 1980; Karen Sonnelitter, “The Reformation of Manners Societies, the Monarchy, and the English State, 1696 - 1717”, *The Historian*, Vol. 72, Issue 3, Fall 2010.

② 李晴:《17 世纪末到 18 世纪上半期英国社会道德与习俗改良运动研究》，硕士学位论文，北京师范大学，2007 年。

③ 崔明远:《英国道德与习俗改良运动研究（17 世纪末—18 世纪中期）》，硕士学位论文，兰州大学，2017 年。

④ Joanna Innes, “Politics and Morals: The Reformation of Manners Movement in Later Eighteenth-Century England”, in Joanna Innes, *Inferior Politics: Social Problems and Social Policies in Eighteenth-Century Britain*, Oxford: Oxford University Press, 2009.

维多利亚时代道德建设进行了全面的高度思考，阐述了维多利亚时代倡导的美德向维多利亚价值观的转变及其影响。①

在国内学界，李增、龙瑞翠在论文《英国“黄金时代”道德风尚之流变——英国维多利亚社会阶级与道德关系流变探论》中，对维多利亚时代社会阶级与道德关系流变进行了考察，指出维多利亚社会经济的迅速发展导致贵族、中产阶级和无产阶级在社会政治文化地位上的迅速变化与相应调整，由此整个社会生活中的主流道德风尚也随之发生调整。②

还有一些研究成果试图从更长时段来考察英国道德改善的发展历程。在这方面，国外学界的研究成果不少，其中 M. J. D. 罗伯茨的《塑造英国人的品德：1787—1886 年英国的志愿协会与道德改善》通过对道德改善运动中市民志愿团体活动的考察，展示了 18 世纪晚期到 19 世纪晚期英国道德改善运动的历史面貌。阿兰·亨特在《监管道德：道德规范的社会史》中对自 17 世纪末以来的道德规范与道德控制进行了分析，进一步加深了对这一问题的认识。爱德华·布里斯托的《恶习与警惕：1700 年以来不列颠的净化运动》对 17 世纪晚期到现代英国历史上开展的道德运动进行了研究，认为“全国警惕协会”的建立及其活动是 19 世纪英国道德运动的一个高潮。③

相比之下，国内学界的研究成果较少，李强在《英国工业革命时期社会道德的文化研究》一书中，对工业革命时期英国社会各阶层的道德倾向、社会道德的文化整合、主流道德文化的成因与影响进行了全面解读。④

道德观念与行为的变化会影响到人们社会行为观念、职业行为观念以及礼貌观念与行为的变化。有学者对这些问题进行了探讨。在国

---

① Gertrude Himmelfarb, *De-Moralization of Society*: *From Victorian Virtues to Modern Values*, New York: Vintage Books, 1995.

② 李增、龙瑞翠：《英国“黄金时代”道德风尚之流变——英国维多利亚社会阶级与道德关系流变探论》，《东北师大学报》2008 年第 6 期。

③ Edward Bristow, *Viceand Vigilance*: *Purity Movement in Britain Since 1700*, Dublin: Gill and Macmillan, 1977.

④ 李强：《英国工业革命时期社会道德的文化研究》，云南大学出版社 2015 年版。

外学界，马乔里·摩根的《1774—1858 年英国的风俗、道德与阶级》一书，考察了 18 世纪 70 年代到 19 世纪中叶英国社会的社会行为观念和职业行为观念的演变。[①] 菲力普·卡特的《人与文明社会的形成，1660—1800 年的不列颠》一书，考察了 17 世纪晚期和 18 世纪"politeness"与"manliness"两个概念及其相互关系的演变，指出这一时期英国出现了社会教养的观念，无论在城市还是乡村，无论在咖啡馆等公共场所还是家中，优雅的行为举止都受到鼓励和尊敬。[②]

国内学界这方面的研究成果极少，笔者只见到曲卫国的《近代英国礼貌变革研究》一书对近代英国礼貌变革与社会发展的关系进行了研究。[③]

由于笔者能力所限，对相关研究成果的搜集难免挂一漏万，但上述研究成果应该能够反映学界对这一时期英国社会道德问题的研究状况。

从已有研究成果来看，学界对这一时期英国社会道德问题的研究还存在一些不足。总体来说，这些不足主要集中在以下几个方面。第一，缺少总体的长时段研究，进而影响了对这一时期英国社会道德问题及其治理的整体认识。第二，对这一时期英国社会道德问题的成因认识不足，例如这一时期的道德教育存在什么问题？教会对社会道德的传统管控手段是怎样失效的？第三，对一些问题的认识不够全面，例如对政治腐败问题及其治理的研究多从政治角度出发，忽视了对政治道德规范构建的考察；对食品掺假问题及其治理多从食品安全角度开展研究，并未对商业道德规范的构建进行深入研究；色情出版物问题、奢侈与赌博问题当时也被列为严重的道德问题，但这方面的专门研究似乎关注不够。第四，对贵族与教会在这一时期道德改善运动中的作用重视不够，对社会下层的道德认同研究不够，对社会下层的

① Marjorie Morgan, *Manners, Morals and Class in England, 1774 - 1858*, London: Macmillan Press Ltd., 1994.

② Philip Carter, *Men and the Emergence of Polite Society, Britain 1660 - 1800*, Edinburgh: Pearson Education Ltd., 2001.

③ 曲卫国：《近代英国礼貌变革研究》，复旦大学出版社 2017 年版。

“自尊运动”缺乏研究。第五，对斯密、边沁、曼德维尔、汉娜·莫尔等思想文化界人物的道德观念与思想以及对“道德改善协会”等道德改善团体的研究存在不足。

三 内容简介

1660—1860 年是英国从传统农业社会向工业社会转型的关键时期。在这一时期，英国社会出现了诸多道德问题。在这些道德问题中，问题较为突出、影响范围较广、社会关注度较高、社会各方面力量投入较大精力予以治理的是酗酒问题、性道德问题和政治腐败问题，可以说，这三个问题极具代表性。本书将在以下五章分别对酗酒、性道德、政治腐败三个突出的道德问题，以及教会、政府和社会团体在道德改善中的作用，思想文化界的道德关怀与思考展开论述。

第一章分析酗酒问题及其治理。这一时期英国社会酗酒问题恶化，18 世纪中叶的“杜松子酒热”是酗酒问题恶化的一个标志性事件。酗酒问题的恶化，既有个人原因，但更重要的是社会原因。酗酒不仅对饮酒之人造成身体伤害，也给其家庭带来贫困等严重问题，并导致骚乱和其他社会恶习甚至犯罪，更与清醒、节制、自律等良好品行不相容，也不利于资本主义经济发展。因此，治理酗酒问题成为一项重要的社会任务。自 17 世纪下半叶到 19 世纪初，英国社会对酗酒问题的治理，基本围绕酒类销售展开，然而，这背后存在着道德改善运动对遏制酗酒问题的推动。19 世纪英国遏制酗酒问题的重点转移到禁酒上来，禁酒运动的组织化程度有很大提高，这些禁酒组织致力把英国打造成一个清醒、节制的国家。在这个过程中，温和禁酒与绝对禁酒两种目标并存，道德劝诫与法律禁售两种方式交织，教会、政府、社会团体共同参与推进，虽说禁酒的理想目标未能实现，但酗酒问题的治理向前迈进了一大步。

第二章分析性道德问题及其治理。这一时期英国社会的性道德问题主要表现为上流社会的性道德问题突出和卖淫问题的恶化。拳养情妇、通奸、嫖妓、猥亵女性、双重性道德标准是上流社会性道德问题的主要表现。价值观念的混乱与缺失，婚姻制度与继承制度，王室成员混乱的婚外性关系等，都成为上流社会性道德问题的诱因。上流社会性道德问题既是这一时期英国社会性道德问题的重要组成部分，同时也对整个社会性道德问题的恶化起到推动作用。上流社会的性道德问题颇受诟病，但社会各界对卖淫问题的恶化显然更为担忧。这是因为，卖淫问题不仅带来社会道德恶化，还与拐卖妇女儿童、偷盗、抢劫等犯罪纠缠在一起。因此，卖淫问题既是道德问题，也是社会问题。妓女人数增多，妓女构成与卖淫场所多样化，童妓问题严重，都说明卖淫问题的恶化。导致卖淫问题凸显的原因有工业化与城市化带来的社会道德失范问题，有国家与教会在社会道德规范上的失职失责，也有贫穷、失业等许多其他原因。英国社会各界试图主要通过教育改造妓女、打击与惩处卖淫活动来遏制与解决卖淫问题。但是，无论是教育改造妓女，还是打击惩处卖淫活动，都没有收到令人满意的效果，卖淫活动仍然存在，且在一定时间、一定区域内呈现恶化趋势。直到 19 世纪末，对卖淫问题的治理才收到较好的成效。

第三章分析政治腐败问题及其治理。这一时期英国的政治腐败问题十分突出，既有官员腐败问题，也有议会选举中的贿赂舞弊问题。裙带关系、买卖官职、虚领职衔、领取干薪、权钱交易、权色交易、贪污挪用公款、玩忽职守等，官场中的腐败问题不一而足。而在议会选举中，控制选区、操纵选举、贿买选民、买卖议席等构成了日益严重的选举腐败问题。政治腐败问题既是政治问题，也是道德问题。这一时期英国政治腐败问题的根源在于贵族寡头政治体制，官员任命的“恩赐制”与政党分赃制、议会选举制度、民众权利意识与民主意识的缺乏、权力监督机制的失效与缺失等，也是导致腐败问题的主要原因和条件。这些腐败问题不仅败坏了政治风气，有损于政府的权威，而且助长了社会道德问题的进一步恶化。在这一时期，英国政府对政治腐败问题的治理偏向于政治处理与法律惩处，但由于这些处理手段均未触及其根源，其结果往往治标不治本。直到 19 世纪中期以后，随着文官制度改革和议会改革的推进，以及相关法律的陆续出台，政治腐败问题才开始得到有效治理。

第四章分析教会、政府和社会团体在道德问题治理中的地位与作用。作为道德领域传统的维护者与仲裁者，教会自然不可能对道德问题置身事外。但此时教会面临的不仅是道德混乱问题，还有对其更为重要的道德标准世俗化与多元化问题。教会虽然支持对诸多道德问题的治理，但其最关心也用力最大的是渎神问题。因为在教会看来，道德问题凸显的根本原因是人们的信仰淡薄，而解决道德问题的根本途径就是强化基督教信仰。可以说，教会意图重振其在道德领域的独占权力。然而，教会自身存在的问题以及社会的世俗化趋势，都使得教会的这一目的很难达成。道德问题的治理既要重视价值观念、意识形态包括宗教在内的软性机制，也要重视政府和法律所代表的硬性机制。王室公告的发布、议会相关立法工作的加强、司法机关道德执法力度的强化、对道德改善团体的支持，都是政府发挥作用的体现。然而，政府作用的发挥应该主要通过法律与教育手段来实现。可惜的是，这一时期英国政府在这两方面的工作都存在较大问题。其主要原因在于，政府治理道德问题的重心在于维护与整顿社会秩序，这必然影响到政府在道德问题治理中作用的发挥。道德改善团体等社会团体是道德问题治理的重要力量。这一时期涌现的“道德改善协会”等道德改善团体及其他社会团体，主要通过宣传教育、揭发与控告道德犯罪者等手段，倡导与推动对道德问题的治理。应该说，这些道德改善团体在遏制与打击道德堕落行为，扭转道德混乱局面，倡导道德规范方面付出了很多努力，发挥了十分重要的作用。然而，由于它们自身存在的问题，它们与教会和政府间合作的不畅，以及社会上存在的种种阻力，这些团体起起伏伏，在它们推动下的道德改善与道德问题治理也就潮涨潮落。

第五章分析思想文化界的道德关怀与思考。这一时期的思想文化界也存在道德问题，例如色情出版物问题、戏剧创作与演出中的渎神下流言行。对这些问题的治理，既要靠政府加强管理，也要靠文化界自我约束。“道德主题”小说与绘画的出现与流行，感伤戏剧对道德教化的重视，都是文化界助力道德问题治理的举措。以查尔斯·狄更斯为代表的一大批作家用他们的文学作品揭露社会丑恶现象，唤醒人们的良知，推动道德问题的治理与道德改善。工业革命时期是英国社会道德问题凸显的时期。旅居英国的恩格斯在关注英国工人阶级状况的时候，也十分关注英国工业革命时期的道德问题，并对此做了深入分析，指出这些问题的根源就在于资本主义制度。以亚当·斯密为代表的苏格兰学派思想家为解决道德问题提出了思考，他们不再从宗教信仰中寻求答案，而是从人性出发，充分肯定人的欲望与利益诉求的道德合理性，为资产阶级与资本主义提供道德合理性，为“商业社会”的良序运转提供道德规范或“一般准则”，为即将到来的工业社会勾画了道德蓝图。

通过这五章的探究，本书努力在以下几个方面加深或拓展英国道德问题研究。第一，对酗酒问题、性道德问题、政治腐败问题这三个具有代表性的道德问题做200年的中长时段研究，探讨了其背后的成因，揭示了其造成的后果，并对其治理过程及效果进行了分析。第二，在对性道德问题的研究中，对以往学界忽视的英国上流社会性道德问题做了分析，尤其强调了其对英国社会性道德风气的恶劣影响。第三，与学界多从政治角度看待腐败问题不同，从道德角度分析政治腐败问题，从建设政治道德的角度看待对腐败问题的治理，重视腐败问题对社会道德风气的不良影响。第四，分析了教会、政府、社会团体在道德改善中的作用，既指出它们对道德问题的重视，又强调其各自的侧重点，教会的目的在于维护其道德话语权，政府的目的在于维护社会秩序，而资产阶级的目的则在于对工人阶级进行道德规训。第五，对学界重视不够的亚当·斯密的道德思想做了分析，强调其为资本主义社会确立道德合法性的重要作用。

本书采取的是专题研究模式，选取了酗酒问题、性道德问题、政治腐败问题三个突出问题进行个案研究，分析了教会、政府、社会团体在道德改善中的作用，也对思想文化界的道德关怀与思考做了讨论。应该指出的是，在这200年间，英国社会发生了巨大变化，社会道德问题也十分复杂，如果能够作历时性考察，深刻全面揭示英国社会道德问题的历史演变，当是最理想的研究模式，但这既非本书的研究构想，亦非本人能力所及，同时也不是本书篇幅所能承载的。作者深知，本书选取的三个问题，远远不能涵盖这一时期英国所有的道德问题，但如果本书能够对这一时期英国社会道德问题的研究做出微薄贡献，亦不胜荣幸与欣喜。

第一章　酗酒问题

饮酒是英国人生活中不可缺少的一部分。在我们所述的这一时期，上至王室、贵族，下到普通民众，每天的餐桌上都离不开酒，至于招待亲朋好友更少不了美酒，节日喜庆之时要用美酒助兴，愁苦烦闷的时候也要借酒浇愁。闲暇之余，上流社会人士在私人俱乐部里与友人畅饮，工人们则常常在一天的繁重劳动之余与工友到酒馆里喝上几杯。可以说，这样的酒文化已经融入英国人的生活当中。但是，在极为普遍的饮酒行为中衍生出一个严重的社会道德问题——酗酒。到18世纪末19世纪初，酗酒问题呈现日益严重的态势。

一　酗酒问题的恶化

在这一时期的英国，绝大多数人都或多或少地饮酒，上自国王，下至贩夫走卒，概莫能外。可以说，许多人的日常生活都离不开酒，绝大多数场合都要有酒相伴，而且在不同的场合还要喝不同的酒。“不管是做生意订合同，签署法律文件或遗嘱，写大学的演讲稿，还是准备父亲的葬礼，人们都需要喝杯酒助兴。”[①] 赫维勋爵记录了在罗伯特·沃波尔位于诺福克的霍顿宅邸举行的宴会：

> 我们通常会30多人举行小型聚会，坐在一起会餐，吃的是

① ［美］阿瑟·赫尔曼：《苏格兰：现代世界文明的起点》，启蒙编译所译，上海社会科学院出版社2016年版，第179页。

牛肉、鹿肉、鹅、火鸡，等等；通常会喝红葡萄酒、浓啤酒和潘趣酒。我们当中有教会贵族和世俗贵族，还有平民、牧师和许多自由持有农。

宴会之上，所有人兴高采烈、吵吵嚷嚷、推杯换盏，场面十分热闹。[①] 书商詹姆斯·拉金顿与自己的一个朋友好久不见，他说：

> 但是一年以后，我在路上召唤他来喝一壶好啤酒。再过几年之后，我邀请我的朋友们来吃饭，给他们端上烤小牛肉片，在接下来的宴会进程中，再端上火腿肉和布丁。有的时候一杯兑水白兰地是一种奢侈；接下来是葡萄酒，只要我收入的三分之二能让我负担得起好的红酒，它就会出现在我的餐桌上，而不是此后很久出现的雪莉酒。[②]

在饮酒大军中，成年男性是绝对的主力，但是，女性与儿童也是不可忽视的饮酒力量。在约克郡有一首古老的歌谣，反映了这一情况：

> 转呀转，转呀转，香甜的苹果派
> 爸爸喜爱麦芽酒，我也爱
> 妈妈起床，给我们把酒倒上
> 爸爸和我把它全部喝光
> 全部喝光
> 全部喝光[③]

由此看来，饮酒不仅是这一时期英国人生活的一部分，而且形成

---

① Roy Porter, *English Society in the 18th Century*, London: Penguin Books Ltd., 1991, p. 64.

② Roy Porter, *English Society in the 18th Century*, p. 54.

③ Lilian Lewis Shiman, *Crusade Against Drink in Victorian England*, 导言前插页。

一种饮酒之风，各个社会阶层，无论男女老幼，绝大多数人都被卷入其中。在某种程度上可以说，饮酒“与人生的每个环节都有联系”[①]。

能够反映这一时期英国人饮酒行为的还有酒类产量与酒类消费量。1690 年，英国的酒类产量还不到50 万加仑，在这之后仅仅10 年就翻了一番，以后更是不断提高。“1684 年英国的蒸馏酒总量为 52.7 万加仑，到 1735 年增加到 539.4 万加仑，但是人口并无相对的增加。”[②] 在苏格兰，1708 年生产了 5 万加仑威士忌，到 1783 年，仅仅高地地区就生产了近 70 万加仑威士忌，而低地地区则超过 100 万加仑威士忌。[③] 如果再加上进口酒类，英国人的酒类消费量就可想而知了。数量庞大的国产酒与进口酒，通过各地众多大大小小的俱乐部、旅店、酒馆等，被英国人喝进腹中。18 世纪初，“伦敦一地的酒类消费量为一年 1120 万加仑，约合每个成人年平均饮酒 7 加仑，这些酒由散布在伦敦各处的 207 家旅店、447 家小酒馆、5875 家啤酒馆、8659 家白兰地酒店销售，可见，当时的伦敦酒肆遍布、饮酒成风”[④]。在苏格兰，自 1822 年对烈酒减税后，威士忌消费量急速上升。1827 年《苏格兰人》杂志宣称在过去的 5 年中，烈酒饮用已增长 3 倍。[⑤] 1853 年，英格兰与威尔士的麦芽酒消费量是 3624.6 万蒲式耳，烈酒的消费量是 1035 万加仑。[⑥] 在这一时期，英国人的年均饮酒量也在逐渐上升。1700 年英国成年人的年均饮酒量为 0.33 加仑，1729 年为 1.3 加仑，1743 年为 2.2 加仑，1752 年为 1.2 加仑。虽说在 1751 年之后的 20 年里，英国成年人的年均饮酒量稳定在 0.6 加仑左右，但

---

① M. Dorothy George, *London Life in the Eighteenth Century*, Chicago: Academy Chicago Publishers, 2000, p. 294.

② ［美］威尔·杜兰：《世界文明史》第 9 卷《伏尔泰时代》，幼狮文化公司译，东方出版社 1999 年版，第 82 页。

③ ［美］阿瑟·赫尔曼：《苏格兰：现代世界文明的起点》，启蒙编译所译，第 260—261 页。

④ 钱乘旦主编，刘金源、李义中、刘明周、胡传胜：《英国通史》第 4 卷《转型时期——18 世纪的英国》，江苏人民出版社 2016 年版，第 209 页。

⑤ 袁弋胭：《19 世纪英国中产阶级自愿社团研究》，第 128 页。

⑥ Brian Harrison, *Drink and the Victorians: The Temperance Question in England 1815 – 1872*, pp. 67 – 68.

在这之后又迅猛增加。[①] 1840 年英国人均饮酒量为：低度酒 0.97 加仑、葡萄酒 0.25 加仑、啤酒 28.59 加仑。[②] 如果按照葡萄酒含有 30%低度酒、啤酒含有 10%低度酒来计算，则 1841—1860 年英国人的年人均饮酒量（折算成低度酒）如下：1841—1845 年为 3.36 加仑，1846—1850 年为 3.58 加仑，1851—1855 年为 3.75 加仑，1856—1860 年为 3.56 加仑。[③] 需要指出的是，上述统计并未考虑到不饮酒者、女性与儿童，如果排除不饮酒者与儿童，再把女性饮酒者加进来，这些数字要更高。

在饮酒行为中，有相当大的比例属于酗酒行为。早在中世纪晚期的英国，酗酒就已经成为普遍现象。[④] 丹尼尔·笛福认为："在查理二世恢复王位以后，当举杯为英王祝福已成为王党与圆头党之间的分野时，酗酒的行径开始风靡全国，到现在差不多已经流行了四十年。"[⑤] 在 18 世纪的伦敦，情况更糟，"若说 17 世纪流过伦敦血管的酒精可以比附前世的话，那么 18 世纪则要让 17 世纪黯然失色，此时酒风之盛臻至巨大，甚至危机的关头"[⑥]。而在"爱丁堡的狭窄巷弄里到处都飘着酒精的气味"[⑦]。1851 年，葡萄酒商人托马斯·乔治·肖写了一本小册子，他在小册子中指出，英国是一个酗酒盛行的国家。[⑧] 在英国人的文化传统中，一个人并不会因为醉酒而有失体面，甚至有好酒量且敢于豪饮还被视为优点。"约翰逊博士说：'我还记得当年

---

① 许志强：《伦敦"杜松子酒之靡"：社会转型与酗酒问题》，《史林》2011 年第 1 期。

② Joseph Rowntree and Arthur Sherwell, *The Temperance Problem and Social Reform*, p. 13.

③ Joseph Rowntree and Arthur Sherwell, *The Temperance Problem and Social Reform*, p. 14.

④ 向荣：《移风易俗与英国资本主义的兴起》，《武汉大学学报》2000 年第 3 期。

⑤《笛福文选》，徐式谷译，商务印书馆 2011 年版，第 54 页。

⑥［英］彼得·阿克罗伊德：《伦敦传》，翁海贞等译，译林出版社 2016 年版，第 293 页。

⑦［美］阿瑟·赫尔曼：《苏格兰：现代世界文明的起点》，启蒙编译所译，第 179 页。

⑧ Charles Ludington, *The Politics of Wine in Britain: A New Cultural History*, London: Palgrave Macmillan, 2013, p. 238.

李区菲耳区每个正派的人每夜必醉，人们也不瞧不起这些人’。”[①] 在酗酒问题上，上流社会给英国民众树立了不好的榜样。笛福对此给予了辛辣的揭露与批评：

> 士绅之流酷嗜这种卑鄙的恶习已到如此程度，竟然认为一个朋友或仆人如果不能喝几杯酒，就算不得是合适的朋友或仆人。到了今天，当我们赞扬一个人的时候，除提到他的声望外，还要说他是个忠实的酒友，作为一种附加的头衔；仿佛他的酗酒足以证明他的诚实似的。……酗酒业已成为他们光荣的行为，成为他们对任何公共喜事表示高兴的方法。……其他的恶习是被当作恶习来犯的，人们偷偷摸摸地做，愿意把它们隐瞒起来；可是他们却如此贪杯，竟至于自鸣得意，以此为荣，并且尽量想鼓励别人也染上这种恶习。[②]

尽管绝大多数国王与贵族在饮酒问题上比较有节制，但也不乏酗酒之徒。英王乔治四世是一个有名的酒鬼，他酗酒成瘾，常常喝得酩酊大醉。1820 年，画家约翰·马歇尔创作了一幅画作《我们的肥友要就寝了》，描绘了烂醉如泥的乔治四世被抬到床上的场景，肥胖的乔治四世喝得人事不知，由两个同样肥胖的贵妇抬着上床就寝，一个喝得醉醺醺的廷臣大笑着陪伴在一旁，他手中酒杯里的酒不断溅洒到乔治四世的身上，旁边的座椅及地上还散落着四五个空酒瓶。[③] 还有些王室成员与贵族则是善于隐藏真面目的酒徒。“第一代钱多斯公爵在城市的时候似乎总是有节制，而在乡村的时候则表现得酗酒成性。”[④] 第一代牛津伯爵、财政大臣罗伯特·哈利曾经醉醺醺地出现

---

① ［美］威尔·杜兰：《世界文明史》第 10 卷《卢梭与大革命》，幼狮文化公司译，东方出版社 1999 年版，第 1152 页。

② 《笛福文选》，徐式谷译，第 54—55 页。

③ Charles Ludington, *The Politics of Wine in Britain: A New Cultural History*, p. 232.

④ J. V. Beckett, *The Aristocracy in England 1660 - 1914*, New York: Basil Blackwell, 1986, p. 365.

在安妮女王面前，而第一代博林布鲁克子爵、国务大臣亨利·圣约翰更是通宵畅饮。[①] 对为数众多的乡绅而言，打猎与饮酒是他们生活中不可缺少的东西。据玛丽·沃特利·蒙塔古夫人说，乡绅们的上午是在猎犬中度过的，而“他们的晚上是和可恶的同伴度过的——和他们能够得到的酒一起度过的”[②]。乡绅们常常要在自己的宅邸宴饮宾客，宴席之上自然少不了各种美酒。1714 年至 1718 年，罗伯特·沃波尔常常在他位于诺福克的霍顿宅邸宴请宾客，据估计每年要喝掉 1500 镑的酒。1833 年，年仅 38 岁的乡绅约翰·麦顿死了，他是一个酗酒成瘾的酒鬼，一天要喝上 4 瓶到 8 瓶波特酒，最终在身无分文、精神癫狂的状态下凄惨地死于债务人监狱中。[③] 正因为酗酒在上流社会中普遍存在，人们给那些上流社会的酗酒者起了一个共同的绰号“六瓶男”[④]。1837 年维多利亚女王登基后，虽然在王室影响下上流社会的酗酒现象大有好转，但饮酒之风在上流社会与中产阶级中依旧盛行，酗酒现象亦不罕见。

在酗酒者中，劳动者所占人数最多，而其中工人占据了相当大的比例。“酗酒大众几乎已成为轻率失控的工业化和城市化的伴生现象。”[⑤] 笛福曾说过，对于劳动者而言，“如果他们工作，他们就把钱花在狂饮和挥霍上”[⑥]。乔治·福代斯也抱怨说，“他们的生活就是在劳动……和十足的懒惰和酗酒中度过的”[⑦]。“在 1739 年即这个时代的高峰时期，据威廉·梅特兰在他的《伦敦历史与调查》一书中估算，伦敦有酒店 8659 家。麦芽啤酒馆也有近六千家，光顾者多为

---

① ［美］威尔·杜兰：《世界文明史》第 9 卷《伏尔泰时代》，幼狮文化公司译，第 82 页。

② Roy Porter, *English Society in the 18th Century*, p. 67.

③ Charles Ludington, *The Politics of Wine in Britain: A New Cultural History*, p. 221.

④ Charles Ludington, *The Politics of Wine in Britain: A New Cultural History*, p. 224.

⑤ ［英］艾瑞克·霍布斯鲍姆：《革命的年代：1789—1848》，王章辉等译，中信出版社 2014 年版，第 232 页。

⑥ Roy Porter, *English Society in the 18th Century*, p. 90.

⑦ Roy Porter, *English Society in the 18th Century*, p. 91.

‘人类中的机械部分’。”[①] 许多雇主认为，劳动者喜欢喝酒以及发泄过剩的精力。弗朗西斯·普莱斯在19世纪初回忆道：“直到最近，城市劳动者的全部娱乐活动都是直接与饮酒相关的——唱诗俱乐部、咏唱俱乐部、博彩俱乐部，以及各种形式的俱乐部，都是为了娱乐，一直开设在酒馆。”[②] 据估计，19世纪初英国全部烈酒消费量的3/4以上是由工人阶级消费的，而啤酒则是工人阶级最喜欢喝的酒。每到周末发了工资以后，“所有的工人都从自己的贫民窟中涌到大街上去，这时，人们就可以看到酗酒的全部粗野情形”[③]。有资料显示，每逢周六晚上，在格拉斯哥至少有3万名工人喝得烂醉。阿什利勋爵在1843年2月28日的议会下院演讲中说，工人每年用于酒类消费的开支将近2500万镑。[④] 同时，各个城市无论是有执照的还是没有执照的酒馆，其服务对象主要是工人，工人顾客要占到这些酒馆顾客的90%左右。在酗酒者中，女性也占有一定比例。托马斯·莱特的妻子染上酒瘾，甚至在一段时间里每周要喝掉1加仑朗姆酒，最终在1777年死于酒精中毒。[⑤] “据说，维多利亚时期‘下层阶级’的女人酗酒‘比男人更厉害’。”[⑥] 然而，女性到底在酗酒者中占多大比例，缺少全面准确的统计数字，我们只能从酗酒犯罪的法庭记录中获得一些数据。在因酗酒而被起诉的案件中，有一定比例的案件是女性所犯。大体来说，女性一般占28%—30%，大城市的比例要高一些。[⑦] 综合这些数据来看，女性在酗酒者中所占比例在20%以上。在女性酗酒者中，还有个别人因为酗酒犯罪频繁出现在法庭之上。军队中的酗酒现

---

① ［英］阿萨·布里格斯：《英国社会史》，陈叔平、陈小惠、刘幼勤、周俊文译，商务印书馆2015年版，第231页。

② Roy Porter, *English Society in the 18th Century*, p. 91.

③ 恩格斯：《英国工人阶级状况》，《马克思恩格斯全集》第2卷，中共中央马克思恩格斯列宁斯大林著作编译局译，人民出版社1957年版，第413页。

④ 恩格斯：《英国工人阶级状况》，《马克思恩格斯全集》第2卷，中共中央马克思恩格斯列宁斯大林著作编译局译，第414页。

⑤ ［英］劳伦斯·斯通：《英国的家庭、性与婚姻1500—1800》，刁筱华译，第243页。

⑥ ［英］彼得·阿克罗伊德：《伦敦传》，翁海贞等译，第534页。

⑦ Joseph Rowntree and Arthur Sherwell, *The Temperance Problem and Social Reform*, p. 30.

象也十分突出。1847—1854 年，有 6313 名士兵因为酗酒违纪而被关入军事监狱，在陆军士兵中占 1.1%；19 世纪 50 年代末，因酗酒违纪士兵所占比例为 11.9%，到 60 年代这一比例进一步上升为 23.2%。[①] 这一问题不可谓不严重。在当时的英国，监狱也是酗酒的有名场所，其部分原因是酒在监狱是自由出售的。虽说 1751 年有法律禁止在监狱出售烈酒，但在很长时间里，这项禁令普遍遭到漠视。因此，在一段时间里，绝大多数监狱都建有酒馆，一些小的监狱有时候甚至就建立在酒馆之内。[②] 本该严格管理的监狱尚且如此，可见这一时期英国的酗酒问题有多严重。

不同于社会中上层人士饮酒以葡萄酒和白兰地为主，劳动者所饮的酒以价格低廉的啤酒和杜松子酒为主，并由此引发了啤酒馆问题与杜松子酒问题。都铎时期和斯图亚特王朝早期，啤酒馆问题曾经出现过，经过政府整治，到 17 世纪内战前夕，这一问题基本得到控制。[③] 然而，1660 年王政复辟后，英国的啤酒馆数量猛增，啤酒馆问题再度凸显。据估计，在 1665 年的斯塔福德郡，每 16 户到 17 户人家中就有 1 户在经营啤酒馆。[④] 由于劳动者和穷人是啤酒馆的主要客源，因此啤酒馆多设在劳动者聚居区或穷人聚居区。这些啤酒馆向顾客出售的主要是麦芽酒、啤酒等，与此同时，有的啤酒馆还向顾客提供简单食物和廉价住宿。这些啤酒馆存在的问题主要有两类，一类是在未能获得许可证的情况下从事经营，进而脱逃应该缴付的税款；另一类是存在道德与犯罪问题，在啤酒馆里醉酒、污言秽语、赌博、接收与出售赃物等行为较为普遍。因此，不少道德家指责啤酒馆是堕落的渊薮，在这里存在着颠覆传统道德秩序的潜在危险。[⑤] 如果说啤酒迎合

---

① 魏子任、丁双双：《近代英国陆军士兵酗酒问题及禁酒运动》，《军事历史研究》2013 年第 3 期。

② M. Dorothy George, *London Life in the Eighteenth Century*, p. 291.

③ 向荣：《移风易俗与英国资本主义的兴起》，《武汉大学学报》2000 年第 3 期。

④ 向荣：《啤酒馆问题与近代早期英国文化和价值观念的冲突》，《世界历史》2005 年第 5 期。

⑤ 谭赛花：《啤酒馆与英国近代早期平民公共领域的形成》，《绥化学院学报》2006 年第 3 期。

了平民大众对于低度酒水的喜爱，那么，杜松子酒则满足了喜欢喝烈酒者的嗜好。1688 年“光荣革命”不仅给英国送来了来自荷兰的威廉三世，也让原产自荷兰的杜松子酒在英国流行开来。这种价格低廉、能够让人在醉酒状态中感到愉悦的“一便士酒”很快赢得英国人的喜爱。因为杜松子酒价格便宜，能给人带来温暖，还能让人忘掉寒冷与痛苦，所以，杜松子酒的最大消费者是穷人。对他们而言，贫穷既是他们饮用杜松子酒的原因也是结果。“在稿荐酒店里，几个辩士就可以喝得烂醉，而且那里，店老板还对不能转回家去的顾客免费供应一张新稿荐作卧榻，这种酒店的存在不能被视为工人阶级的一种幸福的征兆。”[①] 在这种情况下，不仅杜松子酒的产量迅速增加，而且出售杜松子酒的酒馆也快速增多。到 1736 年，英国有将近 40000 家出售杜松子酒的小酒馆。而且，随着杜松子酒的畅销，在 1720—1751 年，烈酒的泛滥在英国达到顶峰，由于这些烈酒价格低廉，零售不受限制，烈酒的消费呈现疯狂状态。销售烈酒的酒馆数量不断增多，以伦敦为例：

> 在这个城市里的各个角落，虽然酒馆、白兰地商店和杜松子酒商店的数量已经很多了，但其数量依然每天在增加，在一些最大的教区里，每 10 个房子中至少有 1 个在零售这种或那种烈酒。[②]

1751 年，亨利·菲尔丁写道：

> 新近，我们中间出现了一种不为我们祖先所知的新的酗酒形式，倘若不严加禁止，绝对会毁灭大部分下等人。我在此旨在指出的酗酒为……这种名为杜松子酒的毒物……大都会数十万人赖

① ［法］保尔·芒图：《十八世纪产业革命——英国近代大工业初期的概况》，杨人楩、陈希秦、吴绪译，商务印书馆 1983 年版，第 349 页。

② M. Dorothy George, *London Life in the Eighteenth Century*, p. 44.

以为生的主食（倘若可以如此称呼的话）。[1]

还有一份年代不详的传单也指出了杜松子酒带来的危害：

你随意走到王国的任何地方，
都会看到盛行的罪尤。
在城市、乡村和城镇
——怪兽的名字是杜松子酒。
……
体贴的丈夫因为杜松子酒而改变，
成为有名的暴君；
与生而来的温柔心肠，
变成了一颗铁石之心。
许多人家无辜的孩童，
穿不暖，吃不饱；
因为贪婪的杜松子酒店拿走了
孩子们每天的面包。
……
债务人和重罪犯，
虽说犯有差别极大的罪尤，
你会发现将他们送入监狱的
常常是毁灭一切的杜松子酒。[2]

随着杜松子酒生产与销售的高涨，在杜松子酒饮用者和出售杜松子酒的酒馆中，出现了日益严重的道德与社会问题，如醉酒、扰乱治安、犯罪、违反劳动纪律、逃避家庭责任等。[3] 因此，有人认为，杜

① ［英］彼得·阿克罗伊德：《伦敦传》，翁海贞等译，第 295 页。

② J. Marshall, *The Gin-Shop, Or a Peep into a Prison*, Bath, 出版日期不详。

③ 许志强：《伦敦“杜松子酒之靡”：社会转型与酗酒问题》，《史林》2011 年第 1 期。

松子酒等烈酒的泛滥是“我们的穷人增多和下层民众中各种恶习和堕落行为多发的主要原因，也是这个城市（伦敦——引者注）内外严重犯罪和其他骚乱发生的主要原因”[①]。“如果醉酒的家伙闻起来一股杜松子酒或者啤酒的味道，那也正是城市的味道。”[②] 这些问题引起法官、牧师、道德家等社会有识之士以及政府的高度关注，酗酒问题也就逐步演化为一个社会道德问题。

二　酗酒缘何成为道德问题

在工业革命发生前，醉酒、酗酒现象就已经存在，只不过那时在英国人的观念中，醉酒也好，酗酒也罢，都属于个人行为，并不具有社会特征。然而随着工业革命的发生发展，酗酒、醉酒、饮酒甚至卖酒都成为问题。进入维多利亚时代以后，关于饮酒尤其是酗酒问题的论战先后在多个框架内进行。但无论是在节制与个人纯洁的道德框架，或者是社会恶习的框架，还是社会改革的框架，抑或是政治腐败的框架中，始终贯穿其中的是道德这条主线。

早在16世纪，菲力普·斯塔布斯就指出，酗酒是一种在英国泛滥成灾的可怕恶习。[③] 到17世纪，随着啤酒馆增多和杜松子酒的引入，酗酒问题开始引起人们重视。这是因为，人们发现“村民们在酒馆逗留，而他们本该出现在教堂。仆人们在酒馆聚集，逃脱其主人的控制监管。贫穷的雇工经常喝光他们的工资，听任他们的家人没有衣食”[④]。在道德家及一些官员和教会人士看来，遍布英国各地的酒馆就是“撒旦的巢穴”“所有骚乱、无节制和懒惰的温床”“产生我们所有不幸的基础和源头”和混乱的根源。[⑤] 与此同时，人们也在分析

① M. Dorothy George, *London Life in the Eighteenth Century*, p. 44.

② ［英］彼得·阿克罗伊德：《伦敦传》，翁海贞等译，第534页。

③ 向荣：《啤酒馆问题与近代早期英国文化和价值观念的冲突》，《世界历史》2005年第5期。

④ Keith Wrightson, *English Society 1580 - 1680*, London and New York: Routledge, 2003, p. 176.

⑤ Keith Wrightson, *English Society 1580 - 1680*, p. 177.

酗酒现象存在的原因。1673 年，理查德·巴克斯特在他的《基督徒指南》中对酗酒问题进行了分析，在他看来，贪食贪饮、缺少自制力、与坏人为伍、赌博、懒惰、缺少家庭责任感等都是酗酒的原因。[①]这些因素多数属于道德层面，或者说在很大程度上属于道德层面。

到 18 世纪，随着酗酒现象的泛滥，人们对酗酒问题的关注度也在不断提高。当时人们注意到，随着经济社会的发展，英国大众娱乐的发展出现了新势头，而大众娱乐必然与酗酒有联系，并导致骚乱和许多社会恶习。与此同时，当时英国社会存在的奢侈与浪费也主要表现为酗酒和赌博，这是一个普遍存在于各阶级中的现象。还有人认为，酗酒与穷困之间有着密不可分的联系。因为许多廉价的酒馆就建立在穷人聚居区，在很多地方，穷人经常光顾的商店也向他们出售廉价的烈酒。在某种程度上似乎出现了越喝越穷、越穷越喝的恶性循环。据牧师托马斯·比彻在 1823 年估计，以每人每次饮酒花费 6 便士计算，“各劳动阶层每年就这样不知不觉地在酒馆里送掉了三十四万七千零三十九镑”[②]。针对烈酒泛滥及其引发的一系列社会问题，不少社会团体和有识之士向议会提交请愿书，“这些请愿书指出，廉价烈酒的泛滥正在损害民众，削减他们的寿命，引发不信教、懒惰、骚乱，如果不加以制止，将会伤害英国的国力和贸易”[③]。威廉·科贝特的看法就很有代表性，他曾说过：“我在很大程度上把酗酒视为灾祸、苦难和犯罪的根源，它危害整个社会。”[④] 请愿者们希望借此敦促议会采取措施打击烈酒泛滥的现象。在当时，许多协会、团体将酒馆作为自己的活动场所，还有不少雇主也将酒馆作为发放工资的场所。对于这些传统做法，有人提出批评，认为这些做法无形当中助长了酗酒风气的泛滥。因为“所有阶级的人们都按照其社会地位，经常

① 转引自向荣《啤酒馆问题与近代早期英国文化和价值观念的冲突》，《世界历史》2005 年第 5 期。

② ［英］克拉潘：《现代英国经济史》上卷第一分册，姚曾廙译，商务印书馆 1964 年版，第 406 页。

③ M. Dorothy George, *London Life in the Eighteenth Century*, p. 49.

④ 转引自［英］E. P. 汤普森《英国工人阶级的形成》，钱乘旦、杨豫、潘兴明、何高藻译，译林出版社 2001 年版，第 871 页。

光顾酒店或酒馆里的俱乐部”[①]，而豪饮醉酒就成为这些地方的寻常现象。画家威廉·贺加斯创作于1730—1731年的版画《午夜的现代会话》描绘了一次以酩酊大醉而告终的学术会议，“一个男人横躺在满是酒瓶的地上，另一个则瘫在了椅子中，第三个男人踉跄着从桌旁走过，而其他人都是假发歪斜地耷拉在头上”。他创作于1738年的油画《一日之四时：夜》也描绘了类似的场景，“画中两个烂醉如泥的共济会成员正踉踉跄跄地一路摸索着回家”[②]。弗朗西斯·普莱斯的父亲经营过一家酒馆，有几个俱乐部在那里聚会，其中一个有约30名成员的俱乐部每周一晚上8点在那里聚会，到聚会结束时所有人都酩酊大醉。威廉·贺加斯在1751年创作的版画《杜松子酒巷》反映了杜松子酒狂热带来的酗酒、疾病、骚乱、死亡等严重的社会问题。在这幅画的背后还隐藏着一个凄惨的故事。1734年1月，女酒鬼朱迪思·迪福尔将自己的女儿玛丽勒死，卖掉了教区贫民习艺所给玛丽的漂亮新衣服，而原因只是为了买酒喝。早在1761年，约翰·菲尔丁就对雇主于星期六晚上在酒馆发放工资这一习俗提出了批评。[③] 因为这种做法给工人们把刚刚到手的工资扔到酒桌上提供了便利条件。每当这个时候，“那些‘可怜的技工’的妻子就在小酒馆里找寻他们的丈夫，以确保能在他们把手中钱款全部花在惠斯特牌戏、克里比奇牌戏、赌牌、全四牌上之前，保住部分钱款用于养家”[④]。因此，人们主张禁止在酒馆发放工资，同时采取措施减少酒馆数量，以便能够刹住酗酒之风。

随着工业革命的发生及其带来的诸多变化，英国社会的道德观念也出现了一系列重要变化。清醒、节制、自律成为工业社会尤其是维多利亚时代倡导的个人品行。在这种观念之下，要成为文明社会里的合格公民或所谓的“体面人”，就必须具有清醒、节制、自律的品

① M. Dorothy George, *London Life in the Eighteenth Century*, p. 266.

② ［英］劳伦斯·詹姆斯：《中产阶级史》，李春玲、杨典译，中国社会科学出版社2015年版，第160页。

③ M. Dorothy George, *London Life in the Eighteenth Century*, p. 287.

④ M. Dorothy George, *London Life in the Eighteenth Century*, p. 288.

行。酗酒行为恰恰与这些品行相对立，酗酒者完全不具备这些品行，他们连酒的诱惑都抵御不了，控制不了自己的欲望，无法约束自己的行为，还谈何节制与自律，自然而然也就不符合“体面人”或合格公民的要求。“酗酒是一种粗野的恶习，是一种十分肮脏的罪孽和戕害本性的暴力。”[①] 与酗酒相关的贪图口腹之欲、行为放纵、浑浑噩噩都是不符合道德要求的。节俭、自立、自助也是工业社会和维多利亚时代重要的价值观念，“自立是一种高贵的美德，应该受到培育和鼓励。自助是所有帮助中最好的帮助，因为它带给男人征服困难的满足感”[②]。只有节俭、自立、自助的人才是一个真正的人、一个值得尊重的人。只有节俭、自立、自助才能够帮助人走上成功之路，才能使人在社会上有立足之地。这就是“自助者天助”。如果把金钱都浪费在饮酒上，甚至酗酒成性，那就是一个失败的人。这样的人不会有任何前途，等待他们的命运就是成为社会的负担，成为被社会唾弃的人。兰卡郡的禁酒运动倡导者约翰·克莱认为：

> 如果说谨慎和节俭的美德能够引导中产阶级走向成功，那么忽视这种美德将会使他们陷于失败和贫困。对于工人阶级来说也是如此。贫困者如果想要摆脱对慈善救济的依赖，中产阶级要想减轻济贫税负担，我认为，必须将酗酒者从放纵和堕落中唤醒。[③]

正是这样的道德观念变化，使得“酗酒与花哨的男性服装、放荡不羁、大声欢笑都成为过时的行为”[④]，成为与新道德观念格格不入的行为，成为道德整肃运动的对象。

工业革命带来的工业化改变了生产方式，也带来了新的职业道德要求。对于工厂里的工人来说，守时、遵守纪律、勤劳是社会和工厂对他们的职业要求。无论是国家还是工厂主，都在追求工业生产的效

---

① 《笛福文选》，徐式谷译，第 54 页。

② Lilian Lewis Shiman, *Crusade Against Drink in Victorian England*, p. 30.

③ 袁弋胭：《19 世纪英国中产阶级自愿社团研究》，第 129 页。

④ Charles Ludington, *The Politics of Wine in Britain: A New Cultural History*, p. 225.

率与产出，他们希望能够最大限度地挖掘工人的劳动生产率，为此就要求工人遵守工作时间、服从劳动纪律、辛勤工作。然而，工人的饮酒习惯尤其是酗酒行为不仅让他们在整个周末沉浸在醉酒状态中，即使到了上班时也表现得十分懒散，更有不少工人因醉酒而迟到甚至旷工，大大影响到生产效率。在工业城市伯明翰有一首民谣《狂饮日或懒散的星期一》，其中唱道：

懒散的星期一带来了更多的罪恶，
因为不仅花掉了钱，
也典押掉了孩子的衣裳，
由此造成了不满；
当夜里摇摇晃晃走回家，
他不知道该怎样交待，
狂欢日里，连傻瓜
都比他更有男子汉的风采。①

当然，也并不是所有工人都会在宿醉之后度过一个懒散的星期一而不做工。彼得・加斯克尔在1833年写道：

这些人当中可能有不少人在度过纵酒放荡的一夜之后，经过一两个小时的休息听到工厂的钟声清醒过来，又孜孜不倦、忠实准确地从事当天的工作。在他们的监督下，他们的伙伴也在四旁忙碌干活。劳动时间一过，他们就又投身于醉酒放纵的旋涡之中。②

但是，这样的工人在醉酒者中到底有多少，恐怕就连作者也不敢

① ［英］E. P. 汤普森：《共有的习惯：18世纪英国的平民文化》，沈汉、王加丰译，上海人民出版社2020年版，第493页注释63。

② ［英］E. 罗伊斯顿・派克编：《被遗忘的苦难：英国工业革命的人文实录》，蔡师雄等译，巫维衡审校，福建人民出版社1983年版，第8页。

肯定，否则他就不会用“可能”这种语气了。在这种情况下，工厂主在加强劳动时间与劳动纪律约束的同时，也意识到必须改变工人的饮酒习惯，要消除他们的酗酒行为，把他们改造为适应资本主义大工业生产需要的合格劳动者。可以说，“工业化带来的‘劳动纪律’观念，使得酗酒从个人状态变成一个反社会的恶习”[①]。

与此同时，醉酒与酗酒带来的社会秩序混乱与犯罪也引起各方关注。许多人认为酗酒是诸多社会弊病的根源，尤其是偷盗、卖淫、人身伤害等犯罪问题的诱因。约翰·克莱认为多数犯罪的根源在于“不良的酗酒习惯和悲惨的生活境遇”[②]。1834 年，约瑟夫·利夫西在议会下院酗酒问题特别委员会作证时指出，在他的家乡，社会骚乱现象的增多完全与啤酒有关系。[③] 下院酗酒问题特别委员会也多次表示，酗酒是犯罪的主要原因，只有消除酗酒，才能有效制止犯罪行为。当时的一些犯罪学著作也认为，酗酒会助长犯罪行为的发生。[④] 这样，“无论是偶尔的酗酒还是其他情况下的酗酒，都越来越被视为与其他社会恶习如穷困、犯罪、赌博以及卖淫有密切联系”[⑤]。查尔斯·狄更斯认为，酗酒“使人抛弃妻子、儿女、朋友，抛弃幸福和工作；并迅速促使受害人疯狂地走上堕落和死亡的道路”[⑥]。甚至“在报纸上有关溺水的报道中有一个反复出现的因素，就是这些遇难者在溺水之前往往伴有饮酒行为和非法活动”[⑦]。从法庭案件审理记录来看，的确有很多犯罪案件与酗酒有关。也有法官或证人证明多数案件与酗酒

---

① Lilian Lewis Shiman, *Crusade against Drink in Victorian England*, p. 2.

② 袁弋胭：《19 世纪英国中产阶级自愿社团研究》，第 128 页。

③ James Nicholls, *The Politics of Alcohol: A History of the Drink Question in England*, Manchester: Manchester University Press, 2009, p. 100.

④ 曾亚英：《英国维多利亚时期的女性酗酒现象分析》，《绵阳师范学院学报》2015 年第 1 期。

⑤ John Greenaway, *Drink and British Politics Since 1830: A Study of Policy-Making*, Basingstoke: Palgrave Macmillan, 2003, p. 8.

⑥ 《狄更斯全集》第 19 卷《博兹特写集》，庄建华、梅桂能译，浙江工商大学出版社 2012 年版，第 414 页。

⑦ ［英］克里斯蒂娜·科顿：《伦敦雾：一部演变史》，张春晓译，中信出版社 2017 年版，第 51 页。

有关。处于社会底层的小偷和妓女常常将酒馆作为他们的栖息之所，一些酒馆老板在售卖烈酒的同时，也充当着被偷盗赃物的收购与出售者。在1750年的圣贾尔斯，82家出售廉价烈酒的“两便士房子”同时也是最低级的妓院和收取盗窃赃物的地方。由此在英国社会形成一种看法：要消除日益严重的犯罪问题，就要先消除酗酒现象。

因此，到了18世纪，英国社会各界尤其是道德家们高度关注酗酒对民众的影响，“杜松子酒热”在18世纪英国闹得沸沸扬扬，吸引了整个社会的目光。进入19世纪以后，酗酒开始被视为一个社会道德问题，尤其是在工人阶级当中是一个重要的社会道德问题。

三 从控酒到禁酒

在英国，传统的酒类管理制度是许可证制度，这一制度针对的是酒类生产及销售领域，并不涉及个人饮酒行为。随着酗酒问题的日益恶化，如何遏制社会上的酗酒之风，成为政府与社会各界关心的问题。虽说提倡个人禁酒与控制酒类生产及销售在解决这一问题上的作用是相辅相成的，但在19世纪之前，控制酒类生产与销售明显占据主要地位，到19世纪之后，有组织的禁酒运动则成为遏制酗酒问题进一步恶化的主要途径。

1552年，英国议会通过一部法律，授权治安法官对酒类销售加强管理。根据这部法律，治安法官有权对酒馆进行许可证管理，其管理分为两个方面，一方面无许可证者不得经营酒馆，另一方面治安法官要对辖区酒馆数量加以限制。1627年，议会再次通过法律，加大了对没有许可证酒馆的惩罚力度。这些法令主要施行的对象是啤酒馆。因为这一时期啤酒馆问题成为一个突出的社会问题。1681年，诺里季市市长指斥啤酒馆为妓院，发起了反啤酒馆运动。虽然“啤酒馆问题在17世纪后期为政府所控制”，制定了诸如酒馆经营者须有担保人并领取许可证、禁止晚9点以后提供堂饮、禁止收售赃物、禁止留宿流浪汉及有恶行者等规定，① 但是，政府施行的许可证制度针对的只是酒馆经营与管理，其核心目的是强化税收和打击与酒馆相关的犯罪活动，遏制和解决酗酒问题并不是这一制度的核心目标。而且，即使加强对酒类销售的管理这一目标也收效不大。

“光荣革命”后随着杜松子酒的流行，以杜松子酒为代表的烈酒生产与消费很快兴旺起来，并很快演变成18世纪中叶的“杜松子酒热”。之所以会造成这一局面，有两个方面的主要原因。首先，杜松子酒属于蒸馏的烈酒，而且价格低廉，很受喜欢饮用烈酒的劳动者和穷人欢迎。其次，杜松子酒的经营享有很多便利条件。以伦敦为例，自查理一世在位时起，伦敦的蒸馏酒商就获得了在21英里范围内的经营权，不受7年学徒期的法律限制，任何人只要在收税官那里备案并缴纳低廉的营业税即可从事蒸馏酒经营，任何人无须取得许可证即可从事烈酒零售业务。② 由于杜松子酒泛滥引发的诸多道德与社会问题，威斯敏斯特的治安法官们受命对酒馆中存在的渎神、堕落、放荡行为展开调查。他们在调查后认为，酒馆的增多、烈酒的泛滥是导致道德堕落的重要原因。而且，随着与酗酒相关犯罪案件的增多，季审法庭的法官们也对酗酒恶习表示极大的关注。“反对杜松子酒最强大的力量是伦敦的社会道德家和改革者，还包括伦敦一些社会改良组织的成员和各教区治安法官。”③

在各种社会力量大力推动下，1729年议会通过一项法令，通过征税和收取许可证费用，对酒类零售加以限制，意图减少酒类零售，1733年议会再次通过类似法令。但这两项法令没有收到效果，私自贩卖烈酒的行为反而因为征税而日益猖獗，烈酒泛滥的现象依然如故。1736年，议会通过一项法令，进一步提高税额，严格限制烈酒销售。这项法令在酝酿与制定过程中就一直伴随着争论与分歧，法令

① 张佳生：《从啤酒馆到咖啡馆：近代英国公共空间的文明化》，《湖南科技大学学报》2008年第4期。

② M. Dorothy George, *London Life in the Eighteenth Century*, pp. 42 – 43.

③ 许志强：《伦敦“杜松子酒之靡”：社会转型与酗酒问题》，《史林》2011年第1期。

通过后更是遭到强烈抵制，使其难以得到很好的执行，更谈不上取得预期效果。从事杜松子酒生产和销售的人采用了许多办法来避开法令规定，有的人在杜松子酒里加入果汁等其他成分改头换面，有的人将杜松子酒伪装成药水瞒天过海，还有的人在街头与警察打起了游击，甚至一种叫作“猫咪叫”的售酒机也被发明出来用于暗地里出售杜松子酒。[①] 这种局面反映了两个问题，一个是当时人们对于酗酒的危害性还认识不足，另一个是禁酒与反禁酒两股力量的冲突十分尖锐，而隐藏其后的则是现实利益的驱使。针对 1736 年法令引发的抵制与冲突，1743 年议会再通过法律，改变了 1736 年的严苛政策，降低了许可证收费额度，意图通过公开销售、提高售价、发放许可证、禁止蒸馏酒制造者进行零售等办法，压缩杜松子酒的销售。此举确实在一段时间内减少了烈酒消费量，但到 1747 年出现了反弹。1751 年议会下院不断收到请愿书，要求进一步采取有效措施打击饮用烈酒泛滥的现象。同年，议会通过法令，规定每个许可证收取 2 镑的年度费用，并逐步提高消费税，提高烈酒销售价格，进而达到削减烈酒消费量的目标。至此，尽管有质疑和反对之声，酒类销售许可证制度基本确定下来，并且变得更加严格。在 1753 年的一项议会法令中还规定，对申请酒馆经营许可证者进行道德审查，即申请者必须提供一份由神职人员和有名望及影响的户主签名的证明，以证明其具有良好的名声、节制的生活习惯等。[②] 与此同时，与酒类销售相关的一些习俗也被纳入整顿与管理当中，包括通过加强许可证管理来破除在酒馆发放工资的做法，禁止在监狱出售烈酒，对娱乐场所、音乐场馆、妓院出售酒类加以限制或取缔。

从上述措施来看，自 17 世纪下半叶到整个 18 世纪，英国社会对酗酒问题的处理，基本围绕酒类销售来展开，并未针对酗酒者个人。然而，在这一系列法令与政府措施出台的背后，存在着道德改善运动

---

① 许志强：《伦敦“杜松子酒之靡”：社会转型与酗酒问题》，《史林》2011 年第 1 期。

② James Nicholls, *The Politics of Alcohol: A History of the Drink Question in England*, p. 80.

对遏制酗酒问题的推动。

17 世纪 70 年代以后，英国陆续出现三个致力于道德改善与风俗改良的全国性社会团体，它们是“宗教信仰协会”（成立于 17 世纪 70 年代）、“道德改善协会”（第一个协会成立于 1690 年，后陆续在各地出现 20 余个）、“基督教知识促进协会”（成立于 1698 年）。这些社会团体的宗旨是：打击亵渎、恶习与堕落行为，净化社会风气，倡导良好的道德风尚。作为一种恶习，酗酒成为它们打击的对象。在这三个团体中，“道德改善协会”虽然存在的时间短于另外两个团体，但它的行动更为直接有效，所产生的影响也更为明显。1705 年前后，打击酗酒与亵渎、不守安息日等行为成为“道德改善协会”工作的主要内容。和其他两个团体一样，该协会也要求其成员不得出入酒馆等场所，同时该协会成员还有义务将发现的酗酒行为报告给当地治安官员，协助打击酗酒行为。[①] 该协会每年对年度活动进行总结，从协会的报告与活动记录可以看出，每年都有酗酒者被协会成员检举告发给治安官员。但总体来看，酗酒者在其检举的恶习与堕落行为中所占比例并不大，例如，1715 年 12 月 1 日—1716 年 12 月 1 日，遭该协会检举控告的下流与骚乱行为 1066 起，不守安息日 621 起，渎神的发誓与诅咒 102 起，酗酒 14 起。[②] 1717 年 12 月 1 日—1718 年 12 月 1 日，遭该协会检举控告的下流与骚乱行为 1253 起，不守安息日 492 起，渎神的发誓与诅咒 205 起，酗酒 17 起。[③] 1719 年 12 月 1 日—1720 年 12 月 1 日，遭该协会检举控告的下流与骚乱行为 1189 起，不守安息日 615 起，渎神的发誓与诅咒 114 起，酗酒 11 起。[④] 1732 年 12 月 1 日—1733 年 12 月 1 日，遭该协会检举控告的下流与

① 李晴：《17 世纪末到 18 世纪上半期英国社会道德与习俗改良运动研究》，第 11 页。

② *The Two and Twentieth Account of the Progress Made in the Cities of London & Westminster, and Places Adjacent*, by the Societies for Promoting a Reformation of Manner, London, 1717, p. 1.

③ *The Four and Twentieth Account of the Progress Made in the Cities of London & Westminster, and Places Adjacent*, by the Societies for Promoting a Reformation of Manner, London, 1719, p. 1.

④ *The Six and Twentieth Account of the Progress Made in the Cities of London & Westminster, and Places Adjacent*, by the Societies for Promoting a Reformation of Manner, London, 1721, p. 1.

骚乱行为 170 起，不守安息日 240 起。[1] 1737 年 12 月 1 日—1738 年 12 月 1 日，遭该协会检举控告的下流与骚乱行为 52 起，不守安息日 493 起。[2] 从前三份统计中可以看出，被控告的酗酒行为远远低于不守安息日、渎神的发誓与诅咒行为，而在后两份统计中则没有被控告的酗酒行为。这一对比或可说明两个问题，一是在这些“道德改善协会”成员或道德改善人士的眼中，酗酒的严重程度或重要性比不上不守安息日、亵渎、诅咒的严重程度或重要性，因此受到的关注不够；二是在实际生活中，酗酒行为的泛滥与严重程度尚未达到足以引起十分重视的地步。与此同时，这也证明：在这一时期，英国社会各界遏制酗酒问题的着重点并不在于对酗酒者个人采取行动，而是重视对酒类销售的控制。除了检举酗酒行为，这些“道德改善协会”还开展了两方面的行动，来遏制酗酒问题的恶化。一方面，规范协会成员个人的行为举止，以身作则，引导和带动社会风气的好转，并通过各种宣传手段，倡导良好的社会风尚，使人们远离酗酒；另一方面，协会成员中的议员、法官、律师等积极采取行动，推动并参与议会相关立法工作，促进政府对酒类销售的控制，进而实现遏制酗酒问题恶化的目标。

如果说 18 世纪大部分时间里，英国遏制酗酒问题的重点在于控制酒类销售的话，那么，19 世纪英国遏制酗酒问题的重点则转移到禁酒上来。而且，与 19 世纪以前的禁酒活动相比，19 世纪英国“禁酒运动”最突出的一个特点是禁酒运动的组织化程度有了很大提高，各种各样的禁酒协会、禁酒联合会、禁酒联盟等纷纷涌现，虽然这些禁酒组织的成员、主张、立场、方法各不相同，但都致力于一个目标：把英国打造成一个清醒、节制的国家。“在 1837 年 1 月发表的首版《普雷斯顿禁酒倡议书》中，约瑟夫・利夫西宣称：我们的目标

---

① Robert Drew, *A Sermon Preached to the Societies for Reformation of Manners, at St. Mary-le-Bow, on Monday, January 27th, 1734*, London, 1735, p. 24.

② Samuel Smith, *A Sermon Preached to the Societies for Reformation of Manners, at St. Mary-le-Bow, on Monday, March 5th, 1738*, London, 1738, p. 26.

就是将酒类从英国及世界上清除出去。”①

1817 年 6 月，在斯基博林出现了一个绝对禁酒协会，邻近社区也出现了类似团体，但这些团体存在时间很短，很快就销声匿迹了。② 1829 年 8 月，受美国“禁酒运动”影响，“贝尔法斯特宗教小册子协会”秘书约翰·埃德加公开发表了禁酒呼吁书，乔治·卡尔牧师在新罗斯的贵格会教堂建立了爱尔兰第一个禁酒协会，10 月约翰·邓洛普在格拉斯哥郊外的格林诺克创办了苏格兰第一个禁酒协会。1830 年 2 月亨利·弗布斯在布拉德福德创建了英格兰第一个禁酒协会。随后，利兹、格拉斯哥、曼彻斯特、利物浦、伯明翰、布里斯托尔、兰开斯特、纽卡斯尔和伦敦等主要城市也都成立了禁酒组织，形成了一股建立禁酒协会的热潮，“禁酒运动”迅速在英国发展起来。据不完全统计，到 1830 年，英格兰建立了 30 个禁酒协会，到 1831 年，苏格兰建立了 278 个禁酒协会。禁酒运动与禁酒协会之所以首先出现于苏格兰与爱尔兰，是因为这一时期“酗酒问题最突出的首先是苏格兰的酗酒问题，爱尔兰的酗酒问题也较为严重，英格兰的酗酒问题只能占据第三位”③。

19 世纪 20 年代末 30 年代初出现的最早一批禁酒协会基本属于温和禁酒派，其阶级基础是中产阶级，工人阶级是禁酒的主要对象。温和禁酒派反对酗酒尤其是过度饮用烈酒，并努力改变民众对酗酒的态度，进而减少酗酒现象。温和禁酒派并未主张戒除饮酒，他们认为适量饮酒是可以接受的，也不反对出于社交目的的饮酒，更不反对出于医疗目的的饮酒。“对禁酒协会而言，只有一个目标：减少酗酒现象。”④ 因此，早期“禁酒运动”又被称为温和禁酒运动或反烈酒运动。但到 1832 年，温和禁酒运动因为誓约问题、1830《啤酒法》、脱

---

① James Nicholls, *The Politics of Alcohol*: *A History of the Drink Question in England*, p. 101.

② James Nicholls, *The Politics of Alcohol*: *A History of the Drink Question in England*, p. 97.

③ F. M. L. Thompson, *The Rise of Respectable Society*: *A Social History of Victorian Britain*, *1830 - 1900*, London: Fontana Press, 1988, p. 314.

④ Lilian Lewis Shiman, *Crusade against Drink in Victorian England*, p. 9.

离禁酒对象工人阶级等原因走向衰落。在随后的英国“禁酒运动”中，温和禁酒派虽然仍旧存在并开展活动，但在“禁酒运动”中已经不再占据主流地位了。

经历了几年的温和禁酒，人们认识到，温和禁酒并未达到其减轻酗酒问题的目标，英国人尤其是下层阶级比以往喝的酒更多。1830年的《啤酒法》只是证明了两件事：与杜松子酒一样，啤酒也可以让人酩酊大醉；用发酵饮料取代蒸馏的烈酒并不是解决酗酒问题的办法。显然，温和派禁酒并不足以解决酗酒问题。在这种情况下，从1832年起，绝对禁酒开始在“禁酒运动”中逐渐占据主要地位，此后，禁酒在相当大程度上等同于绝对禁酒。1832年，在普雷斯顿，7名工人在约瑟夫·利夫西带领下，集体签署了一份完全戒酒誓约。以这7名工人的行动为标志，绝对禁酒运动产生，并很快扩展到英国全境。后来，约瑟夫·利夫西被绝对禁酒派奉为“绝对禁酒之父”，普雷斯顿也被有的绝对禁酒派支持者称为“绝对禁酒主义的耶路撒冷”①。绝对禁酒派认为，只有完全禁止所有酒类消费才能消除酗酒现象。在一幅流传很广的绘画中，绝对禁酒被描绘成一艘生命之舟，它可以挽救漂浮在酗酒之海上的船客。

随着禁酒运动的迅速发展，各种禁酒组织层出不穷，参与禁酒运动的人数与日俱增。在众多禁酒组织中，有一些具有全国性地位与影响的禁酒组织，这些组织在“禁酒运动”中发挥了重要作用。“不列颠与海外遏制酗酒协会”是成立较早的一个具有全国影响力的禁酒组织，该协会成立于1839年6月。1842年，该协会与“新不列颠与海外禁酒协会”合并，成立了“全国禁酒协会”，随后该协会还合并了其他一些禁酒组织，并发展成为英国首屈一指的全国性禁酒组织。1853年，“联合王国遏制酒类贸易联盟”在曼彻斯特成立，该联盟致力于在议会内外进行宣传鼓动，以达到用法律手段禁止酒类贸易进而禁酒的目标。在19世纪后期的“禁酒运动”中，该联盟在积极推进通过立法禁止酒类贸易斗争中发挥了主要作用。

---

① Lilian Lewis Shiman, *Crusade against Drink in Victorian England*, p. 18.

19 世纪，英国全国出现了数量众多的地方性禁酒组织，这些禁酒组织大小不一、存在时间长短不齐、风格各异、活动范围或大或小，最小的仅在本社区开展活动，稍大一点的在本地开展活动，再大一点的在一个区域内开展活动。当时，绝大多数城镇都出现过禁酒组织，大城市和北方工业城镇出现的禁酒组织更多，影响也更大，有的城市甚至有多个禁酒组织同时开展活动。这些组织有“布拉德福德禁酒协会”“禁酒合作协会”“利兹禁酒协会”“伯明翰绝对禁酒协会”“苏格兰禁酒联盟”“利兹禁酒联盟”“伦敦禁酒协会”“阿尔斯特禁酒协会”“爱尔兰禁酒协会”“不列颠及海外禁酒协会”“普雷斯顿禁酒协会”“不列颠促进禁酒联合会”“苏格兰禁酒联盟”“伦敦禁酒联盟”“诺里季禁酒协会”等。

为了在不同人群中开展禁酒工作，各地还建立了许多具有针对性的禁酒组织。这类禁酒组织有：专门在青年人当中开展禁酒活动的“青年人禁酒协会”、专门在儿童当中开展禁酒宣传教育活动的“少年禁酒协会”、专门在军队当中开展禁酒活动的“军队禁酒协会”、专门在宪章派工人中开展禁酒活动的“东伦敦宪章派禁酒协会”等。另外，还有一些社会组织与运动也在不同程度上开展了禁酒活动，例如“互济会”。“互济会”中最大的一个的组织是“禁酒之子”，该会创建于美国，1846 年进入英国，开始在英国开展禁酒活动。

教会是维多利亚时代“禁酒运动”中不可忽视的重要力量。在 19 世纪上半叶，国教会、天主教会与不奉国教派教会虽然谴责酗酒，也允许教士或牧师以个人身份支持或参与“禁酒运动”，但并未以教会官方身份正式宣布支持或参与“禁酒运动”。由于有教会官方的默许，有不少教士和牧师在不同程度上支持或参加“禁酒运动”，在一些地方禁酒协会的建立与组织管理工作中都能见到他们的身影。[①] 当然，并不是所有教士或牧师都支持“禁酒运动”，还有教士或牧师对“禁酒运动”颇有微词。1851 年，在利兹有个教士致信《利兹水星

① Lilian Lewis Shiman, *Crusade against Drink in Victorian England*, p. 47.

报》，对“禁酒运动”的问题与不足发出了抱怨。[①] 绝对禁酒运动出现后，原来支持“禁酒运动”的一些教士或牧师的态度也发生了显著变化，甚至有些带有教会背景的禁酒组织因此而发生分裂。在温和禁酒运动时期，卫斯理宗牧师曾发挥重要作用，但绝对禁酒运动出现后，许多卫斯理宗牧师的态度发生了变化，他们的抵制直接指向绝对禁酒派的新主张和吸引成员的新方式。

随着“禁酒运动”的开展，运动的支持者和参与者也逐渐增加。到 1833 年，苏格兰禁酒协会的成员至少已达 5.04 万人。据西苏格兰禁酒协会同盟 1841 年的报告显示，仅在这一年该同盟就有 6800 名新入会成员。[②] 到 1855 年，“联合王国遏制酒类贸易联盟”的注册人数达到 21000 人，一年之后达到 30000 人。[③] 当然，对各个禁酒组织宣称的支持者与参与者人数要持谨慎态度，因为学者们研究发现，有一些禁酒组织往往喜欢夸大支持者与参与者人数，以此来壮大声势或炫耀成就。因此，实际支持或参与“禁酒运动”的人数要低于禁酒组织所说的数字。

“禁酒运动”的组织者、参与者与支持者遍及英国社会各个阶层，包含了各个年龄段的人。在他们当中有莎夫茨伯里伯爵和斯坦霍普伯爵等贵族，有伦敦主教、红衣主教曼宁等教会人士，有工厂主和商人，有议会议员、政府官员、治安法官等政界人士，当然人数最多的还是工人等普通民众。虽然他们组织、参与和支持“禁酒运动”的出发点与目的各有不同，但通过禁酒来改善社会风尚，倡导节俭、自制、自助的道德品格，是多数人的共同想法。社会中上层人士把禁酒作为引导下层民众进行道德完善的重要途径，工厂主与商人把禁酒看作帮助工人阶级进行社会改善的重要手段，社会改革家们把禁酒视为个人自我完善的途径。对于下层民众尤其是工人而言，禁酒是他们实现自助、获得社会尊重的途径，可以帮助他们实现晋升社会阶梯的愿

① Lilian Lewis Shiman, *Crusade against Drink in Victorian England*, p. 51.
② 袁弋胭：《19 世纪英国中产阶级自愿社团研究》，第 158 页。
③ A. E. Dingle, *The Campaign for Prohibition in Victorian England*, p. 14.

望。而那些完全忠诚于禁酒事业的人，多为个人亲身经历过酗酒给家庭生活带来危害的人。弗兰西斯·比尔德肖出身于小酒馆老板家庭，他的父亲靠卖酒发家，但最终也因为酗酒而丢了性命。威廉·贝尔的家庭和母亲都因为他父亲酗酒而受到伤害。① 他们后来都成为“禁酒运动”的坚定支持者与参与者。

各种禁酒组织在开展“禁酒运动”时采取了多种多样的活动方式，以引起人们对酗酒问题的关注，动员民众参与到“禁酒运动”中来，努力消除酗酒现象。在诸多活动方式当中，最常见也是最主要的方式主要有以下几种。

像这一时期多数改革运动一样，禁酒组织也把公众集会作为其主要的活动方式。对于禁酒组织而言，公众集会是吸引注意、宣传主张、动员民众、获得支持、显示力量和影响的手段与途径。在“禁酒运动”当中，公众集会是禁酒组织使用最多的活动方式。以“联合王国遏制酒类贸易联盟”为例，该组织在 1855 年举行了 500 余次集会。② 在“禁酒运动”公众集会上，往往会有协会成员或受协会邀请的教会人士等发表演讲或布道，演讲或布道的内容或是向听众揭示酗酒的危害性，或是向听众介绍该协会的禁酒主张。有时也会在集会上安排一些已经戒除酒瘾的人现身说法，向听众介绍酗酒给自己及家庭带来的不幸，向听众展示自己戒除酒瘾后的诸多好处。很多协会还会在集会上组织集体签署禁酒誓约，以此为禁酒造势。另外，一些协会有时也会在集会上安排捐款接收仪式。但是，也有些禁酒协会的集会仅限于协会成员参加，在这样的集会上，总结、讨论、安排协会禁酒工作往往成为重要内容。为了倡导和推动禁酒，禁酒派在许多集会上以茶代酒，用推广饮茶来推进禁酒目标。1831 年，贝尔法斯特禁酒协会举办了有百余人参加的茶会；1832 年 7 月 11 日，有 540 名来自普雷斯顿北部工业城镇的劳动者参加了一次大型禁酒茶会；1846 年

① Lilian Lewis Shiman, *Crusade against Drink in Victorian England*, p. 29.

② A. E. Dingle, *The Campaign for Prohibition in Victorian England*, p. 205.

莎夫茨伯里伯爵在日记中记录了他主持的一次福音派茶会。[①]

签署禁酒誓约是“禁酒运动”的重要活动内容。签署禁酒誓约被禁酒派视为极其重要的事，它是签约者禁酒意愿的宣示，是禁酒组织禁酒目标的展示，是禁酒组织对其成员行为的一种约束，是禁酒派对酗酒这种社会恶习的宣战书，也是一些禁酒组织接纳成员时必须履行的一道程序。各个禁酒组织的禁酒誓约内容大同小异，大体分为两种：短誓约与长誓约。短誓约多为温和禁酒派使用，签署短誓约者允诺除医疗用途外不饮用烈酒。长誓约多为绝对禁酒派使用，由于绝对禁酒派在维多利亚时代“禁酒运动”中占据主流，长誓约的使用较为普遍。签署长誓约者允诺除医疗用途外，不仅自己不饮酒，也不向其他人提供酒。显然，与短誓约相比，长誓约禁酒的种类已经不局限于烈酒，而是包含了所有酒水，不仅自己不饮酒，也不向其他人提供酒，禁酒的力度远远大于短誓约。而且，在签署禁酒誓约问题上，各个禁酒组织之间存在分歧，一部分禁酒组织在签署禁酒誓约问题上实行自愿原则，另一部分禁酒组织则把签署禁酒誓约作为一项强制性义务。虽说大部分签约人都能够遵守誓约，但也有不少人在签约后无法抵御酒瘾而背弃誓约。绝对禁酒派杂志《禁酒倡导者》的一个编辑曾抱怨道，醉鬼们签署誓约后又背弃誓约的现象普遍存在。[②] 为防止签署禁酒誓约者出现反复，禁酒组织支持引导新签署誓约者组成一个小团体，该团体不仅能在抵御喝酒的诱惑时提供帮助，也能有助于成员养成新的行为习惯。对于那些背弃誓约者，许多禁酒组织往往会采取这样的做法：先派人与其见面，争取其悔改并重新签署誓约，如果失败，则在公众集会上将其名字公之于众，让所有人知道其悖信行为，同时将其名字从会员名单中删掉。一旦背弃誓约者被公开贴上不守约、悖信的标签，他的声誉、尊严乃至生计都会受到打击，这不能不说是一个严厉的惩戒。而马修神父领导的“科克绝对禁酒协会”要求其成员佩戴协会的徽章，这不仅是佩戴者绝对禁酒者身份的标

① 林有鸿：《禁酒运动中的英国茶文化刍议》，《中国茶叶》2017 年第 5 期。

② Lilian Lewis Shiman, *Crusade against Drink in Victorian England*, p. 20.

志，而且佩戴徽章也是在时刻提醒佩戴者不要忘记他们发下的禁酒誓言。

印制、散发书籍、小册子、报纸、传单及其他宣传品，是禁酒组织又一个常用的宣传手段。传单和小册子是最早、最普遍的宣传媒介；在报纸出现之前，传单和小册子便宜，易于印制和传播。有些禁酒组织及其成员对使用传单和小册子情有独钟。A. E. 艾克尔斯从1853年起就自费散发传单，到1909年共散发了5500万份传单，查尔斯·沃森在一年之内就散发了800万份传单。[①] 1833年，约翰·邓洛普出版了《饮酒须知》一书，该书在随后几年间重印数次，以图解的形式详细描述了酗酒问题的严重程度，并提出了切实可行的解决方法。[②] 在禁酒组织散发的传单和小册子中，在民众当中进行一般性教育的占多数。小册子不仅用于宣传禁酒主张，也被用于禁酒派与对手的论战或回应一些人对“禁酒运动”的质疑。1851年，一位利兹的教士致信《利兹水星报》，对“禁酒运动”的问题与不足发出抱怨。利兹附近伍德豪斯村的绝对禁酒团体领导人乔治·卢卡斯对此作出了答复，并印制成小册子进行散发。[③] 有些小册子的发行量很大，如“全国禁酒协会”组织编写的《新不列颠与海外协会手册》在出版发行后，仅重印数量就达到4.5万册。[④]

随着报刊在19世纪英国的发展，禁酒组织越来越多地利用报刊开展禁酒宣传，它们不仅充分利用其他报刊，而且自己创办报刊，或者购买现有报刊为己有，把这些报刊作为“禁酒运动”的舆论阵地。一些自由派地方报纸尤其是《西部新闻晨报》和《东部新闻晨报》同情并支持“禁酒运动”，常常为禁酒派刊登消息或报道。[⑤] 19世纪60年代以后，随着教育发展及民众识字水平的提高，民众中识字的人增多，对适合其阅读读物的需求在增大，越来越多的禁酒组织开始

---

① A. E. Dingle, *The Campaign for Prohibition in Victorian England*, p. 209.

② 袁弋胭：《19世纪英国中产阶级自愿社团研究》，第158页。

③ Lilian Lewis Shiman, *Crusade against Drink in Victorian England*, p. 51.

④ Richard Barrett, *The Temperance Movement: Its Rise, Progress and Results*, p. 11.

⑤ A. E. Dingle, *The Campaign for Prohibition in Victorian England*, p. 210.

创办自己的报刊。被称为“绝对禁酒之父”的约瑟夫·利夫西就曾印制一份周刊《斗争》，后来改为《道德改革者》。[①] 在这些杂志中，地方或行业禁酒团体的新闻占据了主要地位。[②] “联合王国遏制酒类贸易联盟”主办的《联盟新闻》则是一份畅销全国的报纸，在“禁酒运动”中发挥了重要作用。该报主要是禁酒派的一份指导手册，1854 年创办时是一份周报，每期 4 版，多数发行量出自禁酒派内部订阅或购买。[③]

随着对儿童禁酒的重视及儿童禁酒组织的发展，再加上儿童识字水平的提升，对儿童禁酒读物的需求也加大了。在这种情况下，许多地方的“少年禁酒协会联盟”为满足这一需求，出版了自己的杂志，只不过其中大多数办刊时间不长。在诸多儿童禁酒杂志中，“联合王国少年禁酒协会联盟”创办于 1851 年的官方出版物《少年禁酒协会评论》，经常刊登一些人物故事，这些人物都符合当时英国社会流行的体面行为的观念，通过模仿这些人物，孩子们可以学会自制、节俭、勤劳、清洁、守时等美德。[④]

许多禁酒组织及其支持者还撰写、编辑、出版各种书籍，在全国范围内进行散发，传播禁酒主张，进行道德教育。在这些书籍中，有的书籍以问答书的形式向读者传播禁酒思想。各地少年禁酒协会的绝对禁酒问答书，就是直接模仿 19 世纪流行的基督教义问答书来编写的。这类问答书一般有 52 个问题，正好一年 52 周每周 1 个，而且附带有标准答案。儿童每周温习 1 个问题及其答案，在每周周会上由主持者对问题进行解答。问答书中的问题往往是这样一些问题：当我们说我们是绝对禁酒派的时候，我们要表达什么意思？我们知道，儿童不可能真正理解这些问题，但是，不断强化这些问题及其答案，就是在不断向儿童头脑中灌输酗酒是恶习的观念，让他们惧怕饮酒，躲避酒类饮品，进而从小养成不饮酒的良好习惯。有的书籍通过讲述酒鬼

---

① Lilian Lewis Shiman, *Crusade against Drink in Victorian England*, p. 18.

② Lilian Lewis Shiman, *Crusade against Drink in Victorian England*, p. 165.

③ A. E. Dingle, *The Campaign for Prohibition in Victorian England*, pp. 212 – 213.

④ Lilian Lewis Shiman, *Crusade against Drink in Victorian England*, pp. 145 – 146.

一生的传记来告诫世人酗酒的危害性。1835 年，查尔斯·詹姆斯·阿铂利给酗酒成瘾，最后在身无分文、精神癫狂状态中死于债务人监狱的乡绅约翰·麦顿写的传记出版。这本传记出版后很有市场，到 1901 年维多利亚时代结束，该书共计重印了 8 次。[①] 还有一些书籍是写给特定人群的，带有明确的指向性。C. L. 巴尔弗夫人撰写的《少年戒酒者》在 1853 年再版，并更名为《晨露》，就是专门写给少年禁酒协会的儿童读物。该书将禁酒问题的主张概要性地介绍给读者，强调自我完善，其章节题目中有：论自我否定、酗酒的代价、童年的习惯、榜样的力量、习俗的权力、基督徒的美德与福报等。[②] 值得注意的是，许多知名的禁酒著作是由女性写作的，还有许多匿名的禁酒小册子和小故事也出自女性笔下。C. L. 巴尔弗夫人就是一个与“禁酒运动”有着几十年密切联系的作者，为成人和儿童读者写了很多关于禁酒主题的书籍和文章。

为了鼓励作者创作禁酒作品，一些禁酒组织还设立奖金，奖励那些优秀的禁酒作品。1860 年，由亨利·伍德夫人创作的小说《丹斯伯里一家》获得苏格兰禁酒联盟的 100 镑奖金。这部小说的主题是饮酒问题，它要表达的是：一个人一旦开始饮酒，就会养成不可控制的惯性，不幸也必然随之到来。该书讲述了一个富裕制造业家庭的故事，这个家庭的男主人是一个温和禁酒者，他先后娶了两任妻子，前妻给他生了一个儿子和一个女儿，后娶的妻子给他生了三个儿子。在四个儿子中，三个成为酒鬼并早早死去，只有长子是一个长寿的绝对禁酒者，他的事业与婚姻都很成功。作者在小说中还表达了对儿童成长过程中的家庭环境因素影响的重视，强调母亲对家庭道德氛围形成的意义。在小说中三个早早死去的儿子有一个酗酒的母亲，而不饮酒的长子则有一个绝对禁酒的母亲。小说还对伦敦存在的诸多诱惑给人们带来的不幸进行了抨击，作者认为，伦敦到处都是赌场、酒馆、廉价低劣出版物等，而这些都是人们道德堕落的诱因。这些小说在“禁

① Charles Ludington, *The Politics of Wine in Britain*: *A New Cultural History*, p. 221.

② Lilian Lewis Shiman, *Crusade against Drink in Victorian England*, p. 143.

酒运动”中发挥了潜移默化的影响，而这种影响是那些板着面孔说教的作品无法企及的。

举行示威游行、请愿也是禁酒组织经常采用的活动方式，而且这种活动方式在争取立法禁酒斗争中更为常见。1839 年 5 月，禁酒组织在伦敦组织了有 2000 余人参加的禁酒大游行，1840 年禁酒组织又在伦敦组织了一万余人参加的禁酒大游行。① 这些禁酒游行的目的在于宣示“禁酒运动”的主张及声势，同时也向政府方面施加压力，促使其在禁酒方面采取更加有力的措施，如缩短酒馆营业时间、减少酒馆数量、压缩酒类进口、制定相关法律等。围绕着许可证法案修订、酒馆主日营业问题、禁止酒类贸易问题，禁酒组织经常采取请愿的方式向议会施压，以促使议会通过相关法律。1845 年议会开会时收到了禁酒组织提交的有 198803 人签名的 899 份请愿书，这些请愿书要求议会通过法律，减少酒馆数量并禁止酒馆在主日营业。1852 年，“伦敦禁酒联盟”宣布，它将 3000 份禁酒请愿书提交了议会。②

代理人或宣讲人是禁酒组织传播禁酒主张、开展禁酒活动的重要途径。在这些代理人或宣讲人中，有受过良好教育的有身份的人，有工人，有教士或牧师，有无宗教信仰的人，还有一些是戒除了酒瘾的酗酒者。这些代理人或宣讲人或是自愿从事禁酒工作的兼职者，或是受雇于地方性或全国性禁酒组织的全职者，他们或在各地旅行开展活动，或驻守于一地从事相关工作。各个禁酒组织因为规模大小不一，它们雇用的代理人或宣讲人也数量不等。这些代理人或宣讲人的主要工作职责是：做宣讲报告，传播禁酒主张，建立与组织禁酒协会，动员饮酒者签署禁酒誓约，为禁酒组织募集款项，扩大禁酒组织影响。他们的工作在“禁酒运动”中至关重要，极大地推动了“禁酒运动”的发展。在这些代理人或宣讲人当中，也涌现一些在“禁酒运动”中赫赫有名的人物，特别是那些出身于工人的代理人或宣讲人，他们

---

① Samuel Couling, *History of the Temperance Movement in Great Britain and Ireland*, p. 126.

② James Nicholls, *The Politics of Alcohol: A History of the Drink Question in England*, p. 111.

当中不少人曾经是酗酒问题的受害者，凭借着对禁酒事业的热情，积极投身于这项事业。在这些人当中有自称“改过自新的醉汉之王”的托马斯·斯温德赫斯特，以“伯明翰的铁匠”而闻名的詹姆斯·霍金，被称为“古怪宣传家”的托马斯·沃斯诺普。[①] 许多禁酒组织看到这些戒酒者的鼓动能力，出资雇用他们担任代理人或宣讲人，双方形成雇佣关系。这成为少数工人出身的戒酒者的谋生手段之一，甚至有人借此闯出了名声，进而使自己过上了舒适的生活。除了上述宣讲人之外，“联合王国遏制酒类贸易联盟”还在全国各地设立地区助手，他们在活动中起到上传下达的作用，其人数最多时在 1857 年达到 176 人，在伦敦、伯明翰、利兹、设菲尔德、赫尔、莱斯特、朴次茅斯、约克、布里斯托尔、巴斯等地都有这样的助手。[②] 值得注意的是，虽然绝大多数代理人和宣讲人都在真诚地为“禁酒运动”工作，但也有极少数代理人和宣讲人存在问题，并因此受到人们指责。

禁酒组织还根据“禁酒运动”发展的需要，采取其他一些活动方式。有的禁酒组织举行实习教师讲课比赛，比赛的讲课题目都与禁酒有关，如一杯啤酒、酗酒的危害、完全戒酒。比赛获胜者将会在公开仪式上获得奖牌、书籍、证书及其他奖品。一些少年禁酒组织举行每年一度的禁酒考试，禁酒组织的全体儿童都可以参加，获胜者会获得书籍等适当奖励。另外，随着禁酒组织试图通过立法推进主日停业、减少酒馆数量、进行许可证改革、禁止酒类贸易，争取议会议员、政党领袖、各级官员、法官的支持就显得十分必要。因此，一些禁酒组织十分注重在政党、议会、政府、法院中寻找代理人，寄希望于通过他们推进相关立法工作，并加大相关执法工作力度，以期早日实现禁酒目标。

在 19 世纪的“禁酒运动”中，一直存在着道德劝诫与法律强制的方法之争，以及温和禁酒与绝对禁酒的目标分歧。这两大分歧在很大程度上决定着“禁酒运动”的走向与结局。

---

① Lilian Lewis Shiman, *Crusade against Drink in Victorian England*, p. 23.

② A. E. Dingle, *The Campaign for Prohibition in Victorian England*, pp. 189 – 190.

从“禁酒运动”开始以来，道德劝诫就主导着禁酒运动的发展，并成为一段时间里“禁酒运动”的主要途径与方法，这个阶段从19世纪30年代一直持续到40年代末。然而，这一传统的道德劝诫方法存在着自身的不足与局限，对于解决全国性的酗酒问题，速度太慢。“因为许多绝对禁酒者对纯粹的道德劝诫措施感到了失望”[①]，那些更加忠诚的禁酒改革者寻找新方法来消除酗酒问题。酗酒问题的严重性，找寻解决办法的紧迫性，让一系列纠正措施变得日益激进。1851年美国缅因州颁布的禁酒法，让英国的禁酒改革者大受鼓舞，他们认为这将是一个新的更加有效的禁酒改革方法。既然不能通过道德劝诫的方式让英国人变得清醒起来，那么就用强制手段来实现这个目标。1853年在曼彻斯特成立的“联合王国遏制酒类贸易联盟”，将用法律手段禁止酒类贸易进而实现禁酒作为自己的目标。这样，一个致力于通过立法打击酒类贸易的压力集团在曼彻斯特组成，他们呼吁并引导公共舆论促成全面、及时的立法，打击所有醉人的烈酒和饮品的贸易。弗雷德里克·理查德·利兹在1853年指出，国家有权力也有责任禁止烈酒贸易。[②] 随之，“禁酒运动”的关注点转移到通过立法来达到禁酒目标的方向上来，在这种情况下，道德劝诫派暂时处于沉寂状态。对于“禁酒运动”而言，这将是一个重大变化。因为这不仅意味着“禁酒运动”的手段从道德劝诫向法律强制的转变，而且意味着“禁酒运动”对象的变化。也就是说，“禁酒运动”的对象从酒的饮用者转向了酒的售卖者，无论是减少酒馆数量、缩短酒馆营业时间、酒类经营许可证改革，还是主日禁止营业、禁止酒类贸易，针对的都是酒的售卖者，而非酒的饮用者。以“禁酒运动”的这一转变为基础，形成了“禁酒运动”中的禁售派。在禁售派看来，如果人们不愿或不能通过自己的意志力远离饮酒，社会就应该通过其代理人也就是政府，强制民众过上远离饮酒的生活。[③] 因此，他们致力于禁

---

① John Greenaway, *Drink and British Politics Since 1830: A Study of Policy-Making*, p. 16.

② M. J. D. Robert, *Making English Morals: Voluntary Association and Moral Reform in England*, p. 177.

③ Lilian Lewis Shiman, *Crusade against Drink in Victorian England*, p. 189.

止酒类贸易、限制酒类销售时间与销售场所数量。他们乐观地相信，他们找到了一个快速、简洁的办法，一条法律就可以将酒鬼从这个国家清除出去，进而解决让英国人苦恼多年、日益严重的酗酒问题。

为了通过法律手段解决酗酒问题，禁酒组织主要开展了以下三种活动。第一个是“主日停业运动”。“不列颠禁酒联合会”是第一个支持有组织限制主日饮酒的英国团体，早在 1844 年年度会议上，该协会就提出了主日停业的问题，并为此进行请愿和宣传。各地禁酒协会积极支持在全国扩大主日许可限制的主张。1849 年首次在整个兰卡郡实施的强制限制，对主日期间的公众行为标准产生了重要影响。1853 年，《福布斯·麦肯齐法》获得通过，该法适用于苏格兰，规定禁止在主日饮用酒精饮品。同一年，“不列颠禁酒联合会”联合“全国禁酒协会”，说服一些议员提出在英格兰实行主日停业的提案。

第二个是许可证改革运动。通过颁发许可证来限制酒类销售的做法早就存在。在英格兰与威尔士，自 1552 年起，由治安法官负责发放酒类销售许可证。1756 年英格兰的许可证制度扩大到苏格兰。1828 年，酒类销售许可证发放有了新的限制，那些掺假、缺斤少两、放任赌博或醉酒、允许暴徒在酒馆聚集者，不能领取许可证。同时，禁止酒馆在主日、耶稣受难日和圣诞节礼拜期间营业，禁止在酒馆以外的地方零售烈酒供外带消费。1830 年《啤酒法》通过后，出现了两种形式的酒类销售许可证：全面出售酒类饮品的酒馆许可证与新的啤酒馆许可证。而且该法生效后的头 6 个月就发放了 24324 份许可证，在接下来的 8 年里又发放了 21000 份许可证。许多禁酒组织认为，酗酒现象泛滥的一个重要原因就是酒类销售许可证发放过多过滥，因此，它们主张对酒类销售许可证发放制度进行改革，严格控制酒类销售许可证发放数量。

第三个是禁止酒类贸易运动。这一运动开始于 1853 年，其标志是“联合王国遏制酒类贸易联盟”的成立。禁售派最初的目标是在英国全境禁止酒类贸易，他们希望通过禁止酒类贸易的方法来达到禁酒的目标。“在他们看来，自由放任的经济政策对于经济发展是有利的，但国家的道德进步被忽视了。正因为道德进步遭到忽视，财富的增加被用于奢侈、放纵与酗酒，变成了人们堕落与贫穷的工具。”① 正如 T. H. 巴克尔所说：“如果我们不能摧毁［酒类贸易］，它将摧毁我们的人民和国家。”② 因此，他们主张加强国家干预，通过法律禁止酒类贸易。最初，“联合王国遏制酒类贸易联盟”意图整合全国的禁酒组织，共同推进在英国全境禁止酒类贸易。但是，这一意图在诸多禁酒组织的抵制等因素制约下无法实现。在这种情况下，禁售派退而求其次，谋求在地方层面上禁止酒类贸易。此后的禁止酒类贸易运动尽管仍在开展，但没有取得实质性效果，一定程度上可以说，通过禁止酒类贸易方法来禁酒的道路没有走通。

在禁止酒类贸易法律获得通过遥遥无期、酗酒问题没有好转的情况下，教会以及一些禁酒组织认为，要解决酗酒问题，终究离不开道德劝诫。约瑟夫·利夫西更倾向于把道德劝诫作为进行禁酒改革的有效手段，虽然他也投入精力参加禁止酒类贸易运动，但还是通过写作与演讲来宣传道德劝诫的主张。“他认为，如果民众受到教育，清楚地认识事实，他们会做出正确的决定。他相信，让民众要求放弃饮酒，要远远好于强制他们放弃饮酒。”③ 即使不列颠禁酒协会长期支持运用法律手段禁酒，也感到禁止酒类贸易只能部分解决酗酒问题。自 19 世纪 70 年代起，在英国“禁酒运动”中就形成了两条主线：一条主线是以福音禁酒运动为牵动的道德劝诫的复兴与发展，另一条主线是与地方政府改革紧密纠缠在一起的许可证改革及区域性禁止酒类贸易的进行，这两条主线共同构成了 19 世纪晚期英国“禁酒运动”的主要内容。

在 19 世纪，虽然英国“禁酒运动”的主流是绝对禁酒，但绝对禁酒派的主张及做法并不被所有人认可，温和禁酒的观念与主张并未彻底消失，而是一直存在，与绝对禁酒一起推动“禁酒运动”向前发展。绝对禁酒运动出现后，原来的一些温和禁酒派领导人如约翰·

① John Greenaway, *Drink and British Politics Since 1830: A Study of Policy-Making*, p. 19.

② 转引自 John Greenaway, *Drink and British Politics Since 1830: A Study of Policy-Making*, p. 22。

③ Lilian Lewis Shiman, *Crusade against Drink in Victorian England*, p. 81.

邓洛普等接受了绝对禁酒的主张，但也有些人如约翰·埃德加、威廉·科林斯等则不同意将绝对禁酒作为“禁酒运动”的基础。教会虽然谴责酗酒，但并不禁止适量饮酒，因此对绝对禁酒的主张与要求，不少教会感到难以接受。罗马天主教会与国教会在绝对禁酒问题上有相似的立场。它们都坚持这样的态度：一个人选择戒酒必须出自其自己的自由意志，它们不实行强制。它们都倾向于在绝对禁酒问题上保持沉默，只要它们这么做不会让自己的权威受到伤害。浸信会与公理会也没有正式接受绝对禁酒的主张，它们都倾向于在这个问题上保持绝对中立。而原初卫理公会和美道会这两个活跃在社会底层的教派对绝对禁酒持支持态度。各个教派内部也不统一，因为许多教派并不要求下属教会、教堂以及信徒整齐划一，而是默许或允许他们自己做出选择。1847 年，“利兹禁酒协会”对利兹所有牧师进行了访谈，了解他们对“禁酒运动”的看法。根据调查结果，有人敌视绝对禁酒，有人支持绝对禁酒，但总的来说，牧师们不关心绝对禁酒工作，也不愿意与绝对禁酒派保持密切联系。在反对绝对禁酒的理由中有：誓约不符合洗礼誓言；誓约并未触及人的道德本质；禁酒协会促进了人的暂时幸福，但忽视了更高的道德与信仰诉求。[①] 狄更斯在 1849 年对绝对禁酒派将烈酒视为一切罪恶之源的主张提出批评，并在两年后与转向绝对禁酒主义的乔治·克鲁克香克发生激烈争论，而后者曾是他的合作者。应该说，在英国这样一个有着长期饮酒历史与深厚酒文化的国家，要想消除酗酒问题，温和禁酒是一个切合实际的做法，而绝对禁酒——就像一些批评者所说——只能是一个乌托邦式的空想。

在 19 世纪英国“禁酒运动”中，政府的作用也不能被忽视。然而，在 19 世纪的英国，长期存在着对政府推动“禁酒运动”发展行为的怀疑，并避免采用这一做法。之所以如此，是因为在人们的观念中，真正进步的途径在于道德启蒙。这种观念对自由派和保守派都产生了影响。自由派认为可以通过完善的教育实现这一目标。保守派认为，人们不能指望通过警察的手段来实现道德重塑，禁酒应该是教会

① Lilian Lewis Shiman, *Crusade against Drink in Victorian England*, pp. 64 - 65.

的事而不是议会的事。绝对禁酒派先驱约瑟夫·利夫西宣称："我们决不能忘记我们的正确任务是道德劝诫，没有这方面的成功，所有立法都将是短暂且没有根基的。"[1] 因此，在很长一段时间里，"禁酒运动"的支持者并不十分欢迎政府立法。不过，随着政府日益加强对公共健康、教育、铁路安全、劳动时间与劳动条件的干预和管理，人们越来越难以坚持不让政府承担其应尽责任的观念。实际上，1830 年以后，政治家们就意识到，法律不能仅仅规范贸易状况，也应该用来改变人们的习惯与行为举止。1856 年，弗雷德里克·理查德·利兹发表文章指出，好的政府应该承担起打击那些危害国家发展与道德进步的贸易的责任。他认为，酒类贸易本身就是邪恶的，政府理所应当对其进行打击。[2] 在禁售派看来，政府的角色就是成为民众习惯的最重要教导者，也就是说，政府要积极干预改善国民的道德状况。随着公众对禁酒问题的关注度进一步提高，政治家们感到必须表现出对这一问题的重视。自由党领袖格拉斯顿也越来越认识到，控制酒类贸易是一个"政府几乎必须介入的行动"[3]。当然，并不是所有政治家都持同样的态度。

在 19 世纪上半叶，英国政府对"禁酒运动"的介入仍然以传统的许可证制度为基础。议会不断调整与完善酒类贸易许可证法律，并授权法官进一步严格控制酒类贸易许可证发放数量，加强许可证发放与换发审查。与此同时，根据一些改革者的建议，议会在 1845 年通过了《公共博物馆法》，在 1850 年通过了《公共图书馆法》，试图用博物馆与图书馆这些消遣娱乐方式来丰富民众的业余生活，与酒瘾形成对抗性引力，进而让饮酒者远离酗酒。更值得注意的是，这"说明禁酒运动的关注点已经转移到酗酒问题产生的更广阔社会背景之上"[4]。

---

① John Greenaway, *Drink and British Politics Since 1830: A Study of Policy-Making*, p. 10.

② James Nicholls, *The Politics of Alcohol: A History of the Drink Question in England*, p. 116.

③ A. E. Dingle, *The Campaign for Prohibition in Victorian England*, p. 75.

④ James Nicholls, *The Politics of Alcohol: A History of the Drink Question in England*, p. 113.

四 禁酒的困难与影响

从控制酒类销售到禁酒，为了解决酗酒问题，这一时期的英国人可谓是想尽办法，招式尽出。然而，直到19世纪中叶，酗酒问题仍然十分严重，实现禁酒目标的前景依旧堪忧。

从控酒到禁酒，就是要消除酗酒现象，减少酒类消费量，把英国建成一个无酒国家。如果说消除酗酒现象是近期目标的话，减少酒的消费量则是中期目标，把英国建成一个无酒国家就是终极目标。然而，要实现这些目标，英国人面临着重重困难。

第一，饮酒是英国人饮食行为与社交生活的组成部分，早已深深融入他们的生活之中，甚至成为他们日常生活与社交活动不可或缺的内容。以工人阶级为例，直到维多利亚时代初，酒馆在工人生活当中仍然扮演着重要角色，而不仅仅是一些中产阶级人士眼中的酗酒场所。友谊会在酒馆收取会费，发放福利补贴。工人组织包括一些技术工人把酒馆作为他们的基地和寻找工作机会的场所。猎狗饲养者和信鸽比赛者将酒馆作为其俱乐部的基地。还有不少行业将酒馆作为发放薪水的地方。对工人们而言，酒馆是交友、社交、会谈、小道消息、论战的场所。到19世纪四五十年代之后这一状况才有所改变。在爱丁堡，"这座城市的许多最重要的文化活动都是从小酒馆里的聚会开始的"，"大多数俱乐部都既进行严肃的学术交流，又兼营饮酒社交活动。镜子俱乐部坐落于议会广场上的一个小酒馆，讨论苏格兰地主阶级的文化改良问题并发表文章。兰金俱乐部的成员在小酒馆里讨论哲学课题"①。这些世代沿袭的习惯不是那么容易就被弃置一边的。因此，在"饮酒尤其是社交性饮酒在大众文化中仍然发挥重要核心作用"的情况下，② 绝对禁酒的主张无法让英国人接受，让人们彻底放

---

① ［美］阿瑟·赫尔曼：《苏格兰：现代世界文明的起点》，启蒙编译所译，第179—180页。

② F. M. L. Thompson, *The Rise of Respectable Society: A Social History of Victorian Britain, 1830 - 1900*, p. 311.

弃饮酒也是不现实的。“正如布莱恩·哈里森所说，对于19世纪早期的工人而言，‘放弃饮酒就是放弃社会本身’。”①

第二，人们对酒的认识与看法阻碍了禁酒目标的实现。在人们的观念中，酗酒固然有害，但适量饮酒对人不仅无害，而且还对健康有利。许多工人说，不喝酒就干不了重活，甚至有人认为，最能喝酒的人是最好的工人。对于不少工人来说，他们“之所以酗酒，是因为唯有如此才能挨过一天的工作”②。“在农业工人，卸煤工人和矿工看来，啤酒是任何重体力劳动者不可缺少的饮料（用来‘收收汗的’），在北方一部分地区，啤酒和‘饮料’指的是同一回事。”③ 这些看法易于使人们对禁酒产生抵触情绪。1751年，詹姆斯·汤利描述了人们对于酒的矛盾看法：

> 杜松子酒，这个该诅咒的魔鬼，裹挟着狂怒与忧虑，
> 使人类成为受害者，
> 它携带着死亡的气息，
> 将我们的生命盗走，
>
> 啤酒，我们这个岛国的快乐产物，
> 能赋予肌肉以力量，
> 面对厌烦劳作的辛苦
> 能让每个人的心振作起来。④

与此类似，威廉·贺加斯既创作了《杜松子酒巷》这幅揭露杜松子酒危害的版画，也创作了《啤酒街》（1751年）这幅反映啤酒街欢

---

① James Nicholls, *The Politics of Alcohol: A History of the Drink Question in England*, Manchester, p. 100.

② ［英］彼得·阿克罗伊德：《伦敦传》，翁海贞等译，第534页。

③ ［英］E. P. 汤普森：《英国工人阶级的形成》，钱乘旦、杨豫、潘兴明、何高藻译，第364页。

④ M. Dorothy George, *London Life in the Eighteenth Century*, p. 41.

乐繁盛景象的版画。在不少人看来，饮酒不等于酗酒，即使偶尔大醉一场也不等于酗酒成性，对这一问题还是要分开来看。正如休谟所说：

> 纵酒狂欢，如果有损于公正博爱这类美德，就绝对是罪恶；同样，这类嗜好如果使得一个人倾家荡产，贫困潦倒，沦于乞讨，则是愚蠢。若为畅叙友情，阖家团聚，或接风洗尘，设宴压惊，即便觚（觥——引者注）筹交错，开怀痛饮，根本无害可言，这几乎已为历来所有的道德家们所一致承认。……一个人如果纵酒无度，消磨一生，完全不顾亲友之谊，家室之责，只能说明这个人冷酷无情，缺乏仁爱恻隐之心。①

可以说，直到19世纪二三十年代，人们还是认为只有饮用烈酒是不道德的，而饮用啤酒是无害的。即使在禁酒派中，也只有绝对禁酒派认为所有的饮酒行为都是不道德的。

第三，医疗界的做法助长了人们认为饮酒对健康无害的看法。烈酒曾被称为不列颠“最古老的药”。在很长时间里，“酒被视为一种受欢迎的药、威士忌则是手提式的火炉”②。19世纪的医生在许多治疗中都使用酒作为辅助手段，“一杯白兰地”是一个常见的处方，在很长时间里酒被认为是抵抗霍乱与流感的有效医疗手段。甚至当一些病人告诉医生说他要戒酒时，医生就会努力说服他戒酒对其健康不利。这使人们对禁酒的抵制有了医学根据。

第四，教会在禁酒问题上的态度不利于禁酒目标的实现。基督教虽然谴责酗酒，但并不禁止教徒饮酒，而且在圣餐礼等宗教礼仪中还要用到葡萄酒，因此，大部分教派并不赞同彻底禁酒。再比如，禁酒派主张通过引导工人在星期日到公园游玩、参观博物馆和艺术馆、接

---

① ［英］休谟：《休谟经济论文选》，陈玮译，商务印书馆1984年版，第18—19页。

② ［美］威尔·杜兰：《世界文明史》第10卷《卢梭与大革命》，幼狮文化公司译，第1152页。

受培训等方式，来使他们逐渐摆脱酗酒恶习。但有些教会人士认为，在星期日举办或参加这些活动，违背了教义关于主日的规定，主张在星期日关闭上述机构，不举行培训等活动，而让工人到教堂参加礼拜。在一个基督教社会里，教会的态度极大地影响乃至左右着信徒的行为选择。因此，教会在绝对禁酒问题上的态度成为许多英国人对绝对禁酒态度的重要依据。

第五，自由放任与地方自治的治理观念使得英国政府难以在禁酒活动中发挥更大作用。在自由放任的治理观念下，政府不愿过多过深介入饮酒这个被视为个人生活行为的事务中来，民众也不愿看到政府过多干预他们的生活，因此，政府难以通过立法或行政手段来推进禁酒。

第六，既得利益者的抵制极大地阻碍着禁酒目标的实现。在当时的英国社会，禁酒要面对的是两个相互对抗的集团，即禁酒运动团体与酒类贸易集团，任何引起后者敌视，又从前者那里得不到有力支持的禁酒措施都注定要失败。[①] 酒类行业的既得利益者有三个：一个是酒类行业经营者，如酒厂老板、酒类进出口商人、酒馆老板等；另一个是种植啤酒花等造酒原料的农民；还有一个是收取酒类营业税与进口税的国家。酒类行业经营者通过破坏禁酒活动、阻止议会通过禁酒立法等手段，来阻止禁酒活动的进展，保护自己的利益不受损害。“什罗普郡守灵夜的牧师约翰·威廉·德拉弗莱谢尔写道：‘我无法制止这些狂欢作乐的人。拦截他们的堤坝毫无作用，只会让洪流更加激昂，根本没能停止。’此外，人民已在教堂外找到了庇护人：如果拉弗莱谢尔布道反对醉酒、作秀和逗牛游戏，‘酒馆老板和酿啤酒人将不会宽恕我。他们认为，布道反对醉酒与割断他们钱包的串绳是一回事。’”[②] 种植造酒原料的农民不愿意因为禁酒而造成自己的粮食、啤酒花等销路受阻，因此不愿意看到禁酒成功。国家虽然担心酗酒造

---

① A. E. Dingle, *The Campaign for Prohibition in Victorian England*, p. 223.

② ［英］E. P. 汤普森：《共有的习惯：18世纪英国的平民文化》，沈汉、王加丰译，第66页。

成社会秩序混乱等严重社会问题，愿意消除酗酒现象，但大笔的酒类税收，让其难以下定彻底将各种酒类从英国祛除的决心。

最后，禁酒组织的分散性及其难以弥合的分歧削弱了禁酒力量。道德劝诫与立法禁酒、温和禁酒与绝对禁酒等禁酒主张的不同，教会禁酒组织与世俗禁酒组织、中产阶级禁酒组织与工人禁酒组织之间的隔阂与分歧，全国性禁酒组织与地方禁酒组织、各个地方与各个行业的禁酒组织之间的隔阂及分歧等，成为全国禁酒组织形成强大统一力量的重重障碍，不仅让这些禁酒组织难以拧成一股绳，也影响到禁酒组织在民众中的形象，进而影响到禁酒的开展及其效果。

但是，禁酒在我们所述这一时期的英国社会引起了诸多变化，禁酒改革者成为社会变迁的先行者，“给这个国家的社会与政治进步奠定了基础”①。早在 1854 年，理查德·巴雷特就指出，“这样一场运动——规模如此之大，时间如此持久，包含了自制和高尚的道德目标，是前所未有的。其影响是直接而巨大的”②。首先，酗酒问题引起越来越多人的关注，从中产阶级到工人阶级，从禁酒协会到议会与政府，从道德改革家到社会学家和医学家，整个社会形成了关注酗酒问题、探索解决酗酒问题的潮流。道德学家关注酗酒者的个人品质与道德缺陷，医学家研究酗酒者的生理机制，社会学家探究酗酒问题的社会根源，议会与政府关注酒类生产经营者的社会道德责任，他们都试图从不同角度探究酗酒问题的原因，进而有的放矢地解决酗酒问题。其次，虽然禁酒活动未能真正实现其目标，但长期的禁酒活动培育了一种禁酒亚文化，这种文化氛围使得酗酒成为一种道德违规、一种病态、一个社会问题，酗酒现象在众目睽睽之下逐渐消退，变成一种不被社会主流观念认可的静悄悄的“狂欢”。再次，中产阶级发起禁酒的一个重要目的，是借此向其他社会阶层尤其是工人阶级灌输节制、节俭、自律、自助等中产阶级价值观，使这种价值观念成为体面社会的主流价值观念，就此而言，禁酒有力推动了维多利亚价值观与

---

① John Greenaway, *Drink and British Politics Since 1830: A Study of Policy-Making*, p. 9.

② Richard Barrett, *The Temperance Movement: Its Rise, Progress and Results*, p. 10.

体面社会的形成。最后，禁酒对英国工人阶级的影响是最大的，禁酒运动“发挥了作为帮助个体工人在经济与社会阶梯上上升途径的作用”①。在布拉德福德，有一个被称为“布拉德福德长誓约联合会”的工人绝对禁酒协会，该协会宣称有会员2000人，据说其中500人是被教化的酒徒。该协会的会堂在这座城市的工人活动中发挥了重要作用。协会在会堂中开设了一所教育机构，教授工人算术、记账与唱歌，还设有专供女性的课程。会堂还向所有人开放图书馆，并开设了一所贫民儿童免费学校。② 随着“禁酒运动”的发展，早年那些粗俗、没有文化的工人出身的绝对禁酒派成员有了很大成长，他们在生活中找到了尊严与地位。“禁酒运动”不仅让工人阶级道德状况有了极大好转，而且许多绝对禁酒派成员在个人成功之路上也取得巨大成就。但更值得注意的是，许多工人在“禁酒运动”中培养了演讲、组织工作以及其他能力，这使他们有能力参与政治进程。“正是在这一时期，绝对禁酒运动造就了它的大多数著名的工人阶级领导人。”③这对于工人阶级的成长壮大、工人运动的深入发展、工人阶级政党的形成都有着非常重要的意义。

小　结

18世纪以后，英国社会上的酗酒问题日益突出，波及上流社会、工人、女性、士兵等各个等级和群体，酗酒成为一个全社会的现象。在当时英国人的观念中，酗酒行为与清醒、节制、自律、节俭、勤劳、守纪等品行相悖，与渎神、懒惰、放荡、浪费等恶习伴行，并且是贫困、偷盗、卖淫、人身伤害等社会问题与犯罪问题的诱因，因此，酗酒问题就成为一个受到社会各界高度关注的道德问题和社会问题。从17世纪下半叶到整个18世纪，英国社会各界试图通过控制酒

① Lilian Lewis Shiman, *Crusade against Drink in Victorian England*, p. 207.

② Lilian Lewis Shiman, *Crusade against Drink in Victorian England*, p. 31.

③ Lilian Lewis Shiman, *Crusade against Drink in Victorian England*, p. 4.

类销售的办法来遏制酗酒问题。进入 19 世纪，随着诸多禁酒组织的成立，英国走上了“禁酒运动”的道路，并在全国形成热潮。从温和禁酒到绝对禁酒，从道德劝诫到立法禁酒，方法虽然不同，但都有同一个目的——遏制酗酒问题。但是，由于英国人对饮酒的传统认识与看法、教会在饮酒问题上的模糊立场、政府的自由放任政策、既得利益集团的阻挠以及禁酒组织的分散性，禁酒困难重重，到 19 世纪中叶酗酒问题仍然比较严重。不过，随着“禁酒运动”的开展，英国社会各界对酗酒问题的关注度大大提升，并逐渐培育了禁酒文化，更值得注意的是，这一运动推动了维多利亚价值观的形成。

第二章　性道德问题

《礼记》有云："饮食男女，人之大欲存焉。"性是人类的基本欲望之一，性道德遂被纳入人类的基本道德范畴。同其他基督教国家一样，在这一时期的英国，性道德标准就是摩西十诫中的"不邪淫"。换言之，除了合法夫妻间的性关系外，其他一切性关系都是违背性道德的。1660 年"王政复辟"以后，英国人在性问题上受到的禁锢逐渐松弛，性道德问题也就逐渐凸显出来。正如理查德·布林斯利·谢里丹所说，"在克伦威尔时代他们都拘谨得很。但查理二世刚刚登基，他们就变成快活的放荡者"①。在我们所述的这一时期，英国社会的性道德问题主要表现在两个方面，一是上流社会的性道德堕落，二是卖淫问题的恶化。前者因社会地位与影响而令人侧目，后者因波及面广、社会危害大而引发关注。

一　上流社会的性道德问题

与此前相比，在"王政复辟"后的英国上流社会，有关性的禁忌极为松弛。随着"道德清教主义作为社会的主要影响力在 1660 年后的崩塌，以及社会的世俗化"，人们的"性欲从基督教久远钳制中释放而出"②。当时的人们在言及性话题时无所顾忌，在上流社会的饭

---

① ［英］劳伦斯·斯通：《英国的家庭、性与婚姻 1500—1800》，刁筱华译，第 337 页。

② ［英］劳伦斯·斯通：《英国的家庭、性与婚姻 1500—1800》，刁筱华译，第 336 页。

后谈话中常常涉及淫秽话题，罗什富科说他“经常听见上流社会人士谈起在法国属最低级层次之事”[①]。上流社会人士在性问题上的放纵不只表现在口头上，更体现在他们的行为当中，进而演化为严重的性道德问题。

豢养情妇是这一时期英国上流社会最突出的性道德问题。在这一时期的英国尤其是上流社会人士集中的伦敦，“在合法配偶之外养一个文雅的情妇，或用情妇取代合法配偶是最时髦的事情”[②]，是一种“时尚”的标志。“在这个年代里，时髦的贵族必须具备这些条件：是怀特俱乐部（以赌博闻名）成员，在新市场拥有马匹，‘包养女演员’。”[③] 如果哪个上流人士没有情妇，会被同侪看不起。吉伯·诺斯勋爵就受过这样的劝告，有人怂恿他养个情妇，“否则他会‘因为未养情妇而被人看不起’并‘失去他在宫中所有利益’”[④]。“可见有没有情妇已经成为能够在上流社会立足的一个基本条件了。”[⑤] 在这种不良风气之下，上流社会中的许多人不以豢养情妇为耻，反而以此为荣。有的人拥有情妇，有的人成为某个人的情妇，在上流社会里都是公开的秘密。乔丹夫人是克拉伦斯公爵（即后来的国王威廉四世）的情妇，玛丽·安妮·克拉克是军队统帅约克公爵的情妇，伊丽莎白·福斯特夫人是第五代德文郡公爵的情妇。“克鲁克香克的讥讽‘爱的宫廷’指的就是约克公爵（他夸耀说‘我骄傲地宣布，我一生中的大部分时间是在通奸委员会度过的’）和克拉伦斯公爵（‘我和一个情妇保持了25年的通奸行为，并生下了一帮私生子’）。”[⑥] 一人

---

① ［英］劳伦斯·斯通：《英国的家庭、性与婚姻1500—1800》，刁筱华译，第334页。

② ［德］维尔纳·桑巴特：《奢侈与资本主义》，王燕平等译，上海人民出版社2000年版，第73页。

③ Lawrence James, *Aristocrats Power*, *Grace and Decadence*: *Britain's Great Ruling Class from 1066 to the Present*, London: ABACUS, 2010, p. 207.

④ ［英］劳伦斯·斯通：《英国的家庭、性与婚姻1500—1800》，刁筱华译，第337—338页。

⑤ ［德］爱德华·傅克斯：《欧洲风化史：风流世纪》，张洁编译，陕西人民出版社2014年版，第34页。

⑥ Roy Porter, *English Society in the 18th Century*, p. 359.

拥有多个情妇及一人成为多人情妇的现象也很常见。国王查理二世与乔治四世以情妇众多而臭名远扬。昆斯伯里公爵与乔治·塞尔温同时拥有1个情妇，在哈丽雅特·威尔森的情人名单中有第六代德文郡公爵、洛恩侯爵、伍斯特侯爵、弗雷德里克·本廷克勋爵等。海军部高官塞缪尔·佩皮斯有2个长期的情妇，出身于贵族之家的传记作家詹姆斯·鲍斯韦尔有6个情妇。情妇已经成为一些上流人士婚姻情感生活中的常态，甚至有报纸公开刊登男士征求“女性友谊”（实为包养情妇）的广告。

通奸是这一时期英国上流社会性道德问题的又一个突出表现。在上流社会的情妇当中一部分人是单身女性，还有一部分人是已婚女性。因此，豢养情妇问题在一定程度上与通奸问题是重叠的。在上流社会中，有部分女性不仅对丈夫通奸漠不关心，而且把通奸当作一种时髦的恶习，自己深陷其中，还以能够成为某个权贵的情妇而骄傲。1754年的一则笑话说，妓女和时尚女子之间的区别在于前者有一种“职业”，而后者则靠走私而生活。乔治四世喜欢与已婚女性通奸是一件当时人尽皆知的事情。塞缪尔·佩皮斯的情妇贝蒂·马丁夫人在婚后仍然与他保持性关系，他的另一个情妇巴格维尔夫人是他一个下属的夫人。在詹姆斯·鲍斯韦尔的情妇中有3人是上流社会的已婚女性，他还与让-雅克·卢梭的情妇有过风流韵事。牛津伯爵夫人简·伊丽莎白·哈利有多个情人，她的几个孩子因此被贬称为“哈利家的杂种”①。还有一些上流人士夫妻各自有自己的情妇或情夫，过着互不干扰的通奸生活。第四代巴尔的摩勋爵本尼迪克特·伦纳德·卡尔弗特不仅经常到伍德斯托克附近的艾斯利普去嫖妓，还和出身于富裕体面家庭的玛丽·格鲁夫通奸，两人生了一个私生女。而他的妻子夏洛特·李则与他的亲密朋友汤姆·塞耶通奸。两人签署协议分居后，夏洛特积习不改，在与罗伯特·菲尔丁将

① Venetia Murray, *High Society: A Social History of the Regency Period 1788 - 1830*, p. 6.

军通奸的同时，还与布里昂松伯爵通奸，她与这两人都生有私生子。[1] 1770 年坎伯兰公爵与亨莉埃塔的通奸更是上了法庭，在社会上闹得沸沸扬扬。而在 18 世纪的英国上流社会，因为通奸而闹上法庭的绝不止这一桩案件。1781 年，科克和奥雷里伯爵夫人安因为与乐手约翰·查尔斯·纽比通奸而被送上法庭，[2] 1785 年，考文垂伯爵威廉的女儿安·弗雷夫人因为与彼得伯勒伯爵查尔斯·赫里通奸而被告上法庭并被判决离婚；[3] 1792 年，贝尔莫子爵夫人因为与安克拉姆伯爵通奸而被告上法庭并被判决离婚；[4] 等等。[5] 有教士在布道中指出：

> 几乎所有报纸在反复向我们呈现这一可怕犯罪的案例，国内经常发生的事件也向我们提供同样的事例。可以肯定的是，社会风气已变得糟糕不堪，其程度与日俱增。[6]

由此可见通奸问题的严重程度。

嫖妓、猥亵女性是这一时期英国上流社会性道德问题的第三个表现。在当时的伦敦，有不少高级妓院，例如普通人消费不起的史密斯太太在王后街开的妓院，还有一些特殊的妓院。1775 年，第十代彭

---

① Lawrence Stone, *Broken Lives: Separation and Divorce in England 1660 - 1857*, Oxford: Oxford University Press, 1993, pp. 50 - 73.

② *The Trial of the Right Hon. Ann, Countess of Cork and Orrery, at the Consistory Court of Doctors Commons, upon a Libel, Charging Her with Committing the Crime of Adultery, and Violating Her Marriage Vow*, Dublin, 1784.

③ *The Trial of Lady Ann Foley, Wife of the Hon. Edward Foley, Esq. and Daughter of William, Earl of Coventry, for Adultery with the Right Hon. Charles Herry Earl of Peterborough, in the Consistorial and Episcopal Court at Doctor's Commons*, London, 1785.

④ *The Trial of Viscountess of Belmore for Adultery with the Earl of Ancram*, London, 1792.

⑤ 还可参看 *Adultery Anatomized: in a Select Collection of Tryals, for Criminal Conversation. Brought down from the Insant Ages of Cuckoldom in England, to Its Full Growth in the Present Times*, Volumes Two, London, 1761。其中记载了若干桩上流社会人士因为通奸而诉诸法律的案件。

⑥ *On Adultery: A Sermon Preached at Rye, in Sussex*, by the Reverend Lord Preston, London, 1772, p. 8.

布罗克勋爵告诉詹姆斯·鲍斯韦尔有一家黑人妓院,[①] 这说明要么这位勋爵自己去过那里，要么那家妓院在上流社会中为不少人知道。格罗夫纳勋爵理查德在他的离婚案审理过程中承认他嫖过妓。[②] 詹姆斯·鲍斯韦尔与60余名妓女有过性关系，从各种妓院里的妓女到街边的站街女，都成为他嫖宿的目标，英格兰、苏格兰、爱尔兰、法国、德国、意大利、瑞士的多个城市都留下他嫖妓的足迹，仅在1763年3月至8月间，他就在伦敦召妓8次。[③] 塞缪尔·佩皮斯以猥亵女性出名，下属、商人、朋友、同事的妻女、酒馆的女侍、家中的女仆都成为他猥亵的对象，家中的起居室、办公室、酒馆、剧院、教堂、马车都成为他猥亵女性的场所。[④]

同性恋是这一时期英国上流社会性道德问题的第四个表现。这一时期，“同性恋在上层阶级显然变得更普通、更开放。……同性恋俱乐部在伦敦上层阶级存在，整个18世纪出现了许多知名富裕同性恋者”[⑤]。1715年有人指出，在一些大学同性恋行为很普遍,[⑥] 在伦敦等地存在数量不少的供同性恋者活动的专门场所——“莫利屋”，其中时常可以见到上流社会人士的身影。1731年，赫维勋爵被指控为同性恋者，这并不是空穴来风或诽谤，确实有证据表明他是个双性恋者。1772年，罗伯特·詹姆斯上校被控犯有同性恋罪并被处死。劳伦斯·斯通认为，未婚男性地产继承人数量的上升“可能显示上层阶级中同性恋者人数增加”[⑦]。这一推测虽说不一定完全站得住脚，但有断袖之癖的上流人士确有人在，而且上流社会内部对这种事情的存在也持有较为宽容的态度。

---

① ［英］劳伦斯·斯通:《英国的家庭、性与婚姻1500—1800》，刁筱华译，第390页。

② ［英］劳伦斯·斯通:《英国的家庭、性与婚姻1500—1800》，刁筱华译，第335页。

③ ［英］詹姆斯·鲍斯韦尔:《伦敦日志（1762—1763)》，薛诚译，中国人民大学出版社2009年版，第357、365、385—386、419—421、433、437、565页。

④ 参看 Robert Latham ed. , *The Diary of Samuel Pepys*: *A Selection*, London: the Penguin Group, 1985。

⑤ ［英］劳伦斯·斯通:《英国的家庭、性与婚姻1500—1800》，刁筱华译，第346页。

⑥ ［英］劳伦斯·斯通:《英国的家庭、性与婚姻1500—1800》，刁筱华译，第332页。

⑦ ［英］劳伦斯·斯通:《英国的家庭、性与婚姻1500—1800》，刁筱华译，第346页。

双重性道德标准的存在是这一时期英国上流社会性道德问题的第五个表现。实际上，在现代早期多数时间的上流社会中，双重性道德标准一直存在。“男人应在婚前取得若干性经验，而婚后不忠是被视为轻罪，明理妻子不应在意。因此，私通和通奸在上层阶级里完全是男性特权。”[①] 在这种情况下，那些丈夫有婚外性关系的女性对这类事情也只能采取睁一只眼闭一只眼的态度，只要其丈夫没有彻底背弃对家庭、对妻子的情感与责任，她们大都能够接受这类事情的存在。赫斯特·斯拉夫人对丈夫与诸多下层女性的艳事不闻不问，西西莉亚·斯拉对丈夫与自己侍女发生性关系的事情也采取了轻描淡写的做法。[②] 她们这种做法是受到肯定的，因为，“聪明已婚女性不追究先生不忠”，“妻子原谅丈夫外遇是值得称赞的”[③]。斯图亚特夫人更是表示，男人“对女孩短暂着迷，或酒后被朋友领着到不正当的地方，是不应被看得太严重”[④]。就连大卫·休谟也认为，“男子如果可以享有完全的自由去纵欲，那是违反文明社会的利益的；但是这种利益比在女性一方面既然是较弱，所以由此发生的道德义务也必然是成比例地较弱一些”[⑤]。“教会法庭有关性诽谤的案件记录显示，与其丈夫相比，妻子们受到更大的道德警惕，双重性道德标准影响到所有阶级”，而且“女性通奸行为普遍比男性通奸行为受到更严厉的对待”[⑥]。我们在这一时期有关通奸的案件中看到，绝大多数案件都是丈夫控告妻子通奸的。在某种程度上，这种双重性道德标准的存在是当时英国社会男尊女卑社会观念的反映。

这一时期英国上流社会性道德问题成堆，究其根源，既有社会性的普遍原因，也有上流社会自己的问题所在。

社会变迁导致的价值观念混乱与缺失，是这些性道德问题产生的

---

① ［英］劳伦斯·斯通：《英国的家庭、性与婚姻 1500—1800》，刁筱华译，第 324 页。

② ［英］劳伦斯·斯通：《英国的家庭、性与婚姻 1500—1800》，刁筱华译，第 326 页。

③ ［英］劳伦斯·斯通：《英国的家庭、性与婚姻 1500—1800》，刁筱华译，第 325 页。

④ ［英］劳伦斯·斯通：《英国的家庭、性与婚姻 1500—1800》，刁筱华译，第 374 页。

⑤ ［英］休谟：《人性论》（下册），关文运译，商务印书馆 2011 年版，第 611 页。

⑥ Douglas Hay and Nicholas Rogers, *Eighteenth-Century English Society: Shuttles and Swords*, Oxford: Oxford University Press, 1997, p. 51.

根本原因。这一时期是英国由农业社会向工业社会转变的关键时期，随着社会经济的发展，社会流动与分化加剧，社会生活日趋复杂，违法犯罪、道德沦丧等社会问题日益加重。“到18世纪，限制过多生育的愿望和及时行乐的观念，在上层社会里带来了性解放。”① 许多人“无所顾忌地沉湎于自己的本能，而且把对这些本能的狂热崇拜宣布为生存的最高意义”②。曼利太太称性快乐“是人性所能享受的最大欢乐”，约翰·威尔克斯在1763年发表的《论女人》中无所顾忌地宣扬性享乐主义，诗人威廉·布莱克认为“宁可挥霍性也不要‘因性欲不满足’而受苦”③。上流社会婚外性泛滥、性道德缺失正是个人生活领域中满足生理欲望这个首要道德观念的反映。在这种性道德观念之下，上流社会婚外性关系急速增加，情妇和私生子被视为上流社会生活的内容，没有谁歧视他们，他们可以接受封爵，可以接受遗产，就连“通奸”的字眼都被“风流韵事”所取代。这样，不仅通奸的犯罪感被消除了，就连一点点愧疚感也荡然无存了。“这个时代有个不好的现象……人们对其道德的松弛并不感到羞耻，相反公开夸耀他们那些丑恶与放荡的关系。”④ “在多数贵族家庭中，性混乱被视为正常的事情，是无关紧要的小事情。”⑤ 有的名妓甚至在上流社会很受欢迎，“在向约书亚·雷诺兹预定他妻子的画像时，第二代博林布鲁克勋爵要求画家‘给她画上内莉·奥布莱恩（一个名妓）的眼

---

① ［美］克莱顿·罗伯茨、戴维·罗伯茨、道格拉斯·R. 比松：《英国史》（下册），潘兴明等译，商务印书馆2013年版，第29页。

② ［德］爱德华·傅克斯：《欧洲风化史：资产阶级时代》，赵永穆、许宏治译，辽宁教育出版社2000年版，前言，第2页。

③ ［英］劳伦斯·斯通：《英国的家庭、性与婚姻1500—1800》，刁筱华译，第336—337页。

④ *The Evils of Adultery and Prostitution; With an Inquiry into the Causes of Their Present Alarming Increase, and some Means Recommended for Checking Their Progress*, London, 1792, p. 46.

⑤ Venetia Murray, *High Society: A Social History of the Regency Period 1788 – 1830*, p. 145.

睛，要不然她会不愿意'"[①]。可以说，至少在上流社会的部分人那里，根本不存在性道德。在一些上流社会人士身上，这种性放纵体现得淋漓尽致。有"花花公子"之称的罗伯特·菲尔丁将军在第二任妻子死后，试图再找到一位有钱有地位的女子结婚。经过努力，他先是和假的安妮·德洛夫人也就是妓女玛丽·沃兹沃思秘密结婚，又与查理二世的情人克利夫兰公爵夫人芭芭拉·维利尔斯结了婚，这样他就犯了重婚罪。不久他又与暂居克利夫兰公爵夫人家的夏洛特·李通奸，由于夏洛特是克利夫兰公爵夫人的孙女，他又犯了乱伦罪。与此同时，他还经常召妓，甚至要妓女们给他提供处女供他嫖宿。[②]

上流社会的婚姻制度与继承制度为性道德问题的出现提供了需要与可能。在当时的英国，上流社会人士婚姻遵循的是父母之命、门当户对的原则。"这种婚姻不是为了满足心理和生理需求的个人结合，而更多的是一种为了保障家族及家族财产延续的制度手段。"[③] 这种制度下的婚姻无法保证所有夫妻都能感受到幸福，"男女双方如果长时间地在婚姻中得不到满足，自然会导致他（她）产生到另一个异性的怀抱中享受欢乐的愿望"[④]。于是，风流韵事和私通在上流社会人士的婚姻生活中就不可避免地成为夫妻双方宣泄情感的替代。"无爱的婚姻如今被普遍认为是对通奸的直接鼓励。"[⑤] 第三代博福特公爵亨利·萨默塞特与弗朗西丝·斯丘达莫尔的婚姻完全是一桩建立在地位与财富基础上的联姻，两人之间谈不上有感情基础，且婚后因为博福特公爵的健康原因，他们一直没有生育子女。第二代塔尔伯特勋爵的婚姻也是建立在财富基础上的联姻，他妻子因为身体原因，无法

---

① Lawrence James, *Aristocrats Power, Grace and Decadence: Britain's Great Ruling Class from 1066 to the Present*, p. 207.

② Lawrence Stone, *Broken Lives: Separation and Divorce in England 1660 - 1857*, pp. 61 - 70.

③ Keith Wrightson, *English Society 1580 - 1680*, p. 80.

④ ［德］爱德华·福克斯：《欧洲情爱史》，富强译，华文出版社 2006 年版，第 217 页。

⑤ ［英］劳伦斯·斯通：《英国的家庭、性与婚姻 1500—1800》，刁筱华译，第 217 页。

满足他的性欲，也无法生育子女。在这种情况下，公爵夫人与塔尔伯特勋爵相识并成为情人。然而，两人对这段私情的追求目标是不同的，“公爵夫人的主要目标是爱情，塔尔伯特勋爵找的是性伙伴”。正因如此，塔尔伯特勋爵在公爵夫人生下他们的私生女后，对她失去了兴趣，转而追逐其他女性。在上流社会圈子里，塔尔伯特勋爵以“风流”闻名，后来他还有不少情人，其中之一是查塔姆勋爵的妹妹伊丽莎白·皮特。[①] 当然，也有些人是因为妻子出于各种原因无法满足其生理需求而另寻他人。在这方面，塞缪尔·佩皮斯就是一个例子。佩皮斯热衷于追求婚外性关系，虽说不能完全归咎于他妻子对夫妻房事冷淡，但不可否认这确是其中一个重要原因。与此同时，严格的嫡长子继承制免除了私生子可能削弱家族势力的隐忧。在英国上流社会，家产与贵族爵位的继承实行嫡长子继承制，以防止家产因为继承而分散，进而导致家族衰落的后果。在这种制度下，嫡长子之外的子嗣没有权利继承家产，非婚生子女更是被排除在家产与贵族爵位的继承权之外。有这种制度作保障，上流社会男性可以放心去享受婚外性关系的鱼水之欢，即使有了私生子，也无须担心家族利益因此受到损害。

一些国王及王室成员混乱的婚外性关系给上流社会树立了恶劣榜样。“宫廷的各种行为都会成为整个统治阶级模仿的对象”[②]，在性道德问题上也是如此。查理二世拥有多名情妇和私生子，其中较为出名的有克利夫兰公爵夫人芭芭拉·维利尔、朴次茅斯女公爵路易丝·德·克罗亚勒、女演员奈尔·圭恩。1792 年的一本匿名小册子指出，“查理二世的秽乱宫廷对整个国家产生了影响，并埋下了我们现在谈及的恶习的种子，这些影响从未被清除干净”[③]。乔治一世的情妇肯

---

① Lawrence Stone, *Broken Lives*: *Separation and Divorce in England 1660 – 1857*, pp. 117 – 136.

② ［德］爱德华·傅克斯：《欧洲风化史：风流世纪》，张洁编译，第 182 页。

③ *The Evils of Adultery and Prostitution*; *With an Inquiry into the Causes of Their Present Alarming Increase*, *and Some Means Recommended for Checking Their Progress*, London, 1792, pp. 44 – 45.

德尔女公爵到了英国以后，通过出售官职、爵位与专卖权聚敛财富，还大肆插手英国政治生活。她与乔治一世生育了3个私生子，在乔治一世与王后离婚后俨然以王后自居。乔治二世继承了父亲的风流本性，也从汉诺威带来了情妇，其中的一个情妇阿玛莉·索菲·玛丽安·冯·沃尔莫登后来被封为雅茅斯女伯爵。在乔治三世的王子中，"大概除了肯特公爵外，所有王子都是十足的纵欲者"①。在性关系混乱上，这一时期大概没有哪位国王能够超过乔治四世，他的情妇中有女演员、离婚女性，还有宫中女官及贵族夫人等，其"风流韵事成为那个时代的系列丑闻"②。当时有一位很受欢迎的笔名为彼得·品达的讽刺作家约翰·沃尔科特，他曾写下这样一段文字，讽刺乔治四世的放荡行为：

> 高贵鸡雏中最重要的那只，
> 啄破了它的蛋壳，热切寻找吃食；
> 变成公鸡后缺少礼貌，
> 热衷于漂亮的羽毛……
> 虽然它的爱好试图全包，
> 游戏、粪堆、矮脚鸡，个矮与个高，
> 在这些当中，十个里没有一个
> 像强壮的老母鸡那样令他愉悦。③

在1820年，"连着几个星期，王室的丑事已经开始充斥全国大大小小的报纸"④。"宫廷在赌博与乱交的榜样，传遍了各上层阶级。"⑤

---

① Venetia Murray, *High Society: A Social History of the Regency Period 1788 – 1830*, p. 5.

② Venetia Murray, *High Society: A Social History of the Regency Period 1788 – 1830*, p. 4.

③ Venetia Murray, *High Society: A Social History of the Regency Period 1788 – 1830*, pp. 4 – 5.

④ ［法］菲利浦·阿利埃斯、［法］乔治·杜比主编：《私人生活史Ⅳ：演员与舞台》，周鑫等译，北方文艺出版社2008年版，第38页。

⑤ ［美］威尔·杜兰：《世界文明史》第8卷《路易十四时代》，幼狮文化公司译，东方出版社1999年版，第410页。

上行下效，王室成员的所作所为在上流社会得到了积极效仿，在上流社会形成了一股性泛滥的恶习。笛福认为："宫廷的表现和默许所起的鼓励作用，无可争辩地证明了当道者对人民风气的影响是多么深远。"①

这一时期英国上流社会生活深受欧洲大陆的影响，尤其是来自法国的影响。"在十八世纪，英国不但受意大利文化的影响，而且更多地受欣欣向荣的法兰西文化的渗透。"② 意大利、法国宫廷与上流社会的风流韵事早已成为人们街谈巷议的对象。"太阳王"路易十四情妇众多，而且这些情妇给他生了若干子女。路易十五有一批公开的情妇，最出名的有蓬巴杜夫人和杜巴丽夫人，甚至有一门 5 姐妹中的 4 人都成为他的情妇。虽然这一时期英法两国经常处于敌对状态，但这并不妨碍英国上流人士学习法国上流社会的风流之举。18 世纪是英国上流社会子弟大陆游学的鼎盛时期。作为上流社会社交重要场所的沙龙是前往欧洲大陆国家游学的青年人必去的地方，但那里同时也是上流社会的娱乐场所，一些意志薄弱的人难免经受不住诱惑而纵情于声色之中。更有些青年人在游学过程中生活放荡不羁，或流连于妓院等声色场所，或不断惹出绯闻，甚至陷入同性恋、身染性病者也时而有之。③ 1736 年，金斯顿勋爵回国时就将一个法国官员之妻诱拐到英国。可以想象，这些人回国后将会产生何种不良的影响。

这一时期英国上流社会的性道德问题产生了恶劣影响，同时也招致了众多批评，引发了有识之士的相关思考，并促成维多利亚时代的道德整肃。

在英国，"与之前的清教时期或之后的福音主义时期相比，17 世纪末到 19 世纪初是个权威很少钳制性欲的时期"④。人们肆无忌惮地

---

① 《笛福文选》，徐式谷译，第 49 页。

② ［法］费尔南·布罗代尔：《15 至 18 世纪的物质文明、经济和资本主义》，施康强、顾良译，生活·读书·新知三联书店 2002 年版，第 58 页。

③ 参见阎照祥《17—19 世纪初英国贵族欧陆游学探要》，《世界历史》2012 年第 6 期。

④ ［英］劳伦斯·斯通：《英国的家庭、性与婚姻 1500—1800》，刁筱华译，第 404 页。

谈论性话题，大胆地追逐性欢乐。一些文人“如阿贝拉·贝恩、曼利夫人、伯纳德·曼德维尔和约翰·威尔克斯都毫不掩饰地颂扬性的欢乐”[①]。法庭对于涉及性道德问题案件的处理也出现了很大变化。“18世纪时，教会法庭受理的有关性道德的案件急遽减少。……不只荒淫案件的数目在1660年以后显著减少，而且1740年时私通或未婚先孕的羞辱刑几乎完全消失。”[②] 在这种情况下，淫乱性行为和卖淫又兴盛起来。因婚外性关系导致的非婚生子女出生率逐渐上升，1760年升到4%，1780年升到8%。色情场所增多，在伦敦，“河岸街、科文特花园，以及其中所有小巷，都是出了名的色情场所。附近有些酒吧雇佣‘姿势舞者’，表演18世纪版的脱衣舞，也有一些‘游乐园’专营鞭笞，还有同性恋者出入的‘莫利屋’”[③]。色情书刊与色情图片泛滥，伦敦司法官员约翰·菲尔丁在1773年向陪审团证明，“猥亵版画及书本这样多足以让厚颜的人脸红”[④]。《考文特花园杂志》《徘徊者杂志》《哈里斯的考文特花园群芳谱》等书刊公开刊登妓院广告、妓女名册、应召女郎年鉴，而且颇有市场。社会上性病流行，治疗性病的广告充斥当时的报刊，与化妆品和书籍一起占据了18世纪期刊广告栏最常见的三项广告主题。

这一时期英国社会性道德问题频发，上流社会性道德问题既是其中的重要组成部分，同时也对整个社会性道德问题的恶化起到了推动作用。对于这一点，当时的有识之士有着较为清醒的认识。“毫无疑问，王室的道德行为是全国和个人关心的问题。”[⑤] 笛福认为，“上流社会的淫乱、渎神和道德败坏是我国普遍道德沦丧的主要原因”[⑥]。

---

① ［美］克莱顿·罗伯茨、戴维·罗伯茨、道格拉斯·R. 比松：《英国史》下册，潘兴明等译，第29页。

② ［英］劳伦斯·斯通：《英国的家庭、性与婚姻1500—1800》，刁筱华译，第409页。

③ ［英］彼得·阿克罗伊德：《伦敦传》，翁海贞等译，第315页。

④ ［英］劳伦斯·斯通：《英国的家庭、性与婚姻1500—1800》，刁筱华译，第404页。

⑤ A Civilian, *Free Thoughts on Seduction, Adultery, and Divorce*, London, 1771, p. 4.

⑥ 《笛福文选》，徐式谷译，第57页。

威廉·威尔伯福斯认为，“贵族的放荡和享乐主义给社会其他人树立了一个坏榜样”[①]。汉娜·莫尔在 1788 年出版的《关于上流人士的行为礼仪对整个社会的重要性的思考》一书中指出，社会风气的改善“必须从上流人士开始，否则将永远不会有效果……当富人腐败堕落时却期望改造穷人的道德，就如同当源头已被污染却将香味投入溪流下游一样”[②]。本杰明·迪斯累利在为其写作小说《西比尔》所准备的笔记中也指出，“上层阶级的整个道德和思想发展必须向前推进，劳动阶级的状况才能得到根本改善”[③]。在这个“向上看”的时代里，上流社会的性道德无疑对整个社会的性道德产生了重要影响，上流社会人士性道德沦丧对民众性道德的负面示范作用不容忽视。就像一位匿名作者说的，“在那些大人物率先行动之前，普遍的道德改善不可能开展。他们仍旧有着很大的权势：有德行的贵族必然是一个国家最大的幸福，而放荡的贵族则必然是最恶毒的诅咒”[④]。

严重的性道德问题也对上流社会自身造成了伤害，有损于上流社会的声誉，降低了上流社会的威望。婚外性关系导致上流社会夫妻感情淡漠，虽说绝大多数家族对这类事情听之任之，甚至像德文郡公爵那样把情妇和私生子养在家中，但也有因此诉诸法庭甚至离婚的事例。豢养情妇、抚育私生子女需要大笔开支，寻花问柳也同样伴随着大把地花钱。1681 年，查理二世的情妇雅茅斯女公爵的年金和赏金是 136000 镑。第六代德文郡公爵给他的情妇购置了两座房子，一年要支付给她 1600 镑的津贴，另外还送给她马车、珠宝、皮衣及数不清的其他礼物。[⑤] 在伦敦，“我们得知一个年收入 2000 镑的单身汉仅

---

① Lawrence James, *Aristocrats Power, Grace and Decadence: Britain's Great Ruling Class from 1066 to the Present*, p. 216.

② Hannah More, *Thoughts on the Importance of the Manners of the Great to General Society*, London: Printed for T. Cadell, 1788, p. 116.

③ Thom Braun, *Disraeli the Novelist*, London: George Allen & Unwin, 1981, p. 86.

④ *The Evils of Adultery and Prostitution; With an Inquiry into the Causes of Their Present Alarming Increase, and Some Means Recommended for Checking Their Progress*, p. 46.

⑤ Venetia Murray, *High Society: A Social History of the Regency Period 1788 – 1830*, p. 136.

购买生活必需品至多用 200 镑；余下的钱都用于寻欢作乐，这意味着都花在女孩身上了"①。这些开支增加了上流社会家庭的经济负担，甚至有的家庭因此陷入债务之中久久无法解脱。混乱的婚外性关系尤其是嫖妓还会让一些人染上性病，给他们的身体及精神造成伤害。詹姆斯·鲍斯韦尔因为经常嫖妓，至少感染过 17 次淋病，查理·丘吉尔及其情妇都得过淋病，赫伯特勋爵也得过淋病。② 当时报刊上常见的治疗性病的广告正是因此而有了市场。国王及王室成员的情妇与私生子都有自己的身份，甚至被授予爵位。查理二世不仅授予他和情人克利夫兰公爵夫人的 1 个私生子格拉夫顿公爵爵位，而且还授予其大笔的世袭年金，包括每年 7194 镑的消费税收入、每年 3384 镑的邮政收入、每年 500 镑的葡萄酒进口运费补贴与佣金，以及作为出售王座法院和普通上诉法院官职收入总管的收入每年 843 镑。③ 这些加起来总额为每年 11921 镑收入，都来自国家收入。这样的做法不仅引起一些期望提升爵位或渴望进入贵族行列的上流人士的不满，也令民众对王室滥用国家收入感到愤怒。

上流社会的性道德问题，"在性关系上的双重标准，比如接受男子的不忠却惩罚通奸的妇女，以及互不关心的婚姻形式都受到大众的批评"④。讽刺画家詹姆斯·吉尔雷创作了一幅威尔士亲王即后来的乔治四世的漫画，称其为"酒色之徒"。霍顿夫人因为与格拉夫顿公爵、多塞特公爵等人私通，被斥为"格拉夫顿公爵的霍顿夫人、多塞特公爵的霍顿夫人、大家的霍顿夫人"⑤。牛津伯爵夫人简·伊丽莎白·哈利的孩子被人称为"哈利家的杂种"。这些"通奸和不贞不仅成为经常性的明目张胆的行为，而且其具有的色情与下流印象往往使

---

① ［德］维尔纳·桑巴特：《奢侈与资本主义》，王燕平等译，第 73 页。

② ［英］劳伦斯·斯通：《英国的家庭、性与婚姻 1500—1800》，刁筱华译，第 315 页。

③ Lawrence Stone, *Broken Lives: Separation and Divorce in England 1660 - 1857*, p. 139.

④ ［法］菲利浦·阿利埃斯、［法］乔治·杜比主编：《私人生活史Ⅳ：演员与舞台》，周鑫等译，第 40 页。

⑤ ［英］乔治·马尔科姆·汤姆森：《英国历届首相小传》，高坚、昌甫译，新华出版社 1986 年版，第 64—65 页。

其成为公共舆论的话题”[1]。有关上流社会风流韵事的各种传闻、报道，导致了这样的后果：在公众的眼中上流社会是与性混乱联系在一起的。由于上流社会人士所处的社会地位，他们的一举一动都处于公众视线之内，再加上那些专门捕捉上流社会丑闻的报人大肆渲染，在公众眼中就留下了上流社会性道德普遍崩溃的印象，从而极大地损害了上流社会的声誉与威望。

上流社会性道德问题还诱发官场腐败问题，导致政府威信下降。上流人士身份特殊，拥有各种资源，自然成为谋求利益者的追逐对象，无论是为上流人士的风流韵事牵线搭桥者，还是那些自荐枕席者，都希望获得爵位、财富等各种收益，更有一些上流人士以自己手中掌握的资源为筹码，换取婚姻生活之外的性欢乐。塞缪尔·佩皮斯就是一个典型的例子。他充分利用自己手中掌握的权力来换取性享受，而那些与他有性交往的女人或者以此换取丈夫的职位晋升，或者以此换取经济合同所带来的收益。“在海军圈人尽皆知要巴结海军行政长官佩皮斯的最好方式是送漂亮妻子或女儿。”[2] 他的情妇马丁夫人和巴格维尔夫人在满足其性欲的同时，也换来自己丈夫的不断升职。马丁夫人的丈夫靠着她的献身先后换来舰船事务长和阿尔及利亚领事的官职，巴格维尔夫人则为自己丈夫换来从五级船匠到一级船匠的晋升。约克公爵与玛丽·安妮·克拉克的风流韵事还引发了一桩政治丑闻。玛丽利用约克公爵掌管军官晋升军衔事务的有利条件，私下里出售军官职务，其价格从少尉军衔 400 镑到少校军衔 2600 镑不等。此事暴露后，尽管议会最终判定约克公爵无罪，但在公众的强烈反对下，他还是不得不辞去职务。[3]

上流社会性道德问题引起有识之士的广泛关注，他们不仅对这类问题开展批判，而且纷纷著书立说，就整肃性道德、建设良好的社会

---

① John Fallowfield, *Miscellaneous Essays, Divine and Moral, Designed to Discourage Vice, and to Promote Virtue*, Whitehaven, 1788, p. 23.

② ［英］劳伦斯·斯通：《英国的家庭、性与婚姻 1500—1800》，刁筱华译，第 356 页。

③ Venetia Murray, *High Society: A Social History of the Regency Period 1788 - 1830*, pp. 154 - 156.

风气建言献策，致力于唤起人们对性道德混乱的警醒并促成美德回归。

1727 年，笛福发表《夫妇爱》，既劝告人们节制性欢乐，同时也为婚内性爱唱赞歌，反映了笛福对当时英国社会崩坏的性道德的担忧。1728 年劳威廉发表《敬虔与圣洁生活的严肃呼召》，[①] 1740 年魏登霍尔·威尔克斯发表《给少女的一封道德劝诫信》，1763 年亨利·凡发表《人的完全责任》，他们都强调贞洁的价值，其中《给少女的一封道德劝诫信》在 1740 年到 1766 年间出了 8 版，很受读者欢迎。1771 年，虽然阿索尔公爵提出的关于改变离婚性质的法案未能获得通过，但报刊上刊出了 3 篇相关的文章，即《时事沉思：重点讨论当代妇女的放荡行为》《对独身和结婚的看法》《社会流行的放荡风气忧思录》，在社会上引发了关于通奸问题的大讨论，开启了对通奸问题的清算。[②]

这一时期英国文学界涌现一批带有浓厚道德说教意味的小说，这些小说对当时英国上流社会性道德问题进行了深刻批判，并试图对读者进行道德教化。这些小说有塞缪尔·理查森的《帕梅拉》《克拉丽莎》和简·奥斯汀的《理智与情感》《傲慢与偏见》《曼斯菲尔德庄园》《爱玛》等。这些小说中的女主人公如帕梅拉、范妮被树为贞洁美德的典范，而小说中的男主人公如 B 先生、克劳福德的身上则反映了上流社会的性道德问题。这一时期，一些法庭审理通奸案的庭审记录也会以小册子的形式印制散发，起到了抨击通奸这种不道德行为的效果。[③]

---

① 参见［英］劳威廉《敬虔与圣洁生活的严肃呼召》，杨基译，生活·读书·新知三联书店 2013 年版。

② 舒小昀：《英国十九世纪的离婚》，《社会》2002 年第 2 期。

③ 例如：*Adultery*：*The Trial of Mr. William Atkinson*，*Linen-Draper of Cheapside for Criminal Conversation with Mrs. Corner*，*Wife of Mr. Corner*，*Late of the Mitre at Barnet Which Was Tried in Hilary Term*，1789，*in the Court of King's Bench Before Lord Kenyon*，London，1789；*Adultery*：*Trial in the Court of King's Bench Before Lord Kenyon and a Special Jury*，*Between Edward Dodwell Esq. Plaintiff and the Rev. Henry Bate Dudley Defendant*，*for Crim. Con.*，London，1789。在 *Adultery Anatomized*：*In a Select Collection of Tryals*，*for Criminal Conversation*。*Brought down from the Insant Ages of Cuckoldom in England*，*to Its Full Growth in the Present Times*（Vol. Ⅰ）中也有十余个这类案例的审理过程记录。

针对上流社会以及全社会的道德问题，一些国王也表示担忧，他们除了率先垂范，希望以此带动风气好转，还下令对不道德行为进行惩治。威廉三世与玛丽二世即位后不久，即发布王室公告要求制止并惩罚那些渎神、放荡等不道德行为，他们还致信伦敦主教和米德尔塞克斯郡治安法官，要求他们采取措施对上述不道德行为进行整治。[①]乔治三世即位不久，发表了一份王室公告，要求其臣民“保持并提升荣誉感以及对全能上帝的侍奉，阻止并压制罪过、渎神、放荡和不道德行为”。国王表示，那些不道德的人，无论处于什么社会地位，都应该受到鄙视，要通过“我们王室恩宠的标志”将有道德的人与他们区别开来。他以身作则，与王后相亲相爱，过着简单、节俭、虔敬、贞洁的生活，他还禁止王子们的情妇进入他的宫廷。无怪乎有人认为乔治三世夫妇是“前维多利亚时代的维多利亚人”[②]。尽管如此，直到维多利亚女王即位之前，上流社会的性道德问题没有根本性改观。

1837 年，英国迎来了维多利亚女王。维多利亚女王和阿尔伯特亲王结婚后，以身作则，带动宫廷和整个社会道德的改善。虽然维多利亚女王与阿尔伯特亲王成长于不同的环境中，却对爱情与婚姻有着同样严肃认真的态度。维多利亚女王和阿尔伯特亲王在爱情婚姻问题上忠贞不渝，“在他们的整个婚姻生活中，从没有任何美丽的女性成为维多利亚的竞争对手，引起她片刻的妒忌之苦”[③]。维多利亚女王与阿尔伯特亲王的爱情婚姻生活在很大程度上改变了人们对王室的看法，同时，也正像《泰晤士报》等报刊上的文章所说，他们“幸福的家庭生活树立了一个好榜样”[④]。维多利亚女王和阿尔伯特亲王对

---

① 《笛福文选》，徐式谷译，第 49 页。

② William B. Willcox and Walter L. Arnstein, *The Age of Aristocracy 1688 to 1830*, Lexington: D. C. Heath and Company, 1988, pp. 141 – 143.

③ ［英］斯特雷奇：《维多利亚女王传》，薛诗绮译，新星出版社 2017 年版，第 104 页。

④ Arthur Christopher Benson and Viscount Esher ed., *The Letters of Queen Victoria: A Selection from Her Majesty's Correspondence Between the Years 1837 and 1861*, Vol. Ⅱ, 1844 – 1853, London: John Murray, 1908, p. 27.

子女教育问题高度重视，他们不希望自己的孩子像其先辈那样成为受人诟病的对象，而是希望他们成为道德高尚、有责任心、信仰虔诚、优雅睿智的绅士和淑女。他们的9个子女多与欧洲各国王室联姻，维多利亚女王也因此成为“欧洲的老祖母”。维多利亚女王和阿尔伯特亲王的子女之所以成为欧洲各国王室联姻的对象，既有王室联姻门当户对的原则基础，有扩大与加强王朝关系的考虑，有大英帝国鼎盛时期的声望，但不可否认的是，良好的家教与他们个人的品行也成为联姻对象考虑的重要因素。维多利亚女王与阿尔伯特亲王对以往英国宫廷中不堪的道德风气深恶痛绝。维多利亚女王登基后的“半个多世纪以来，没有一个离过婚的女人能够进入宫廷范围之内”①。其原因就是，维多利亚颁布了非常严格的禁令，禁止离婚再嫁的女性进入宫廷，以彰显其恪守妇道、维护家庭婚姻道德、整饬宫廷性道德的决心。虽说在19世纪的头25年里，英国社会的风气是异常松弛的，甚至说存在着严重的问题，“但是，女王夫妇的垂范以及亲王制定的规则的严格执行，至少起到了作用，极大地改善了宫廷内外的风气”②，同时也极大地推动了英国社会道德风气的改善。

二 卖淫问题

在这一时期，英国的卖淫问题日益突出，不仅带来社会道德的恶化，而且与拐卖妇女儿童、偷盗、抢劫等犯罪纠缠在一起。18世纪末，有匿名作者在小册子中写道：

> 在过去的20年里，卖淫问题的发展是非常惊人的。我们可能注意到，在一些人口较多的大的城镇，在20年前，很少有人知道这么多妓女的存在，那些浪荡子和寻花问柳者必须战战兢兢

① ［英］斯特雷奇：《维多利亚女王传》，薛诗绮译，第239页。

② Walter L. Arnstein, *Lives of Victorian Political Figures* Ⅲ, Vol. Ⅰ: *Queen Victoria*, London: Pickering & Chatto, 2008, p. 242.

> 地前往那些令人生疑的房屋；尽管他们小心翼翼地掩藏其行迹，但也说明普遍的道德衰退并未在我们中间蔓延开来。但如今的情形急剧恶化：在所有大的城镇，每天夜里都有妓女充斥在街道之上。①

到 19 世纪中叶，卖淫被称为“最大的社会公害”②。卖淫与其他罪恶有着根本的区别，兰德斯认为，酗酒、流浪、破产以及堕落的人都能够恢复其尊严，但妓女不能，因此，卖淫比其他罪恶更严重，是最堕落的罪恶。③ 严重的卖淫问题与性道德混乱引起社会有识之士的关注。“‘社会恶习’和‘社会性疾病’等词语的使用，说明对于卖淫的社会影响有着广泛的忧虑，到 19 世纪中叶，这种忧虑正在变成普遍的社会焦虑。”④

在这一时期的英国社会，卖淫问题的日益严重主要表现在以下几个方面。

第一，从事卖淫的妓女人数增多。关于妓女的数量问题，在这一时期的英国一直是一个无法确定的问题。其主要原因有四个。其一，当时英国社会对妓女的界定没有统一标准，不同时期、不同的人或团体对妓女有着不同的界定。有的统计数字只把妓院里的妓女、私娼、街头流莺统计进来，而有的则把上流社会交际花、单身母亲、与男性同居的女性都视为妓女而统计进来，这就导致根据不同的界定统计出来的妓女数量千差万别。其二，当时英国社会没有对妓女人数进行官方的权威统计。我们现在看到的统计数字主要有两种，一种是个人或社会团体根据自己的一些调查作出的估算，另一种是根据警方掌握的妓女人数作出的统计。然而，这两种统计数字都存在问题。前者在统

---

① *The Evils of Adultery and Prostitution; With an Inquiry into the Causes of Their Present Alarming Increase, and Some Means Recommended for Checking Their Progress*, p. 5.

② ［英］阿萨·布里格斯：《英国社会史》，陈叔平、陈小惠、刘幼勤、周俊文译，第 315 页。

③ W. Landels, *Lessons of the Street: A Lecture*, London: publisher unknown, 1858, p. 37.

④ Jeffrey Weeks, *Sex, Politics and Society: The Regulation of Sexuality Since 1800*, p. 105.

计时依据的妓女定义包括了所有“放荡的女人”，也就是那些被认为“行为不当”的女性，因此，上流社会交际花、单身母亲、偶尔有性关系的女性、未婚同居的女性都被视为妓女。这样宽泛的界定必然带来妓女人数的增多。后者的问题在于，在这一时期卖淫在法律上并不是犯罪行为，所谓的卖淫犯罪指的是特殊形式的招嫖，如在街上拦住行人招嫖、靠组织卖淫赚取收入、经营妓院等，因此，根据警方掌握的妓女人数来进行统计必然大大少于实际妓女人数。而且，在警察眼中的妓女并不一定是妓女，因为时人认为，凡是被送上法庭的女性，都在某种程度上与卖淫有关系，警察在逮捕酗酒女性也时常把她们归为“妓女”。其三，在妓女当中还有数量不清的偶尔兼职卖淫的女性，因为她们的活动较为隐秘，其人数难以统计，这也影响到对于妓女人数的准确判断。其四，由于种种原因，我们现在能够找到的资料大多数都是关于大城市妓女的资料，小城镇和乡村的妓女资料极为稀少。

尽管存在这些困难，但我们从当时人的许多描述和千差万别的统计数字中，还是能够得出一个基本的判断：这一时期英国社会的妓女人数在增多。从詹姆斯·鲍斯韦尔在伦敦的召妓经历来看，18 世纪中叶伦敦的妓女人数应当不少，因为每当鲍斯韦尔想嫖妓的时候，就能很容易找到妓女，那些和他臭味相投的朋友也都知道哪里可以找到妓女。有人认为，“在伦敦，1780 年前后其妓女人数达到了 5 万余人，这还不包括那些住在‘小房子’里的女人”①。到 19 世纪 60 年代，仍有人认为伦敦有 5 万名妓女。这说明，仅就伦敦而言，在这半个多世纪的时间里，妓女的人数并未增加。即便如此，这一数字似乎还是有所夸大，实际妓女人数要少于这一数字。19 世纪 50 年代，亨利·梅休认为伦敦的妓女数量有 8000 人。② 还有学者认为，1861 年

---

① ［德］爱德华·傅克斯：《欧洲风化史：风流世纪》，张洁编译，第 210 页。

② Gertrude Himmelfarb, *De-Moralization of Society: From Victorian Virtues to Modern Values*, p. 117.

至1867年间伦敦的妓女人数在7124人到5544人之间浮动。[①] 不过，这个根据警方掌握数据得出的结论似乎比实际妓女人数又少了很多。就整个英国的妓女人数来说，也存在同样的问题。根据警方掌握的数据，有学者认为，1861年至1867年间英格兰和威尔士的妓女人数在29572人到24717人之间波动。[②] 但《威斯敏斯特评论》确信，19世纪30年代和40年代英国全国妓女总数在50000人到368000人之间。[③] 因为缺乏权威统计资料，我们很难对这一时期英国的妓女人数得出准确结论。但是，从这些已有数字中我们至少可以得出以下判断：这一时期英国的妓女人数较多，不仅多于此前的妓女人数，而且一直居高不下，已然成为一个不可忽视的社会群体。可以说，尽管具体人数不详，但到19世纪中叶，妓女数量众多已经成为当时相当多英国人的一个共识。

第二，妓女构成的多样化。首先是妓女出身社会阶层的多样化。在当时的一些道德家看来，妓女来自贫穷、缺少教育的社会底层。这种看法明显是戴着有色眼镜而得出来的。实际上，这一时期英国的妓女来自社会各个阶层，只不过来自社会底层的妓女在数量上居多，而来自社会上层的妓女数量很少而已。来自社会上层的妓女基本上是高级妓女，专门服务于社会上流人士。在詹姆斯·鲍斯韦尔嫖宿过的妓女中就有一个是金奈尔德勋爵的私生女。相对于出身于社会上层的妓女而言，出身于社会中层的妓女人数多了不少。根据弗朗西斯·普莱斯的记载，18世纪80年代他到伦敦给一个皮裤制造商当学徒，这个

---

① E. M. Sigworth and T. J. Wyke, "A Study of Victorian Prostitution and Venereal Disease", in Martha Vicnius (ed.), *Suffer and Be Still*: *Women in the Victorian Age*, London: Methuen and Co., 1980, p. 77. 转引自邹翔《维多利亚时代的〈接触传染病法〉与中下层妇女的废法运动》,《世界近现代史研究》(第八辑), 第143页。

② E. M. Sigworth and T. J. Wyke, "A Study of Victorian Prostitution and Venereal Disease", in Martha Vicnius (ed.), *Suffer and Be Still*: *Women in the Victorian Age*, London: Methuen and Co., 1980, p. 77. 转引自邹翔《维多利亚时代的〈接触传染病法〉与中下层妇女的废法运动》,《世界近现代史研究》(第八辑), 第143页。

③ Jeffrey Weeks, *Sex*, *Politics and Society*: *The Regulation of Sexuality Since 1800*, p. 105.

商人有三个女儿，这三个女儿都是妓女。[1] 在妓女当中还有剧院女演员、女帽制造商、衬衫制造商、花边制造商等。来自劳动者阶层的妓女占据妓女人数的绝大多数，在妓女当中有不少曾做过女工、女仆。那些参与救助与改造妓女的人认为，女裁缝、制衣女工、女帽销售员、软帽生产女工、商店女店员、农业女工、酒吧女侍、卖花女以及家庭女仆构成了妓女中的大多数。[2] 其次是妓女出生地域的多样化。在这一时期的妓女中，除了英国本土的妓女之外，还有来自法国、比利时、德国、瑞士等欧陆国家的妓女，甚至还出现了黑人妓女，第十代彭布罗克勋爵就曾告诉詹姆斯·鲍斯韦尔在伦敦有一家黑人妓院。再次是在妓女当中存在等级之分。区分妓女等级的标准不仅有妓女自身的条件，如出身、相貌、才艺等，更重要的是她们对于自身的定位或者说她们服务的对象。在这一时期的英国有一批周旋于上流社会的交际花，“她们是活跃于社会精英中间的高级妓女，在这个仍然容忍男性不忠的社会里，发挥着婚姻车轮润滑剂的作用”[3]。南希·帕森斯就是她们当中的一员。南希·帕森斯原是歌剧女演员，被富豪霍顿带到了西印度群岛，据说两人结了婚，后来人们就称其为霍顿夫人。这位霍顿夫人回到伦敦后曾被维利尔斯勋爵包养一段时间，1764 年起与格拉夫顿公爵一起生活了 5 年，两人分手后，她又傍上了多塞特公爵，两人生活了 3 年，随后，她与梅纳德勋爵查尔斯结婚，终于结束了交际花生涯。正因其频繁辗转于男人之间，贺拉斯·沃波尔斥其为“格拉夫顿公爵的霍顿夫人、多塞特公爵的霍顿夫人、大家的霍顿夫人”[4]。除了这些专门为有钱、有地位、有身份的嫖客提供性服务的高级妓女之外，还有为社会中层男性提供性服务的妓女，当然人数最多的是满足下层嫖客欲望的底层妓女。亨利·梅休把妓女分成六类：被包养的情妇、妓女、住在廉价公寓里的妓女、为水手和士兵提

① ［英］劳伦斯·斯通：《英国的家庭、性与婚姻 1500—1800》，刁筱华译，第 403 页。

② Paula Bartley, *Prostitution: Prevention and Reform in England, 1860 – 1914*, p. 3.

③ Lawrence Stone, *Broken Lives: Separation and Divorce in England 1660 – 1857*, p. 146.

④ Lawrence Stone, *Broken Lives: Separation and Divorce in England 1660 – 1857*, p. 146.

供服务的妓女、公园里的妓女、为小偷提供服务的妓女。[1] 这一分类虽说有些简单化，但说明根据服务对象的社会层次可以把妓女也分成多个等级或多个类别。最后，根据卖淫活动发生的场地，也可以把妓女分成隶属于某个妓院的妓女、个体经营的私娼、站在街边招揽生意的流莺三大类。然而，无论怎么进行分类，有一个事实是大家公认的，即这一时期英国的妓女来自社会各个阶层以及国内国外，呈现多元分布的状况。

第三，从事卖淫活动的场所多样化。在这一时期的英国，卖淫活动除了发生在妓院和私娼的住所外，可以说扩展到它所能扩展的一切地方。妓院是妓女从事卖淫活动的主要场所，也是这一时期“大规模卖淫和淫乱活动的聚集地”[2]。这一时期英国的妓院也分三六九等，以满足不同社会阶层嫖客的欲望。从各种记载来看，嫖宿妓女的嫖客身份是多种多样的，其中既有贵族、大臣，也有官员、绅士，当然数量最多的嫖客是社会下层出身者，可以说“所有阶级的男人都对城市里日益增多的妓女多加利用”[3]。为了满足这些嫖客的需求，就产生了各种各样的妓院。在妓院当中既有如史密斯太太在王后街开办的妓院、“阿盖尔之家”“凯特·汉密尔顿寓所”“莫特寓所”之类的高级妓院，也有数量众多的普通妓院，还有一些具有特色的妓院如前述的黑人妓院。这一时期许多妓院都会起一个听上去很正经的名字，以达到掩人耳目的效果。詹姆斯·鲍斯韦尔曾去过的一家妓院就起了个“游乐园”的名字，不明就里的人还会以为这真的是一家游乐园，实际上这是一家挂羊头卖狗肉的妓院。类似的妓院不在少数，“这种妓院总是营造出一副庄重的模样，从大门口看根本想不到是风月场所，也见不到有男人进进出出。这不过都是些掩人耳目的手段罢了，这些妓院从来都是门庭若市”[4]。据《英格兰邮报》报道，泰晤士河上的

---

① Paula Bartley, *Prostitution*: *Prevention and Reform in England*, *1860 – 1914*, p. 3.

② ［德］爱德华·傅克斯：《欧洲风化史：风流世纪》，张洁编译，第 215 页。

③ ［英］劳伦斯·斯通：《英国的家庭、性与婚姻 1500—1800》，刁筱华译，第 422 页。

④ ［德］爱德华·傅克斯：《欧洲风化史：风流世纪》，张洁编译，第 218—219 页。

“愚人俱乐部”以下流淫荡而臭名昭著，1701 年 7 月下旬的一个星期一晚上，几名警察进入其中，逮捕了大约 20 对正在进行淫荡活动的男女。[①] 与大城市相比，在小城镇和乡村，私娼是卖淫的主要力量。这是因为相对于公开或半公开的妓院以及街头流莺，私娼更容易瞒过小镇居民或乡民的耳目。由于私娼的生活及其居所都与常人无异，她们的卖淫活动也就更加具有隐蔽性。街头流莺是妓女当中一个数量很大的群体。“这些流动妓女的行为往往非常放肆，灌木丛中的长椅、草地或是林荫浓密的地方，都是交易场所。”[②] 她们的活动范围也很大，在伦敦等城市，随着街道照明的改善，她们的活动范围几乎覆盖整个城区。不过，在每个城市中都有一些地方成为流莺聚集的主要地区，如伦敦的圣詹姆斯公园、河滨街等地方。当时人写道：“圣詹姆斯公园已经不是正经人去的地方了。那里已经成为妓女们公开卖身的场所。”[③] 这里也是詹姆斯·鲍斯韦尔与其同道寻花问柳的地方，他自己曾多次到那里召妓。除了以上场所，还有很多场所也成为招嫖乃至淫乱的地方。在酒店与酒馆里，时常活跃着妓女的身影，有些妓女就以在酒店或酒馆卖淫为生。17 世纪 80 年代诺里季酒馆遍地，“而每一酒馆，他们说，也是一妓院”[④]。沃尔弗汉普顿警察局局长卡斯尔说，“有些小酒馆叫道德败坏的女人去和男顾客坐在一起，然后把他们带回她们的住处”，去进行嫖宿。[⑤] 在“禁酒运动”中禁酒派与政府对一些非法酒馆进行取缔的重要原因之一就是这些酒馆中存在卖淫活动。一些旅馆也成为卖淫活动的场所。有的妓女在旅馆租住房间卖淫，有的旅馆老板为旅客嫖妓牵线搭桥，有的旅客在街上搭上妓女后带回自己房间嫖宿，还有的旅馆女仆会偶尔兼职卖淫。在詹姆斯·鲍斯韦尔的日记中，我们经常看到他将妓女带回自己在旅馆的房间嫖

---

① *The Reformation of Manners*, http：//grubstreet. rictornorton. co. uk/vice. htm 2016-5-30.

② ［德］爱德华·傅克斯：《欧洲风化史：风流世纪》，张洁编译，第 213 页。

③ ［德］爱德华·傅克斯：《欧洲风化史：风流世纪》，张洁编译，第 211 页。

④ ［英］劳伦斯·斯通：《英国的家庭、性与婚姻 1500—1800》，刁筱华译，第 402 页。

⑤ ［英］E. 罗伊斯顿·派克编：《被遗忘的苦难：英国工业革命的人文实录》，蔡师雄等译，第 270 页。

宿的描述，同时，他也遇到过偶尔卖淫的旅馆女仆的勾引。再一个存在卖淫活动的场所是浴池，约翰·威廉·冯·阿兴霍尔茨对此有过描述：

> 伦敦的浴池全是供人寻欢的。这里装饰豪华，简直就和宫殿一样。这里是人们享乐的天堂，所有能刺激感官的工具这里都能找到，即便没有现成的，只要你需要都会马上置办妥当。妓女们是坐在活动的安乐椅上送到你面前，当然这些妓女都是样貌动人、服饰考究并且相当有品位的高级妓女。要是你对送来的女人不满意，你只需付点活动安乐椅的费用就可以了。英国人把严谨的作风也用到了这里，来到这里你能享受到最干净利落的服务，因为铺了厚厚的地毯，你听不到杂乱的脚步，仆役们都轻声说话，你也不会被任何嘈杂声打扰。当然这里还有鞭身的场所，老年或性无能的客人也能得到满足。浴缸都成了摆设，没人是为了那些精致华美的浴缸来的。尽管这里的消费高到令人咋舌的地步，但是很多浴池一整晚都会人满为患。[①]

本来供人们洗浴的场所摇身一变成了妓院。另外，个别咖啡馆和茶馆也有妓女出入招嫖。18 世纪 90 年代，位于圣乔治广场的“花之殿堂”和“鸭狗之家”因为时常有妓女出入其中而颇受诟病。[②] 城市是卖淫现象的集中地，伦敦、利物浦等港口城市、科尔切斯特等驻军城市的妓女数量最多，接下来是曼彻斯特这样的城市和布莱顿这样的休闲城镇。随着各地卖淫活动的泛滥，在不少地方出现了卖淫场所及卖淫活动聚集的区域。在伦敦，查令十字街、干草市场、摄政街、西区、考文特花园是臭名昭著的红灯区，河滨街与圣詹姆斯公园则是流莺们聚集的地方。1757 年到 1795 年，在英国有一本售价 2 先令 6 便士、一年销售 8000 份的小册子畅销不衰，这就是《哈里斯的考文特

---

① ［德］爱德华·傅克斯：《欧洲风化史：风流世纪》，张洁编译，第 221—222 页。

② M. Dorothy George，*London Life in the Eighteenth Century*，p. 296.

花园群芳谱》。这是一本妓女指南。按照1773年印发的一版小册子封面所言，这本妓女指南的内容包含了对考文特花园及伦敦其他地方最受欢迎的妓女的描述与点评，以供嫖客们参考。在曼彻斯特，牛津街是有名的妓女集中地。在利物浦，圆形剧场、多明维尔舞厅、动物园都是有名的寻花问柳之地。一些地方的俗称很形象地表明该地作为卖淫集中地的特点，如约克的“摸巷”、格林威治的“垃圾坑”、普利茅斯的“堕落街”。卖淫活动场所的多发与集中，恰恰说明了卖淫问题的恶化。

第四，童妓卖淫问题严重。在卖淫问题当中，童妓问题更为严重，而这种严重性又因其隐秘性而遭到人为掩盖。在这一时期英国的妓女中，存在着数量不详的童妓。据约翰·菲尔丁说，伦敦教区警察在夜间巡逻时发现有将近40个妓女在从事卖淫活动，其中大部分年龄在18岁以下，还有不少人不超过12岁。[①] 在霍金斯博士于1833年向议会工厂调查委员会提交的报告中记载，此前4年间被曼彻斯特妓女收容所收容的妓女中有多个年龄在16岁以下的少女，所占比例近10%。[②] 到19世纪，围绕童妓卖淫形成了一个行业链条。有人专门寻找合适的小女孩，通过诱拐、欺骗、迷奸等手段将其带入卖淫业；有专门的医生或助产士对小女孩进行检查，提供处女证明，或者为这些小女孩修补创伤，甚至必要时为她们实施人工流产；如果有嫖客要求在自己的住所或妓院外的其他地方嫖宿少女，就要有专人负责将小女孩送到车站或其他见面地点，交给嫖客。不只是许多妓院私下里提供童妓供嫖客嫖宿，还有一些拉皮条者暗中牵线，为嫖客提供少女，在街边的流莺中也不乏少女。个别职业介绍人或机构如个别家庭女教师、中介公司也挂羊头卖狗肉，提供少女供人嫖宿。到19世纪中叶，还出现了童妓的国际贩运即所谓的“白奴贸易”问题。虽然童妓的数量因其隐秘性而无法确定，但童妓问题的严重性主要不在于童妓的

---

① M. Dorothy George, *London Life in the Eighteenth Century*, p. 314.

② ［英］E. 罗伊斯顿·派克编：《被遗忘的苦难：英国工业革命的人文实录》，蔡师雄等译，第272页。

数量，而在于童妓问题的恶劣性质及其严重的危害性。可以说，正是童妓问题的日益严重，在 19 世纪 40 年代早期催生了“伦敦保护少女、打击童妓卖淫协会”“爱丁堡保护少女协会”等组织，这些组织致力于打击童妓卖淫活动，拯救那些身陷卖淫活动之中的少女。[①] 日益严重的童妓问题也直接推动英国社会各界开展“社会净化运动”，并促成 1885 年《刑法修正案》在议会获得通过。

第五，卖淫问题不仅腐蚀着社会道德，而且与犯罪问题纠缠在一起。卖淫活动的猖獗严重扰乱了人们的正常生活，更是对社会道德带来恶劣影响。有批评者指出，妓女“对体面邻居造成了严重伤害。经常出现的下流行为，以及通过下流手段获得的闲暇、独立与服饰，对于体面居民儿女们的道德构成了持久的威胁”。伦敦恩兹利花园的一个居民抱怨说，街头卖淫现象泛滥，以至于街道不适合于体面女性行走，年轻男性也无法在不被纠缠的情况下从街上走过。[②] 卖淫还与其他社会问题交织在一起，有些妓女处在黑社会老大、小偷、骗子甚至腐败警察的控制之下，卖淫与酗酒及偷盗、诈骗、抢劫、杀婴等犯罪活动相互交织，卖淫活动集中的地方往往也是酗酒、偷盗、诈骗、抢劫等犯罪活动猖獗的地方。妓女常常是抢劫、盗窃等犯罪的参与者，甚至有的妓女还抢劫她们的嫖客。童妓问题涉及出卖、购买少女，对少女实施性侵害，给少女拉皮条，诱骗少女并使其受到性侵害等。妓女必须向警察交保护费，否则就可能会惹麻烦。警察不仅向妓女收取保护费，而且向妓院收取保护费，以此交换他们对妓院的庇护。可以说，警察是妓院老板最好的朋友，因为有了警察的保护，妓院经营更加顺利，妓院老板是警察最好的朋友，因为妓院老板给警察带来金钱，双方建立了利益联盟。这样，卖淫问题又与官场腐败问题联系到一起。

导致卖淫问题凸显的原因有很多，这其中既有工业化与城市化带

---

① Judith Walkowitz, *Prostitution and Victorian Society: Women, Class, and the State*, pp. 39 – 40.

② Paula Bartley, *Prostitution: Prevention and Reform in England, 1860 – 1914*, pp. 158 – 159.

来的英国社会转型期的社会道德失范问题，也有国家与教会在社会道德规范上的失职失责，还有贫穷、失业等。卖淫问题的存在是多重因素促成的结果。

社会转型期的道德失范是这一时期英国卖淫问题恶化的大背景因素。在工业革命前的传统社会里：

> 首先，传统人生活在一个相当狭小而又孤立的环境中，主要以家庭及村落为中心；其次，传统人生活在一个没有陌生人的小世界里，由于农民大多安土重迁，世世代代都住在同一块土地上……在这样的环境里，风俗习惯对每个人的行为都具有自然的约束力，因此犯罪案件很少，有很高的安全感。此外，传统人所生活的社会，大抵具有一个共同的文化，即具有共同的价值观念、宗教信仰及行为模式……①

然而，随着经济加速发展、社会流动的加快，尤其是工业革命的进行，“美好的旧时代的习俗和关系已被消灭干净”②，在传统道德失去效用的时候，新的道德规范并未确立，而且不同的道德规范同时并存，甚至相互冲突，“人们用来调节人对人的关系的简单原则……非常紊乱”③。在这种状况下，人们在道德规范上无所适从，缺少了道德规范的制约，就会出现道德失范的问题。这种道德失范反映在卖淫问题上，就是人们性道德观念的混乱。与此同时，随着工业革命的进行，大量人口涌入城市。“个人主义、流动性和城市化的兴起创造了一个以匿名和失序为特征的现代陌生人社会。”④ 在城市化过程中，“社会正在经历从‘熟人社会’向‘陌生人社会’的转型，以往调节

---

① 韦政通：《伦理思想的突破》，中国人民大学出版社 2005 年版，第 5—6 页。

② ［德］恩格斯：《英国工人阶级状况》，《马克思恩格斯全集》第 2 卷，中共中央马克思恩格斯列宁斯大林著作编译局译，第 301 页。

③ ［德］恩格斯：《英国工人阶级状况》，《马克思恩格斯全集》第 2 卷，中共中央马克思恩格斯列宁斯大林著作编译局译，第 399 页。

④ ［美］詹姆斯・弗农：《远方的陌生人：英国是如何成为现代国家的》，张祝馨译，商务印书馆 2017 年版，第 36 页。

‘熟人社会’的道德机制受到削弱，而调节‘陌生人社会’的道德机制在建立和完善之中”[1]。不同于传统的乡村熟人社会，在城市这个陌生人社会里，人们的道德自觉、道德监督、道德禁忌、道德认同在短时间内还没有建立起来。因此，“在这种街头的拥挤中已经包含着某种丑恶的违反人性的东西”[2]。城市越大，这种情况就越是严重，而“首都的道德堕落是一个普遍得多的情况”[3]。就连当时的英国人自己也承认：

> 正是在大城市里，恶习和不正当的享乐布下了诱人的天罗地网……美德在这里湮没无闻，罪恶由于不容易识破而繁荣滋长；放荡的生活因为可以给人以眼前的欢乐而为人所喜好。……大城市腐化的主要原因是在于坏榜样所具有的传染性，在于年轻一代很容易遇到，而且每天都会遇到恶习的引诱，因而很难抵御这种引诱。……这就是道德堕落的原因。[4]

约翰·科里通过花匠女儿露西的经历告诉人们，城市生活的诱惑、男主人的勾引、剧院的不良影响、女主人的放纵，都可能成为少女沦为妓女的诱因。[5] 因此，在社会转型期性道德观念混乱、性诱惑增强、社会制约机制失能的情况下，卖淫行为就有了生存的空间。

在工业革命前的传统社会里，教会承担着道德教化的神圣使命，约束着人们的道德行为。但在工业化与城市化的冲击下，世俗化越来越强烈地挑战着教会的权威，教会在规范与约束人们道德行为上的作用在减弱。“和资本主义制度兴起相伴随的是宗教道德的衰落，而和

---

① 雷结斌：《中国社会转型期道德失范问题研究》，人民出版社2015年版，第115页。

② ［德］恩格斯：《英国工人阶级状况》，《马克思恩格斯全集》第2卷，中共中央马克思恩格斯列宁斯大林著作编译局译，第304页。

③ ［英］克里斯蒂娜·科顿：《伦敦雾：一部演变史》，张春晓译，第138页。

④ ［德］恩格斯：《英国工人阶级状况》，《马克思恩格斯全集》第2卷，中共中央马克思恩格斯列宁斯大林著作编译局译，第406页。

⑤ John Corry, *The Gardener's Daughter of Worcester*; *or the Miseries of Seduction*, London, 出版日期不详。

宗教道德衰落相伴随的是人们道德观念的世俗化、多元化。”[①] 而且，“由于个人主义或自由主义崇尚个人价值的至高无上，遂使以自我为中心的原子式的个人出现了，而社会不再有自己传统的道德目的，而是服从于个体的目的。传统的道德观念和信仰便进入了个人领域，是个人任意的好恶而已，社会的共同道德便难以维持了”[②]。与此同时，在自由放任与个人主义两种思想观念的影响下，政府不愿对民众的道德生活施加干预，没有为此制定实施相应的法律、制度与措施，即便有些相关的法律、制度，执行起来也多宽泛松弛，起不到约束与压制的作用。一个突出的例子就是，在当时的英国，并没有哪一条法律规定卖淫本身是犯罪行为，只有在卖淫行为干扰到社会秩序或他人生活时，才被作为犯罪行为惩处。例如，妓女在街头拉客之所以会受到惩处，是因为这一行为扰乱了街道的正常秩序，并给行人的正常行走造成了干扰。在 19 世纪 80 年代之前，只有接到教区官员的特别请求后，伦敦警察才会对被认定的妓院采取行动。[③]

从个人层面来看，导致卖淫问题恶化的原因是多种多样的。对于男性来说，个人道德素质的低下，自我控制能力的薄弱，因为贫穷等原因导致的结婚年龄的推迟乃至终身不婚，都可能成为他们寻花问柳的原因或动机。在社会中上层实行的长子继承制除了将幼子排除在财产继承之外，还“造成他们婚姻的延迟，而在许多情形中更意味着完全剥夺他们结婚机会”[④]，社会中上层的独身率在 18 世纪达到 25%，也就是说有 1/4 的人一生没有结婚。这一时期英国人的结婚年龄也在提高，晚婚成为一种普遍现象。对于那些身处城市和工厂中的大量青年男子而言，结婚年龄的提高就意味着他们面临着如何度过性精力旺盛时期的问题，由此使得部分男性不得不靠嫖妓来解决性欲问题。有

---

① 郭忠：《法律秩序和道德秩序的相互转化》，中国政法大学出版社 2012 年版，第 51 页。

② 郭忠：《法律秩序和道德秩序的相互转化》，第 104 页。

③ Richard Price, *British Society, 1680 - 1880: Dynamism, Containment and Change*, Cambridge: Cambridge University Press, 1999, p. 199.

④ ［英］劳伦斯·斯通：《英国的家庭、性与婚姻 1500—1800》，刁筱华译，第 23 页。

学者认为，“‘容忍男性性实验而坚持女性婚前贞操’的双重标准，一旦与‘上层阶级的幼子之终身不婚增加，以及年轻男人普遍将结婚延迟到26岁以上’结合，便创造一个部分由妓女的大量增加来纾解的社会及性问题”①。因此，在某种程度上可以说，社会上数量巨大的独身、晚婚、离家男性性压力的释放需求，成为卖淫问题形成与存在的潜在市场驱动之一。

而妓女从事卖淫的原因更多，既有个人的、心理的原因，也有社会的、经济的原因。在一部分人看来，妓女是受害者，导致她们走上卖淫道路的是上流社会的男性，卖花女、女仆等都是这些色鬼的猎物，在被诱奸之后，等待她们的就是卖淫：

> 有证据表明，有多达400人通过诱骗11岁到15岁的女性卖淫而赚钱……当一个天真无邪的儿童在没有保护人的情况下出现在街头的时候，她就被这些凶残、卑鄙的人当中的一个阴险地盯上了，然后在花言巧语的借口下，被诱骗到声名狼藉的下流场所……她被剥去了衣服，被剥夺了父母的照顾和朋友的牵挂，然后用华丽的服饰装扮起来，掩饰住她的羞涩，被迫走上街头……②

也有人认为：

> 好酒贪杯是这些可怜女孩被迫与之斗争的最可怕的敌人，她们第一次堕入罪恶往往是在酒精影响之下，她们因为痛苦而再次饮酒，直至无法摆脱酒瘾对她们的控制，按常理说，她们已经无可救药了。③

还有人认为，工资低、失业导致的贫困是女性走上卖淫之路的原

① ［英］劳伦斯·斯通：《英国的家庭、性与婚姻1500—1800》，刁筱华译，第401—402页。

② Paula Bartley, *Prostitution: Prevention and Reform in England, 1860 – 1914*, pp. 4 – 5.

③ Paula Bartley, *Prostitution: Prevention and Reform in England, 1860 – 1914*, p. 6.

因。童工调查委员会在1843年的一份报告中说：

> 假如一个女子每周收入为六先令，这算是一般水平以上了。她得把这笔钱用来付住宿和衣服的费用，也用来付做衣服的费用，因为自己不会做，也从来没有人教过她。她在下班后自己洗衣服，必须节省开支，才能摆脱债务的烦恼。
>
> 在这种情况下，她只能有很少的储蓄，甚至一点储蓄也没有。假定这个可怜的人儿只有一半的活儿可做，或者完全失业，没有双亲，又没有朋友可以投靠，到了穷途末路，那么，她的选择是什么呢？答案是明显的。①

对于许多女工来说，失业就意味着没有了收入，在这种情况下，卖淫就成为部分女工不得不选择的谋生手段：

> 大批在工厂干活的少女失业时被迫卖淫；不属于利兹教区的少女（大概属于远处的教区，有些人则根本不属于任何教区），在营业不旺、光景不好的时候被厂方解雇，她们除了卖淫以外，别无其他选择。②

诺丁汉济贫协会常驻医官威廉·瓦茨也在所做的证词中说："当绣花边工的青年妇女靠现有的工资是买不起衣服以外的生活必需品的，结果几乎仍然都沦为妓女，只是没有普遍到街上拉客而已。"③ 甚至有人认为，卖淫是妓女个人道德败坏的结果。然而，这些说法都会遭到质疑。在监狱忏悔牧师弗雷德里克·莫利克访谈的16000个妓女中，有

---

① ［英］E. 罗伊斯顿·派克编：《被遗忘的苦难：英国工业革命的人文实录》，蔡师雄等译，第260—261页。

② ［英］E. 罗伊斯顿·派克编：《被遗忘的苦难：英国工业革命的人文实录》，蔡师雄等译，第269—270页。

③ ［英］E. 罗伊斯顿·派克编：《被遗忘的苦难：英国工业革命的人文实录》，蔡师雄等译，第269页。

40%是家庭女仆。这似乎能够说明上流社会男性诱奸是她们走上卖淫道路的原因，但在这些妓女中，因为男性而堕落的妓女只有5000人，而这5000人中只有1/5遭到了“绅士”的诱奸，很多人反而是被其他女性引入歧途的。贫穷也不是女性沦为妓女的必然原因，因为有许多收入低微甚至忍饥挨饿的女性并没有走上卖淫之路。

1839年，迈克尔·瑞安在《伦敦的卖淫》一书中对卖淫的原因做了归纳，他认为，以下都是卖淫现象存在的原因：

> 诱奸；父母的忽视；懒惰成性；缝纫及其他女性工作工资低；女帽销售商和布商在商店中雇用年轻男性取代女性；卖淫场所；酗酒的蔓延；酒馆、沙龙和剧院中的音乐与舞蹈；男女不受同等处罚的影响；女性对服装和上流社会的热衷；男性欺骗性的许诺；卖淫不可缺少的观念；穷困潦倒；缺乏教育；愚昧无知；悲惨处境；天生的放荡；不合礼仪的印刷品、书籍以及色情周刊；现代文明的挥霍浪费。①

在这些原因中，既有懒惰成性、天生的放荡这些个人品质问题，也有工资低、穷困潦倒等经济因素，还有父母的忽视等家庭因素，以及诱奸、酗酒等社会因素。但具体到每个妓女身上，有可能是一个因素发挥作用，也可能是多个因素的共同作用。例如，穷困潦倒、工资低是一些妓女卖淫的原因，但并不是所有穷困潦倒、工资低的女性都成了妓女。还有的人认为工厂女工是妓女的主要来源，但也有人对此持有异议。莱斯特市圣玛丽教会执事约瑟夫·张伯伦在一份证词里说：“我认为工厂少女卖淫的情况比绣花边工人和制手套工人少。”②由此可见，简单地用个人道德品质低下或社会因素来解释卖淫问题的成因，或者将卖淫问题与特定社会阶层联系在一起，是无助于解决这

① Michael Ryan, *Prostitution in London*, London: H. Bailliere, 1839, p. 271.

② ［英］E. 罗伊斯顿·派克编：《被遗忘的苦难：英国工业革命的人文实录》，蔡师雄等译，第270页。

一社会问题的。

日益恶化的卖淫现象给英国社会带来了极大危害。卖淫问题的存在败坏了社会风气，加剧了性道德混乱，给婚姻与家庭生活带来冲击，直接威胁着英国社会的基础。卖淫问题的存在还与社会犯罪问题纠缠在一起，对英国社会秩序造成冲击，是诱发社会动荡的潜在因素，威胁着社会稳定。与此同时，卖淫泛滥也是传染病尤其是性病传播的重要因素，对英国国民健康造成威胁。针对这一严重的社会道德问题，英国社会各界以各种不同方式表达了关注与担忧，并采取不同措施，共同推进这一社会道德问题的改善与解决。大致说来，在这一时期，英国社会各界试图主要通过以下两种方式来遏制与解决卖淫问题：教育改造妓女、打击与惩处卖淫活动。

教育改造妓女的工作是通过设立感化院、收容所、救助之家等机构来开展的，其目的是通过教育和改造，让妓女重新成为正派的人，恢复正常生活，回归社会。18 世纪中期在英国出现了致力于救助与改造妓女的感化院，由此到 19 世纪中叶，感化院一直是救助与改造妓女的重要机构之一。这一时期最早的感化院是 1758 年在伦敦白教堂开办的“玛格德林性病医院”。到 19 世纪中叶，随着“国教会感化协会”的建立，感化院的数量进一步增多，在大多数城市和大的城镇至少有一所这样的机构来改造妓女。为了更好地开展教育与改造妓女的工作，一些致力于此项工作的社会团体与志愿者还组成了志愿团体。“伦敦女子寓所”就是这样一个协会，该协会于 1850 年在伦敦的卡姆登镇建立了第一个家庭式避难所。1856 年，“改造与救助联盟”成立，该联盟的主要活动是救助那些处在困境之中有可能沦为妓女的少女，以免她们堕入风尘。类似的社会团体还有“救助协会”等。这些机构的工作目标是通过教育和改造，让妓女重新成为正派的人，回归社会，进而消除卖淫问题，但是，要真正实现这一目标并不容易。这些教育改造机构接收的妓女既有自愿接受教育改造的妓女，也有被社会慈善人士、警察以及一些社会团体送进来的。但是，这些机构对接收妓女是有条件的，也就是说，并不是所有妓女都会被这些机构接收，当然，也不是所有妓女都愿意进入这些机构接受教育改造。而且，由于种种原因，最终能够在这些机构里完成改造的妓女并不多。以“玛格德林性病医院”为例，该医院在1758年到1915年间接收了14057名妓女，只有4580人完成了改造，完成改造的比例仅达到30%多一点。[①] 其他机构的情况也大致相同。因此，不从卖淫问题产生的多重原因出发，单纯通过教育改造妓女来解决卖淫问题，最终的结果只能是部分妓女在完成改造后回归正常生活，但卖淫问题依然存在。

在这一时期，对卖淫活动的打击与惩处主要是从三个方面开展的。第一，打击惩处违法招嫖的妓女。虽说在这一时期卖淫还不是犯罪行为，但在街头、公共场所公开招嫖的行为则属于应该打击的犯罪行为，因为这类行为扰乱了社会秩序，对他人的生活造成袭扰。在这一时期，遭到逮捕并受到惩处的妓女基本上出于这类原因。街头流莺因为聚集街头，拦阻行人招嫖，往往成为打击惩处的主要目标。即便卖淫不是犯罪行为，但是由于卖淫对社会道德造成的恶劣影响，“从1757年起，妓女及流莺也成为改革派警察的行动目标，成为与首都复兴的‘道德改善协会’有关系的举报者的目标”[②]。第二，打击惩处从事卖淫活动的妓院。按照英国的普通法，经营妓院是违法行为，因此，无论是“道德改善协会”还是亨利·菲尔丁等治安官员，都把打击从事卖淫活动的妓院作为一项重要工作。根据“道德改善协会”的报告，该协会在伦敦及其周边地区发起控告的经营妓院案件数量是：1715年12月1日至1716年12月1日9起，1717年12月1日至1718年12月1日31起，1719年12月1日至1720年12月1日14起。[③] 据卫斯理说，在“道德改善协会”的推动下，一大批妓院遭到

---

① Paula Bartley, *Prostitution: Prevention and Reform in England, 1860 – 1914*, p. 58.

② Bob Harris, *Politics and the Nation: Britain in the Mid-Eighteenth Century*, Oxford: Oxford University Press, 2002, p. 305.

③ *The Two and Twentieth Account of the Progress Made in the Cities of London & Westminster, and Places Adjacent*, by the Societies for Promoting a Reformation of Manner, p. 1; *The Four and Twentieth Account of the Progress Made in the Cities of London & Westminster, and Places Adjacent*, by the Societies for Promoting a Reformation of Manner, p. 1; *The Six and Twentieth Account of the Progress Made in the Cities of London & Westminster, and Places Adjacent*, by the Societies for Promoting a Reformation of Manner, p. 1.

举报、起诉和关闭。[①] 亨利·菲尔丁、约翰·菲尔丁等治安官员也积极推动对妓院的打击惩处，为了加大检举妓院的力度，亨利·菲尔丁还建立了一套匿名检举制度。第三，打击惩处容许妓女招嫖卖淫的酒馆等场所。针对容许妓女招嫖卖淫的酒馆、茶室等场所，一般采取两种方式进行打击惩处，一种是吊销其营业许可证；另一种是对经营者提起诉讼，施加法律惩处。虽然卖淫活动受到打击，但是，有诸多因素影响或制约着打击的力度。从妓女和妓院方面来说，他们注意避开“道德改善协会”、警察及治安官员的注意，以免招致打击；同时会向警察行贿以获得其保护，一旦遭到打击，他们则会另择他处，到管理相对松弛的地方重操旧业。从“道德改善协会”方面来说，打击卖淫活动只是他们诸多道德改善工作中的一项，不可能在这件事上倾注全部力量，从“道德改善协会”的报告中可以看出，在其控告的诸多恶习与堕落行为中，卖淫所占比例远远少于不守主日、渎神的发誓与诅咒。而且由于社会上不少人对“道德改善协会”颇有不满，使得“道德改善协会”在搜集信息、控告妓女和妓院时遇到很多阻碍。从治安官员和警察这方面来讲，他们对妓女和妓院的打击惩处是有选择性的，并不是全面彻底的。由于卖淫在这一时期还不是犯罪行为，只有扰乱社会秩序、对他人生活造成袭扰的妓女才会受到逮捕与惩处。对妓院的打击也存在类似的问题，遭受打击惩处的妓院多为一般的妓院或低级妓院，“娼寮会受到搜查，而妓院则不会”[②]，那些专以上流社会人士为服务对象的高级妓院就很少受到打击。在伦敦，警察对“阿盖尔之家”“凯特·汉密尔顿寓所”“莫特寓所”等高级妓院视而不见。另外，不同地方的治安官员与警察对待打击妓院的态度是不一样的，有的比较认真负责，有的则敷衍塞责。例如，约克市对卖淫活动采取比较严厉的措施，而赫尔市对卖淫活动则基本采取放任的态度，这就给妓女和妓院逃避打击留下了空间。1750 年 10 月，一

---

① Douglas Hay and Nicholas Rogers, *Eighteenth-Century English Society: Shuttles and Swords*, p. 308.

② Roy Porter, *English Society in the 18th Century*, p. 134.

个大陪审团向伦敦城季审法庭递交声明，抱怨警察疏于对妓院的起诉是妓院明显增多的原因之一。① 法律上的手续繁多也给起诉、惩处妓院带来困难。1751 年，米德尔塞克斯的大陪审团向王座法庭表达了这一看法，并呼吁采用简易程序对这类案件进行审理。1752 年年初，亨利·菲尔丁等人也在《考文特花园杂志》上强调在控告妓院经营者时遇到的困难。② 由于这些不利因素的存在，打击惩处卖淫活动的努力收到的效果并不能令人满意，卖淫活动仍在不断发生，而且在一定时间、一定区域内呈现恶化的趋势。

可以说，19 世纪中叶以前，英国政府对卖淫问题基本抱着不闻不问的态度。但是，面对妓女增多、卖淫盛行的社会乱象，英国政府不得不改变态度，试图采取措施加以规范与打击。英国议会借鉴法国的做法，在 1864 年、1866 年和 1869 年先后通过三个《传染病法》，试图对卖淫活动采取政府管理控制的政策。此举遭到社会有识之士的反对，进而在社会上形成了“废除《传染病法》运动”。在积极推进废除《传染病法》的过程中，一批有识之士逐渐认识到，要真正解决卖淫问题，必须从多方面入手，用单一性道德标准取代双重性道德标准，提高全民道德水平，净化社会风气，用法律打击卖淫等不道德行为，为妓女回归社会提供帮助。这样，在废除《传染病法》的过程中，涌现一批社会净化团体，由此掀起了“社会净化运动”。在“废除《传染病法》运动”和“社会净化运动”的推动下，1883 年《传染病法》的部分条款暂停实施，1886 年《传染病法》最终被废除。1885 年，英国议会通过了《刑法修正案》，该法案的通过表明，英国政府放弃了通过规范卖淫来解决卖淫问题的做法，实质上宣布卖淫在英国是非法的。到 19 世纪末，卖淫问题虽然没有彻底消除，但得到了极大的改善，就其严重程度而言，这一问题在英国已经不再是一个十分突出的社会道德问题了。

---

① Bob Harris, *Politics and the Nation*: *Britain in the Mid-Eighteenth Century*, p. 300.

② Bob Harris, *Politics and the Nation*: *Britain in the Mid-Eighteenth Century*, p. 300.

小　结

在这一时期的英国，上流人士豢养情妇、通奸、嫖妓，卖淫问题恶化，整个社会性道德问题凸显。究其原因，社会变迁导致的价值观念的混乱与缺失，上流社会的婚姻与继承制度，一些国王与王室成员的不良榜样，年轻人结婚年龄的推迟，单身现象的增多，社会下层劳动者收入低、穷困，以及个人道德素质低下、自控能力弱等，都直接或间接催生了社会性道德问题。这些性道德问题的存在与恶化，败坏了整个社会的道德风气，对婚姻家庭生活造成冲击，与犯罪问题交织，诱发官场腐败问题，也对民众身体健康造成威胁。为了遏制与解决日益突出的性道德问题，英国采取了教育改造妓女、打击与惩处卖淫活动两手策略。然而，由于政府放任不管的态度，双重性道德标准的存在，地方官员的不作为甚至提供保护，滋生性道德问题的社会问题得不到解决，到 19 世纪中叶，性道德问题仍然存在，甚至出现日益严重的趋势。直到 19 世纪末，这一问题才有了较大改善。

第三章　政治腐败问题

从“王政复辟”到19世纪中叶，腐败问题是英国政治生活中的一个突出问题。“1688年以后的100年……出现一个土地与商业财产联合的寡头统治。从本质上说，它更腐败，而卖官鬻爵、官官相护的现象也更严重。”[①] 腐败问题既是政治问题，也是道德问题，它不仅直接关系到政府的权威性与政治生活的稳定，更对社会道德状况产生极为不利的影响。这一时期英国的政治腐败问题主要表现在以下两个方面：官员腐败问题与议会选举腐败问题。

一　官员腐败问题

在这一时期，官员腐败问题一直伴随着英国的政治生活。当时政府官员的任命实行“恩赐制”，带有浓厚的封建关系色彩，随着政党制度的发展，各级官职又成为“政党分赃制”下的战利品。需要说明的是，处于“恩赐制”与“政党分赃制”下的官职包括了宫廷、中央及地方政府、教会、军队、城市市政机构以及基层教区的大大小小各种官职。在这种制度下的官员队伍中存在许多腐败问题，这些问题主要表现在以下几个方面。

第一，官员任命凭借裙带关系和利益关系。掌握官员任命权的权贵与部门主管，往往会在任命官员时考虑私人关系或利益关系，而不

---

① ［英］E. P. 汤普森：《英国工人阶级的形成》，钱乘旦、杨豫、潘兴明、何高藻译，第10页。

会对任职者本身的能力与德行加以考虑。[①] 在这种情况下，政府官职变成了少数人的囊中之物，被他们用来安排子弟、亲属，用来进行利益交换。“无论哪派贵族掌权，都要将大小官职分发给在争权斗争中立下功劳的人，然后再分给朋友或者儿子的朋友等等。为了谋得官职，人们就必须攀枝依附、请人说项、拉各种关系、走各种门路，无所不用其极。”[②] “宫廷、教会、官僚机构、领事馆和行政部门里适合的官职，以及更间接的军官职务，成为纽卡斯尔公爵等党派领袖庇护目录上的重要内容。”[③] 1762 年，约翰·博斯科恩·萨维奇在 2 岁的时候就被任命为第 91 步兵团的少尉，其原因就在于他的出身背景。而且，这种裙带与利益关系还会荫庇后辈。首相罗伯特·沃波尔的三个儿子在他死后仍然担任年薪不菲的政府官职。

第二，买卖与转让官职。这一时期的英国社会还是一个贵族统治的社会，“在由他们支配的国家里，贵族是政治资产倒卖的开创者”。[④] 在这个“贵族的世纪”里：

> 地位和官职能够买卖（前提是这笔交易并不与政治利益发生严重冲突）；军队中的职权、议会中的席位也是如此。使用权、优先权、特许权、兵役——所有这一切都可以转化为用金钱统一衡量的等值物：比如选举权、租地权、教区官职或兵役的豁免、自治城市的自由、公地准入权。正是在这样一个世纪中，“金钱支持着一切成功”，特权成为财产，而使用权被具体化。[⑤]

由于官员的任命权掌握在私人手中，官职就成了待价而沽的商品，不同的官职便有了不同的价值，谋求官职者与掌握官职资源者为

---

① H. Northcote & C. E. Trevelyan, *Report on the Organisation of the Permanent Civil Service*, London, 1854, p. 6.

② 钱乘旦：《第一个工业化社会》，四川人民出版社 1988 年版，第 186 页。

③ Roy Porter, *English Society in the 18th Century*, p. 61.

④ Roy Porter, *English Society in the 18th Century*, p. 61.

⑤ ［英］E. P. 汤普森：《共有的习惯：18 世纪英国的平民文化》，沈汉、王加丰译，第 38—39 页。

官职买卖或转让讨价还价，实现双方的利益交换。“贵族们拿出国家的官职来犒赏效忠的朋友、家族和追随者，贿买不满者。”[①] 同时，由于担任官职能够带来可观的经济收益，那些“吸引人的官职——个人致富和回报支持者的机会——变得更加抢手”[②]。因此，不少谋求官职者就不得不付出金钱的代价，例如，约翰·哈金斯为了获得舰队街监狱看守一职，在1713年支付了5000镑。18世纪末，一个骑兵中校的售价超过5000镑。在这种情况下，买卖官职变成了“掌权者的盛宴”[③]。当然，由于“自费购得国家公职机构中官职的人可以通过获准的特权和腐败的渠道而得到补偿”[④]，官职的买卖双方都乐于达成交易，因为双方都可以从中获利。

第三，虚领职衔，领取干薪。在这一时期，担任闲职、领取干薪成为英国上流社会中“有价值的奖赏”[⑤]，也成为不少人竭力谋求的好处。威廉·科贝特在1816年11月2日的《政治纪事报》上刊发文章《告工人大众书》，他指出：在政府里“有大小不同的空位和多少不等的年金，从每年两三万镑到差不多4万英镑！……还有好些个官吏，每人的收益就能维持1000个家庭……”[⑥] 罗伯特·沃波尔的儿子霍勒斯·沃波尔除了担任财政部出纳官之外，还担任土地归还法庭书记员和管道监察官两个职务，而这两个职务都是闲职。闲职的关键并不在于其无事可做，而在于其既占据官职地位又白白耗费薪资，而且其薪资数额十分可观。在小皮特当政时期，乔治·罗斯拥有一个每年给他带来11602镑收入的闲职。埃尔文勋爵被任命为巴巴多斯总督后，得到允许保留其原来的军中职务，而他请求保留军职的原因是由

---

① Roy Porter, *English Society in the 18th Century*, p. 61.

② Roy Porter, *English Society in the 18th Century*, p. 108.

③ Roy Porter, *English Society in the 18th Century*, p. 142.

④ ［英］佩里·安德森：《绝对主义国家的系谱》，刘北成、龚晓庄译，上海人民出版社2001年版，第19页。

⑤ Roy Porter, *English Society in the 18th Century*, p. 58.

⑥ ［英］E. P. 汤普森：《英国工人阶级的形成》，钱乘旦、杨豫、潘兴明、何高藻译，第881页。

此获得一笔数额不小的收入。[①] 在诺斯内阁时期，爱德华·吉本成为年薪800镑的贸易主管，据说他自己也承认这是一个事情不多但薪酬丰厚的职务。这些不做事只拿钱的人被人形象地称为“禄虫”。1718年，仅在伦敦港一个地方，就有561个全职的和1000个非全职的海关官员，[②] 这其中显然包含不少禄虫。值得注意的是，禄虫不仅存在于政府之中，在议会、教会、军队中也数量不少。以议会下院为例，1742年，议会下院有139名禄虫；到1780年这一数字上升到180名。[③] “个别部门中，领取干薪或雇人代职者的人数竟然超过实际理事的文官。”[④] 虽然经过18世纪到19世纪初的多次治理，但这一现象并未杜绝，闲职数量在“1834年100个，所费薪酬97803镑”[⑤]。

第四，权钱交易与权色交易，贪污挪用公款。在这一时期，有不少官员把手中的权力视为谋取个人私利的工具，他们利用自己手中的权力进行权钱交易或权色交易。“这些职位都是通过政治影响力取得的，它们一旦被取得通常会被终生占有，在任者必须尽其所能榨取尽可能多的利益。”[⑥] 海军大臣约克公爵的情妇玛丽·安妮·克拉克利用约克公爵掌管军官晋升军衔事务的有利条件，私下里出售军官职务，其价格从少尉军衔400镑到少校军衔2600镑不等。海军部高官塞缪尔·佩皮斯充分利用自己手中掌握的权力来换取性享受，而那些与他有性交往的女人或者以此换取丈夫的职位晋升，或者以此换取经济合同所带来的收益。商人托马斯·希尔的年轻妻子为他获得一项军需品合约，海军部文书官的女儿布莱克·娜恩为帮助其父亲得到雇用机会，水手欧尔德·戴尔克斯的女儿为其兄弟逃避海军兵役，都自愿或不自愿地接受佩皮斯的猥亵。“佩皮斯是个对性执迷的人，而他的执迷之所以能获得满足，不仅由于他的个人魅力，也由于他所行使的

---

① Roy Porter, *English Society in the 18th Century*, p. 58.

② Roy Porter, *English Society in the 18th Century*, p. 107.

③ Roy Porter, *English Society in the 18th Century*, p. 107.

④ 阎照祥：《英国政治制度史》，第231页。

⑤ 阎照祥：《英国政治制度史》，第233页。

⑥ ［英］E. P. 汤普森：《共有的习惯：18世纪英国的平民文化》，沈汉、王加丰译，第39页。

权力。”[①] 有些官员利用手中的权力大肆捞钱。从 1705 年到 1713 年，詹姆斯·布里奇斯在担任财政部主计长期间净赚了 60 万镑。还有些官员甚至将其黑手伸向公款，1699 年，首席财政大臣查尔斯·蒙塔古因为被指控贪污而被迫辞职。[②] 大法官麦克莱斯菲尔德挪用了 10 万镑公款，事情败露后，他被罚款 3 万镑。[③] 1788 年到 1795 年，议会对首任印度总督沃伦·黑斯廷斯进行了弹劾，在弹劾他的理由中就包括贪污、利用权力索贿。这类挪用公款用于私人交易的事情并不罕见。在这一时期的英国官场上，官员从合同中收取佣金、接受回扣、收受小费和礼品的现象十分普遍，“每个职位的官员的工资都会通过小费和津贴而倍增”[④]，而且“这类回扣并不仅限于他们本人，家族、朋友和身边的人都会从中受益”[⑤]。回扣、小费、佣金在一些官员的收入中占有重要地位，甚至在数量上超过其薪俸。“1783 年，两名领取干薪的审计官的小费竟高达 16565 镑和 10331 镑，超过薪金数十倍。”[⑥] 在一些官员那里，官职俨然成了他们大发横财的工具。就连一些教会教区官员也不例外。托马斯·塞耶斯在担任米德尔塞克斯郡的圣卢克教区堂会理事长期间，贪污将近 500 镑钱款。[⑦] 东印度公司是这一时期贪污贿赂的又一个重灾区。据罗伯特·克莱武在议会下院所说，东印度公司的官员“没有谁不曾收过礼。在孟加拉送礼行为极其普遍”，他本人也在 1773 年被指控在印度任职时盗用公款和勒索财

---

① ［英］劳伦斯·斯通：《英国的家庭、性与婚姻 1500—1800》，刁筱华译，第 358 页。

② ［英］约翰·坎农主编：《牛津英国历史辞典》，孙立田、庞玉洁等译，孙立田总校译，人民出版社 2018 年版，第 665 页。

③ Roy Porter, *English Society in the 18th Century*, p. 59.

④ Roy Porter, *English Society in the 18th Century*, p. 107.

⑤ Roy Porter, *English Society in the 18th Century*, p. 59.

⑥ 阎照祥：《英国政治制度史》，第 230 页。

⑦ *Parish Corruption in Part Displayed: Or, A Narrative of Some Late Transactions in St. Luke's Parish, in the County of Middlesex, Especially such as Respect the Indicting for Forgery, and Outlawing Mr. Thomas Sayers, the First Head-Church-Warden in That New Parish*, London, 1760.

物。[①] 约翰·约翰斯通是东印度公司的一名官员，他收过一些“礼节性的礼物（一顶镶满珠宝的头巾、一把宝剑、一头公象，以及一块土地）。约翰还收过一些礼金，包括小马车运来的小额银币。他和代表团的其他官员以及吉迪恩都收过礼物，其中包括‘印度重要的银行家’送来的礼物。他们曾在几天之内就收下总值超过60万卢比的礼物，约翰和吉迪恩两人的礼物总值超过了7万卢比”[②]。官员腐败问题也是后来英国政府对东印度公司进行改革的动因之一。

第五，消极懒散、尸位素餐、玩忽职守。由于不少官员只是把担任官职作为谋求地位与私人利益的手段，且不少人并无切实履职的愿望与能力，“他们承担的枯燥乏味的工作被转包给薪酬可怜的代理人”[③]，而他们自己则优哉游哉，尽情享受悠闲的社交生活。海军部财务处长官和陆军部主计处长官从自己的薪俸中拿出一部分雇人代职，自己则摆脱了烦琐的政务。[④] 甚至还有官员从代职中赚钱，有些下级官员薪俸较低，他们就找人代理本职工作，而他们自己则为薪俸较高的高级官员代职，进而获得数额较高的代职收入。而且，由于“在许多政府部门，职位和提升等习惯做法是按照裙带关系和恩惠来分配的”[⑤]，只要有强有力的靠山，即便消极懒散、尸位素餐也不影响官运亨通，甚至有的官员几十年疏于理政仍然稳坐官位。这种状况在1853年至1856年的克里米亚战争中暴露无遗。在这场战争中，由于相关官员的玩忽职守，导致前线的军需物资无法得到及时供应，不少士兵因为食品不足或伤重不治而死亡。

在这一时期，英国官员的腐败问题十分严重，其严重性不仅仅表现为上述五个方面，而且这五个方面常常重叠出现。有的官员可能是凭借裙带关系或利益关系谋得一个闲职，进而得以享受干薪，或者用

---

① ［英］艾玛·罗斯柴尔德：《帝国豪门——18世纪史》，巫语白译，商务印书馆2016年版，第105页。

② ［英］艾玛·罗斯柴尔德：《帝国豪门——18世纪史》，巫语白译，第40—41页。

③ Roy Porter, *English Society in the 18th Century*, p. 59.

④ 阎照祥：《英国政治制度史》，第229页。

⑤ Roy Porter, *English Society in the 18th Century*, p. 253.

金钱买得一个官职，然后再凭借该官职进行权钱交易或权色交易，一旦职位稳固，消极懒散、尸位素餐、玩忽职守的不良现象就会频频出现。甚至在有的官员身上，这五种现象同时并存，可称得上是“五毒俱全”。官员腐败问题的严重性还在于其存在的广泛性，宫廷、政府、议会、教会、军队中都存在官员腐败问题，上至内阁大臣，下到监狱看守、教区济贫官员，只要手中有权，人人都想捞上一把。大权在握者有可能是巨贪“老虎”，如大法官麦克莱斯菲尔德之流；底层官员也可能成为小贪“苍蝇”，如舰队街监狱守卫托马斯·班布里奇之辈。不少市政当局也存在官员腐败问题，伦敦就是一个突出的例子。在该市的一个植树工程项目中，经市政当局的一个委员会介绍，一个承包商以每棵树12先令的价格承接了该项工程，实际栽种每棵树的支出为18便士，这其中的差额部分无疑都落到了私人腰包里。为防止在市政工程中出现此类问题，1731年伦敦曾通过一个法令，规定所有价值在20镑以上的公共工程均须在报纸上刊登三次广告，以便所有有能力承接工程、提供材料者可以知晓并参与承接工程。这项法令旨在防止公共工程中出现腐败问题。然而，这条规定并未得到认真严格的执行，在该法令颁布后仍有不少市政工程未按要求来做。“这样的事情数不胜数，这说明没有人顾忌他们自己制定的法令，也不关心他们治下的市民的钱包”，这些城市官员将城市公共利益玩弄于股掌之中，“他们利用权力只是为了使私人致富”①。在济贫领域也存在滥用、挪用、私吞济贫款项的腐败现象。在圣马丁教区，“1712年，治安法官与济贫监督官到小酒馆用餐支出72英镑19先令7便士，1713年，治安法官、教区委员以及济贫监督官聚会支出65英镑4便士，1714—1715年，济贫监督官与教区委员在小酒馆用餐支出72英镑，教区委员在姆尔伯瑞公园举行的一次宴会花掉了49英镑13先令

---

① *City Corruption and Mal-Administration Displayed; Occasion'd by the Ill Management of the Public Money in General: With Some Remarks upon the Modest Enquiry into the Conduct of the Court of Aldermen, & C. Address'd to the Citizens of London Against the Ensuing Election for Common-Council-Men*, by a Citizen, London, 1738, pp. 16, 19.

4便士”，这些钱都出自济贫款项。[①]

在我们所述的这个时期，英国官员腐败问题之所以如此严重，主要有如下几个原因。

首先，贵族寡头政治是官员腐败问题的根本原因。众所周知，从1688年“光荣革命”到1832年第一次议会改革，英国一直处于贵族寡头统治之下。贵族控制着当时英国最主要的财富——土地，是英国最富有的社会阶层。以此为基础，贵族占据着议会上院，控制着议会下院，把持着政府、教会、军队中的重要官职，建立起贵族寡头的政治优势。“在那个充斥着反革命战争、农村凋敝、叛乱和工业变革的时期……贵族对政治、庇护权和财政的控制，被继续作为腐败之类的道德罪恶和贫困之类的物质罪恶的根源。”[②] 正是贵族寡头统治造成官员腐败问题的产生与存在，并极大地阻碍着对这一问题的解决。“恩赐制是现有政治制度中维护上层阶级特权的有效润滑剂和保护层”，因此，“他们极力维护传统的政治特权，使全面实行行政管理体制改革的条件难以形成，无法从根本上触动恩赐制”[③]。而且，在某种程度上，闲职干薪成为贵族长子继承制的补偿。因为被排除在爵位与家产继承之外，官职就成为贵族幼子们的追求目标。正如托马斯·潘恩所说，“所有为贵族遗弃的子女（长子除外）通常都像孤儿被交给教区抚养一样，由公众来供给，不过费用更大。在政府或法院中建立一些不必要的机构和场所，而由公众负担其经费”[④]。从维护自身利益出发，贵族寡头们不仅对官员腐败问题默许、纵容，甚至他们中的不少人更是腐败问题上的“大老虎”。也正因如此，对官员腐败问题的批评往往将矛头直指贵族寡头政治。

其次，官员任命“恩赐制”的施行。在19世纪中叶的文官制度改革开始之前，无论是宫廷、政府、教会、军队中的官职，还是城市

---

① 丁建定：《英国济贫法制度史》，第128页。

② ［美］波考克：《德行、商业和历史：18世纪政治思想与历史论辑》，冯克利译，生活·读书·新知三联书店2012年版，第431页。

③ 阎照祥：《英国政治制度史》，第234页。

④ 《潘恩选集》，马清槐等译，商务印书馆1982年版，第157页。

自治机构、基层教区的工作人员职位，有相当多的职位都是在“恩赐制”之下任命的。“恩赐制”带有浓厚的封建关系色彩，换言之，它就是庇护制的产物。“非常普遍的庇护和依赖关系确立了前景，赋予这一制度力量和持久性。”① 近代英国社会的庇护制脱胎于中世纪的封君封臣制度，确立于都铎王朝和斯图亚特王朝，“以个人恩赐为手段来维持政府的运行”②。虽说在这一时期庇护制正走向衰亡，但其并未完全退出历史舞台，无论是国王抑或是贵族与大臣，都还顽固地把这一制度作为其掌控政治、经济、宗教与军事权力的有力手段，对于国王来说，“赏赐官职俸禄则是最常用的控制下院的方式”③。掌握各种权力资源的国王、贵族与大臣成为各级权力关系网的核心，当时英国的政治派别都以这些权贵人物为中心而组成，就连英国最早的两个政党辉格党与托利党最初也是以莎夫茨伯里伯爵和丹比伯爵这两个贵族为领袖。维系这些权力关系网或庇护网的恰恰是包括官职在内的各种利益，这些利益成为权力关系网或庇护网的纽带。托马斯·潘恩在《常识》中指出，国王“仅仅因为给人以地位和津贴，才获得他那全部的势力，这一点也是不言而喻的”④。乔治三世对“恩赐制”的利用可称得上一个典型，他即位后牢牢控制大部分政府官职，将这些官职及其薪俸恩赐给那些服从王权的下院议员，以达到其控制议会的目的。⑤ 受庇护制及其观念的影响，在当时不少英国人尤其是社会上层人士的思想中，官职被视为一种可赠予的财产、可恩赐的礼物。在这种情况下，不少人把担任官职看作牟取个人私利的工具和手段。“没有人认为像监狱看守之类的工作是一种社会服务职业；如果监狱看守把这份工作看作向囚犯勒索钱财的许可证，人们睁一只眼闭一只眼。”⑥ 可以说，正是由于“恩赐制”的施行，任人唯亲、买卖官职、

---

① Roy Porter, *English Society in the 18th Century*, p. 121.

② 龚敏：《论近代转型时期英国庇护网的构成和特点》，《佛山科学技术学院学报》2006 年第 4 期。

③ 阎照祥：《英国政治制度史》，第 206 页。

④ 《潘恩选集》，马清槐等译，第 8 页。

⑤ 阎照祥：《英国政治制度史》，第 229 页。

⑥ Roy Porter, *English Society in the 18th Century*, p. 77.

转让官职、虚领职衔、领取干薪等腐败问题就不可避免地滋生出来。

再次，“政党分赃制”的存在。“政党分赃制”的存在，主要有以下三个原因。第一，政党的出现及其活动为部分人谋取个人利益提供了新的机会。在17世纪70年代末80年代初的“排斥危机”中诞生了英国最早的政党，即辉格党与托利党，由此开启了英国政党政治的历史。政党出现后“把追求公职看作第一需要”，尽管伯克说这不是为了谋求薪俸，[①] 但谁都不能否认的事实是，在这些政党的成员和支持者中，将担任官职作为谋求个人利益手段者大有人在。对于不少人而言，归属哪个党派并不重要，重要的是自己所属的党派能否给自己带来权力与回报，因为权力与回报能够促进个人或家族利益的成长。正是因为看到了这一点，不少党派领袖与其成员及支持者之间形成了以利益为纽带的关系网，党派领袖从他们那里获得支持，获得执掌大权的机会，而他们则在本党派大权在握时从获得的利益中分得一杯羹，这也是党派领袖对他们的忠诚与支持的回报。1782年，罗金厄姆内阁成立后，罗金厄姆侯爵利用手中权力，将辉格党中自己一派的骨干安插到政府重要部门。第二，“政党分赃制”的存在，还与这一时期英国政党制度不成熟有密切关系。这一时期英国不仅有两大政党，在两大政党内部还有着诸多派系，在两大政党之外也有着许多派系，而且这些派系时常发生变化，称得上党派林立、派系复杂。这些党派虽然有别于此前的贵族集团，但“私人关系仍然是促使党派形成的重要因素”[②]，不少派系甚至就是以某个贵族或权贵为核心组成的。这样的党派组成方式必然导致个人依附关系在党派活动中占有重要地位，而传统的庇护制影响也就有了继续存在的空间。对于他们而言，党派之间的争斗就是对于官职的争夺，因为官职就是权力。所以，在庇护制度下，庇护就是权力，而且这种庇护是公开的，根本无须遮羞布。因此，无论是出于战胜对手、执掌政权的党派需要，还是维系党派存在的个人庇护的必然后果，抑或是借助党派谋求个人利益的诉

---

① 阎照祥：《英国政治制度史》，第261页。

② 阎照祥：《英国政治制度史》，第246页。

求，都使得“政党分赃制”有了生存的土壤。因此，每当一个政党上台执政时，“俸禄和官职这些政治上的战利品理当在他们中间分配”[①]。在这种情况下，在官场上出现腐败问题就成为一种必然。第三，激烈、无序的政治斗争对“政党分赃制”的出现起到了推波助澜的作用。这一时期也是英国历史上政治生活中派系斗争较为激烈的时期，“辉格党和托利党、高教会派和低教会派、土地财富和金融财富、支持战争和反对战争、支持汉诺威王朝和反对汉诺威王朝的两派，就像斗鸡一样，撕扯着对方的喉咙”[②]。甚至就连伦敦的咖啡馆和剧院也都被卷入派系斗争的漩涡。在这种情况下，任何一个党派要想打败对手，必须付出足够吸引人的筹码，而这些筹码就是各种官职及其附带的各种利益。所以，任何一个党派获胜后，都要论功行赏，对各级各类官职进行分配，以此巩固胜利、打击对手。在“政党分赃制”下，教会职务也常常被作为拉拢盟友、奖励支持者的礼物，这不仅是因为教士职务尤其是高级教士职务意味着丰厚的薪水，“更重要的是，擢升教士职位被设计成在议会上院获得可靠的支持政府选票的诱饵”，小册子作者本杰明·霍德利就因为坚定地支持政府而获得高级教士的职务。[③]“那些把持着闲职的人可能没有太多的公务可做，但是人们希望他们保持忠诚和政治上的积极态度，以赢得他们的生活所需。”[④]

最后，权力监督机制的失效与缺失，使得官员腐败问题无法得到有效遏制。一般而言，对官员的权力监督机制不外乎两种，即政治监督与社会监督。在英国，传统上对于官员的政治监督主要有两种，一种是议会的监督，一种是上级官员对下级官员的监督。

与此前相比，议会监督没有太大变化，仍然“主要是通过议会立法、议员在议会内外发表言论、议会派出专人或组织专门委员会调查

---

① 阎照祥：《英国政治制度史》，第 209 页。

② Roy Porter, *English Society in the 18th Century*, p. 106.

③ Roy Porter, *English Society in the 18th Century*, p. 62.

④ Roy Porter, *English Society in the 18th Century*, p. 112.

和议会通过对有关当事人的指控等方式来进行”[①]。18 世纪 80 年代，议会下院成立专门委员会，对政府财务和文官收支情况展开调查；1782 年，议会下院通过决定，开启以廉洁与效率为目标的文官制度改革；1785 年，议会通过议案，财政部据此成立审计署，以加强财政审计；1810 年，议会下院成立特别委员会，对政府文官设置情况展开调查。[②] 所有这些都涉及议会对官员的监督。然而，由于“土地贵族始终占据着绝对的统治地位，任何稍嫌激进的改革议案都会轻易搁浅”[③]，而且为了维护他们的既得利益，许多打向腐败官员的板子往往是高高举起、轻轻落下，根本起不到惩戒与遏制的作用。从议会立法来看，这一时期议会立法当中涉及官员腐败的法律条文并不少，但是，这些法律条文稍显零散，不成体系，始终没有出现一部体系完整的预防、遏制、打击官员腐败的专门法律。从议会专门委员会的调查来看，这些调查确实发现了一些问题，找出了问题存在的部分原因，也提出了一些具有针对性的措施，但是，不少调查报告在提交上去后并没有换来后续的有效措施施行，更重要的是，所有调查都没有认识到或者说不愿承认贵族寡头政治才是官员腐败问题的最终根源。从议会对腐败官员的指控与惩处来看，多数案件的指控与惩处往往采取“大事化小、小事化了”的方针，很难起到惩处与警示作用，只能是“头痛医头、脚痛医脚”，无助于从根本上解决官员腐败问题。议会监督无法发挥作用还有一个重要原因，这一时期的议会本身就存在许多腐败问题，让这样一个疾病缠身的机构去履行对官员的监督、预防和遏制官员腐败，简直是一个政治笑话。

上级官员对下级官员的监督是官员的职责之一，也是对官员进行政治监督和行政监督的手段之一。要履行好上级官员对下级官员的监督，需要具备两个重要条件。一个条件是上级官员自身廉洁自律，以身作则，这样他才能理直气壮、问心无愧地监督下级官员的行为，否

---

① 龚敏：《论近代早期英国政治社会监督机制与社会腐败》，《湖南科技大学学报》2006 年第 4 期。

② 阎照祥：《英国政治制度史》，第 231—233 页。

③ 阎照祥：《英国政治制度史》，第 234 页。

则，己身不正，何以正人。但是，这一时期的不少英国高级官员做不到这一点，自然也就无法履行好监督下级官员的职责了。在这方面，罗伯特·沃波尔是个十分典型的例子。沃波尔之所以能主导英国政局20余年，固然有其执政能力为基础，但也离不开其他三个重要因素。第一个因素是他以增加王室年金的方式获得来自王室的大力支持与信任；第二个因素是他利用其掌握的政府秘密基金大力收买议会议员和选民，从而筑牢议会下院对政府的支持和信任；第三个因素是他很注意维护贵族官僚集团的既得利益，在接手处理臭名昭著的“南海泡沫”事件时，使不少人免于受到追究。让这样一个用金钱贿买议员和选民、“官官相护”、为自己儿子谋得闲职干薪的政客去监督下级官员、遏制官员腐败，恐怕很难令人信服。事实也的确如此，沃波尔执政时期也是官员腐败较为严重的一个时期，他也因此受到政敌的抨击，他的“禄虫”与“贿赂者”形象也多次出现在讽刺漫画当中。另一个重要条件是上级官员切实有效地履行对下级官员的监督职责。然而，对于这一时期的许多官员而言，要做到这一点也是不容易的事情。这是因为，无论是“恩赐制”还是“政党分赃制”，都让这些官员深陷于家族利益、庇护关系、党派利益、利益交换之中，使他们在履行监督下级官员职责时有所顾忌。在这种情况下，面对官员腐败行为，恐怕采取“睁一只眼闭一只眼”或“大事化小、小事化了”的对策才是最明智的做法，至于勤政、廉洁、公正等为官之德只能让位了。

1660年“王政复辟”之后，在上述两种传统政治监督之外又增加了一种新的政治监督形式，这就是反对党的监督。随着辉格党与托利党的形成及两党轮流上台执政，作为政党政治生活中重要角色的反对党也出现了。从18世纪初开始，就不断有政治家、理论家等对反对党的定位与角色进行了阐释。在这些宣传与主张中，逐渐明确了反对党的一个重要职责，即“审慎地监督政府的行动，纠正弊病和抵制政府滥用权力，制止过度行为，使轻率活动得到节制”，作为反对党，要扮演“大臣行动的检查者、大臣的失职做法和不端行为的告发者的角色"[①]。在这一时期，反对党对政府、对执政党的抨击不绝如缕，而且它们也愿意给自己的行为赋予非常堂皇的政治色彩。不可否认，反对党监督的确对执政党和政府的腐败行为有所约束。但同样不可否认的是，反对党对执政党及其政府官员腐败行为的抨击，固然是出于对腐败行为的痛恨与反对，可是在相当大程度上也是对执政党及其政府的抨击，其目的是促使其下台，并力争取而代之。然而，由于"换汤不换药"，反对党在取代执政党之后，自己又重蹈覆辙，"政党分赃制"依然施行，官员腐败这出剧仍旧上演，只不过演员换了一拨人而已。换言之，只要"政党分赃制"还在施行，反对党的监督就只能是治标不治本的手段。

传统的社会监督是由公众对官员腐败行为进行监督。在这一时期，公众对官员腐败行为的监督主要通过两种渠道来开展，一种是通过向议会请愿的方式来揭露官员腐败行为，请求议会对腐败官员进行惩处；另一种是通过议会选举来表达对腐败官员的不满，使其得不到选票。前者会因为议会的庇护或不作为而在效果上大打折扣，而后者则由于腐败的议会选举制度而很难达到目的。值得注意的是，在这些揭露抨击官员腐败行为的批评者中也不乏"吃不着葡萄说葡萄酸"的人，"虽然置身事外的道德家们对于'腐败'愤愤不满、夸大其词，但很少有人会拒绝追求自己的利益"[②]。在这种情况下，公众对官员腐败行为的监督在很大程度上只能是"英式民主"的未来之期了。

新闻监督是这一时期新出现的一种社会监督形式。英国的报刊业兴起于17世纪下半叶，到18世纪发展迅速。从诞生那天起，英国的报刊业就与政治生活有着紧密联系，并对政治生活产生一定影响。那些隶属于反对党或处于中间立场的报刊大多把监督政府作为自己的职责之一，因此，官员腐败问题也就成为不少报刊揭露与抨击的对象。随着报刊业发展及其社会影响力的增强，新闻监督"已逐渐构成一支

① 阎照祥：《英国政治制度史》，第261、262页。

② Roy Porter, *English Society in the 18th Century*, p. 113.

能够监督政府职能的新兴社会力量了”[①]。然而，报刊新闻监督作用的发挥要受到以下因素的制约。首先，是政府与执政党对新闻监督的态度影响新闻监督效果。针对这样一种新力量，英国政府采取了多种措施，如秘密发放补助金收买报刊，提高报刊印花税征收额度，运用行政或法律手段控告或禁止报刊发行，这些措施对报刊的新闻监督力度造成削弱与打击。其次，是一些报刊及写手对利益的追逐损害了新闻监督。正如有文章所说，“这些格拉布街文人的言行，就像瑞士一样，从来没有真正加入任何一方联盟。他们明智地选择了中立。但他们私底下却会接受利益的收买，也不去辨别收买他们的动机是什么”[②]。对利益的追逐必然导致新闻监督力度大打折扣。最后，在相当一部分报刊及其读者的眼中，对政府官员腐败行为的揭露与抨击，与其他街谈巷议的政坛丑闻并无二致，可供人们在茶余饭后作为谈资，或成为报刊吸引读者眼球、增加报刊发行量的手段，但并没有在此基础上探讨建立预防与惩处官员腐败行为的制度的必要性与可能性。因此，虽说18世纪英国报刊业有了较大发展，而且在一些政治性报刊上也刊登了不少抨击官员腐败的文章，然而，这些格拉布街文人对官员腐败行为的揭露与抨击，除了加剧人们对“腐败的旧制度”的痛恨，为19世纪的全面改革积聚着能量外，并没有对遏制与消除腐败产生立竿见影的实际作用。

因此，在这一时期，无论是传统的公众监督，还是新兴的新闻监督，这些社会监督手段无法起到预防与遏制官员腐败行为的作用。尽管有一些揭露、抨击官员腐败行为的社会监督行为存在，“但所有这些最终都是佯装的冲突，因为稳定权力阈值的内在政治关系不想杀死下金蛋的鹅，而且‘门外汉’的政治宣传鼓动依然不起作用”[③]。

由于上述种种原因，这一时期英国的官员腐败问题十分突出。将手中权力变为营私舞弊手段的做法，虽说不是普遍的，但却根深蒂

① 姜德福等：《转型时期英国社会重构与社会关系调整研究》，商务印书馆2017年版，第301页。

② *Grub Street Journal*, 12 August, 1731.

③ Roy Porter, *English Society in the 18th Century*, p. 112.

固，也无人以此为耻。路易斯·西蒙在19世纪初写道：

> 英国的政治制度显现出来的详细的腐败行为——大量的——以及掩盖在公共精神面具下的个人野心，极为麻木不仁地展现出来，比我所能想象的更加令人作呕。①

有批评者指出，在这一时期的英国官场，就连维护公平正义的法庭，也受到金钱的腐蚀：

> 黄金是国王，白银是王后，
> 它们统治着世界，控制着人们的心灵；
> 金钱……
> 是法官的最爱，是当事人的朋友，
> 是陪审团的良心……②

这一时期，随着英国经济的发展，国家财政收入不断增加。同时，随着英国经济社会发展以及对外扩张的进行，英国政府机构本身也在滚雪球式地扩大，自然提供了日益增多的官职。然而，由于腐败问题的存在，“这些收入中的很多都有了出路，通过各种渠道，流入大臣以及他们的党羽和支持者的腰包里”③。1816年《非凡的红皮书》出版，④ 1820年约翰·韦德的《黑皮书；或腐败现形记》（以下

---

① Roy Porter, *English Society in the 18th Century*, p. 118.

② *Bribery and Simony; or a Satyr Against the Corrupt Use of Money*, by the Author of the London Spy, London, 23th November, 1703, pp. 4 – 5.

③ Roy Porter, *English Society in the 18th Century*, p. 107.

④ A Commoner, *The Extraordinary Red Book: An Account of All Places, Pensions, Sinecures, Grants, & C., the Expenditure of the Civil List, the Fiances and Debt of Great Britain; With a Variety of Official Documents ... Among Which Are Admiralty Droits*, Land and Other Cro., London, 1816.

简称《黑皮书》）出版，[①] 这两本书揭露了英国官场的严重腐败问题，引起很大轰动，后者销售了5万册之多。《黑皮书》通过事实与数字证明，在政府与教会中充斥着权力滥用行为，而且国家税收的款项全都浪费在官员退休金和各种闲职薪金上，或直白地说被挥霍浪费了。作者指出：

> 贵族篡夺国家权力，以各种借口为他们家族地位较低的支系巧取豪夺，一种强迫的生存之道。他们支持一种沉闷和尸位素餐的教会体制；他们发动旷日持久和不必要的战争，以创造在陆军和海军中的就业机会；他们征服和维持毫无用处的殖民地；他们着手昂贵的外交使命，几乎在世界上每一个微不足道的小国和微不足道的小港口设置大使馆或领事馆，而且常常兼而有之；他们创设没有职责的办公机构，发放无功受禄的养老金，在王室、海军部、财政部、海关、税收部门、法庭以及公共部门的每一个机构保留一些毫无必要的职位。[②]

这是一个严重的腐败问题。“虽然并无太多必要去相信一本政党小册子中的宣传，但我们必须相信，总体说来《黑皮书》如实地描绘了19世纪前25年的政府体系，即便有些粗糙、不客观。”[③] 30年后，《黑皮书》所揭露的问题仍然没有好转。因此，英国社会各界要求建立廉洁高效政府的呼声日益高涨。

这一时期英国各级官员的腐败行为严重影响了政府的统治效率，败坏了政府的权威，也损害了上流社会的道德形象。“1816年威廉·科贝特就将美国一个官员的微薄工资同英国闲职人员以及贵族大臣的

---

① John Wade, *The Black Book; or, Corruption Unmasked! An Account of Places, Pensions, & Sinecures, Revenue of the Clergy & Landed Aristocracy... a Complete Exposition of the Cost, Influence, Patronage, & Corruption of the Borough Government*, London, 1820.

② ［英］琳达·科利：《英国人：国家的形成，1707—1837年》，周玉鹏、刘耀辉译，商务印书馆2017年版，第194页。

③ ［英］戴雪：《公共舆论的力量：19世纪英国的法律与公共舆论》，戴鹏飞译，上海人民出版社2014年版，第98页。

巨额收入加以对比。1831 年的一份改革宣传单上列出了吞吃纳税人钱的蛀虫名单，并拿他们收钱的名义大开了一番玩笑。”[①] 所有这些揭露都使得政府在民众中的权威逐渐降低，这是因为，对于王室和政府而言：

> 当与他们最亲近的、得到他们提拔的人，把所授予的权力和财富主要用于花天酒地、腐化堕落而又不受惩罚时，或者用于为他们本人及其家庭谋私利时，他们期望对他们个人或权威的真心尊重也一样纯属徒劳。[②]

腐败官员的道德堕落给整个社会道德生活带来了极为恶劣的影响，在很大程度上助长了这一时期英国社会道德的混乱与失范。早在 18 世纪 70 年代末 80 年代初，议会就不断接到来自约克、米德尔塞克斯、苏塞克斯、萨里、诺丁汉、格罗斯特、北安普顿、诺里季、德文、莱丁、剑桥、诺森伯兰等地的请愿书，要求裁撤政府部门的闲职以及不称职者，对官员队伍加强管理。[③] 然而，由于上述种种原因，英国政府未能对这一道德与政治问题采取切实有效的措施，直到 19 世纪中叶以后，随着议会改革的推进，官员腐败问题的全面治理才被纳入议事日程。1855 年内阁颁布了第一个文官制度改革枢密院令，开启了文官制度改革，1870 年第二个文官制度改革枢密院令颁布，文官制度改革全面推进。以这两份枢密院令为核心的文官制度改革，

---

① ［英］劳伦斯·詹姆斯：《中产阶级史》，李春玲、杨典译，第 123 页。

② ［英］弗兰西斯·哈奇森：《道德哲学体系》（下），江畅、舒红跃、宋伟译，浙江大学出版社 2010 年版，第 243 页。

③ 类似的请愿书有很多，例如：*To the Honourable the Commons of Great Britain in Parliament Assembled*, *The Petitions of the Gentlemen*, *Clergy*, *and Freeholders of the County of York*, *1779*; *To the Honourable the Commons of Great Britain in Parliament Assembled*, *The Petitions of the Gentlemen*, *Clergy*, *and Freeholders of the County Palatine of Chester*, *1780*; *To the Honourable the Commons of Great Britain in Parliament Assembled*, *The Humble Petitions of the Noblemen*, *Gentlemen*, *Clergy*, *Freeholders*, *and Other Inhabitants of the County of Sussex*, *1780*; *To the Honourable the Commons of Great Britain in Parliament Assembled*, *The Petitions of the Gentlemen*, *Clergy*, *and Freeholders of the County of Derby*, *1780*。

“从制度上取消了任命官吏的个人特权，因而也就从根本上杜绝了由特权派生出的腐败，文官队伍的廉洁得到制度上的保证”①。但是，由于“恩赐官职制仍在一定范围内存在。直至19世纪末，执政党党魁、内阁大臣和其他权势人物还能把部分肥缺赏赐给下属亲信”，政府机构中的腐败现象仍然存在。② 同时，这些改革只是从文官考试录用、业绩考核、晋升等环节入手，改变以往可能滋生腐败问题的做法，并未涉及官员任职期间腐败问题的处理。为解决这一问题，从1866年起，由审计员和审计长组成的公共账目稽查遴选委员会来监督政府开支情况并保障制度的道德廉洁。③ 1889年，英国议会通过了《公共机构腐败行为法》，这也是英国历史上第一部正式的反腐败法令。该法令对公共机构的反腐败问题作出了详细规定。至此，预防与遏制官员腐败问题的道德立法体系开始建立，为解决官员腐败问题提供了制度保障。

二　议会选举腐败问题

1660年“王政复辟”后，议会成为英国政治生活的中心。随着议会政治地位与重要性的日益增强，各派政治力量都加大了对议会议席的争夺，以图获得更大的议会话语权，进而为自己谋得更大利益。各派政治力量充分利用议会选举制度，为达目的不择手段，“竞选手段不是求助于社会舆论和选民的支持，而是依靠达官显宦、监选官滥用职权或营私舞弊”④，更加令人震惊的是，这些贿赂和舞弊行为不再像以往那样遮遮掩掩，在私下里进行，而是在光天化日之下公开大胆地进行，毫无顾忌。有小册子作者说：“我有理由说，英格兰的所

① 张延华：《廉洁与效率：英国两次文官制度改革的共同价值取向》，《山东师范大学学报》2002年第1期。

② 阎照祥：《英国政治制度史》，第360页。

③ ［英］阿萨·布里格斯：《英国社会史》，陈叔平、陈小惠、刘幼勤、周俊文译，第294页。

④ 程汉大：《英国政治制度史》，第163页。

有郡都可以提供这类的事例，甚至比我所列举的事例更糟糕，选举委员会常常疲于听闻这些事情。”[①] 议会选举腐败问题成为这一时期英国政治生活中日益严重的道德问题。

这一时期，英国议会选举中的腐败问题主要表现在以下几个方面：控制选区，操纵选举，贿买选民，买卖议席。这些腐败问题与议席分配不合理、选民资格不合理、选民所占人口比例过低等问题一起，构成了19世纪一系列议会改革所打破的腐败的“旧制度”。

在这一时期的英国议会选区或选邑中，有相当一批选区或选邑被称为“口袋选区”或“口袋选邑”，这指的就是那些被贵族或权贵控制的选区或选邑。这些人控制的选区或选邑有多有少，取决于贵族或权贵的权势、地位等因素。被称为“苏塞克斯之王”的纽卡斯尔公爵控制着7个郡18个选区的议员选举，丹比家族控制着兰卡郡的议会选举，[②] 沃波尔家族将诺福克郡的洛辛堡作为他们的口袋选区。根据杰弗里·霍姆斯的研究，1702年，英国约有20个选邑处于贵族控制之下，这20个选邑的议员人数是31人，到1713年，处于贵族控制下的选邑增加到28个，议员为45人。[③] 有些贵族家族对选邑的控制延续几十年甚至上百年，怀特莫尔家族控制布里季诺斯选邑长达250年之久。在当时许多贵族的观念中，他们控制的选区或选邑就像中世纪骑士采邑一样，是属于他们的政治财产，他们理所应当对这些选区或选邑的议会选举拥有决定权，他们就是这些选区或选邑的庇护人。18世纪中叶，大多数只有几百名乃至更少选民的选区或选邑被牢牢控制在这些权贵庇护人的口袋里。因此，在议会下院的选举中，往往只有少数议席真正拿出来进行竞选，大多数选区的议席分配早在议会选举之前就已经确定下来了。

控制选区或选邑的目的是操纵选举进而获得议席，因此，尽管多

---

① *The Candidate: Being a Detection of Bribery and Corruption as It Is Just Now in Practice All Over Great Britain, in Order to Make Members of Parliament*, London, 1715, p. 34.

② 阎照祥：《英国政治制度史》，第267、276页。

③ J. Cannon, *Aristocratic Century: The Peerage of Eighteenth Century England*, Cambridge: Cambridge University Press, 1984, pp. 105 – 106.

数权贵还做不到像纽卡斯尔公爵那样控制多个选区或选邑，但控制一定数量的议席还是容易做到的。1715 年，纽卡斯尔公爵控制 12 个议席，数量最多，沃顿侯爵控制 6 个议席，萨默塞特公爵控制 4 个议席。1747 年，纽卡斯尔公爵控制的议席总数达到 13 个，埃奇库姆子爵控制的议席达到 7 个，贝德福德公爵控制的议席在 1715 年只有 2 个，此时达到 5 个，法尔默斯子爵和博福特公爵每人控制 5 个议席，格拉夫顿公爵、白金汉郡伯爵、奥福德伯爵、高尔伯爵、多塞特公爵、朗斯代尔子爵每人控制 4 个议席。1784 年，埃利奥特男爵控制了 6 个议席，诺森伯兰公爵和拉特兰公爵控制 7 个议席，贝德福德伯爵控制 5 个议席，法尔默斯公爵控制的议席增加到 6 个，埃奇库姆控制的议席则降至 5 个，马尔伯勒公爵和阿宾登伯爵控制 5 个议席，菲茨威廉伯爵、德文郡公爵和高尔每人控制 4 个议席。有些权贵家族对议会议席的控制长达几十年甚至上百年，康普顿家族从 1727 年起就控制着一个议席，直到 1796 年康普顿勋爵被封为第九代北安普顿伯爵为止，这个家族对此议席的控制达 70 年之久。[①] 1715 年，总计有 105 个议席处于贵族控制之下，占下院议席总数的 1/5。到 1747 年，贵族控制的议席上升到 167 个，到 1784 年这一数字上升到 197 个，到 1786 年 8 月 31 日，这一数字上升到 210 个，占当时下院议席的 37%。到“18 世纪末 19 世纪初，每届议会中总有一半左右的议员是贵族指派的”[②]。

无论是控制选区或选邑，还是控制议席，都需要拥有实施控制的手段。1816 年，奥德菲尔德的《大不列颠和爱尔兰代议制的历史》出版，该书揭露了贵族地主对议会选举的大肆干预。“贵族对选邑的控制手段和控制程度不同，其中既有绝对的、傲慢的统治，也有娴熟地运用计策和手段来实施控制。”[③] 在这些手段中，游说、威胁、恐吓、引诱、拉拢、贿赂，不一而足。当然，使用这些手段的不仅有那

---

① J. Cannon, *Aristocratic Century*: *The Peerage of Eighteenth Century England*, p. 110.

② 程汉大：《英国政治制度史》，第 222 页。

③ 姜德福：《社会变迁中的贵族——16—18 世纪英国贵族研究》，商务印书馆 2004 年版，第 211 页。

些控制选区、选邑、议席的权贵庇护人，还有那些议员候选人。“他们通过影响力、利益、投票以及其他手段，以及——如果需要——打手，来操纵竞选活动，赢得选举。”[①] 为了获得议会议席，这些庇护人与候选人既使用合理的竞选手段，如利用教士布道的机会动员选民将选票投给某个候选人，或利用报纸、小册子、传单等媒介向选民介绍候选人，或亲自向选民进行游说拉选票，或全家上阵展开宣传；又使用各种手段威胁恐吓选民，逼迫他们将选票投给自己推出的候选人或自己。如有的贵族地主威胁租种其田地的佃户选民，必须将选票投给他们选定的候选人或自己，如果哪个佃户选民没有按照他们的要求去做，就会遭到提高地租或收回租种田地的报复。甚至有的权贵或候选人会派出打手对选民进行恐吓，胁迫他们将选票投给其指定的候选人。引诱、拉拢、贿赂选民更是这些庇护人和候选人常用的拉票手段。每当议会选举临近时，在各个选区和选邑，都会看到四处奔走的候选人及其代理人。在他们当中，有人到那些选民的家中造访，送去钱款或物品，以换取那些选民手中的选票；有人派出车马，在投票之时对选民车接车送，只是为了让选民投上他们一票；有人在酒店或酒馆免费招待选民，用美食美酒来交换选民的选票；还有人开放自己的庄园宅邸，招待本地选民，以谋求获得他们的支持，得到议会议席。在一些地方，“酒馆老板或小旅店老板成为候选人的代理人，随后，他们必须接受委托，将钱款分发给选民或他们的妻子”[②]。在 1677 年议会大选中，德文郡奥克汉普顿的一个候选人支付了 470 镑的酒馆账单，贝德福德的威廉·贝克爵士支付了超过 436 镑的烟草开支，这些开支都用于招待选民。[③] 1782 年，塞缪尔·皮特里因为在克里克莱德的议会选举中存在贿赂行为而受审。根据指控，皮特里为当选议员，通过代理人托马斯·曼恩·冈恩和托马斯·戴维斯，向选民进行了 74 次贿赂，每次金额 500 镑，贿赂金额共计 3700 镑。对此有评论说，

---

① Roy Porter, *English Society in the 18th Century*, p. 64.

② *The Candidate: Being a Detection of Bribery and Corruption as It Is Just Now in Practice All Over Great Britain, in Order to Make Members of Parliament*, p. 15.

③ ［英］劳伦斯·詹姆斯：《中产阶级史》，李春玲、杨典译，第 28 页。

"这早就不是一个秘密，在克里克莱德的选举中存在大量的贿赂和不法行为。……在那里的选举中贿赂已发展到惊人的程度……"①这里要强调的是，所有这些针对选民的举措反映的并不是这些庇护人和候选人与选民之间的亲密关系，而只是庇护人和候选人为获得选票而采用的手段而已，在这些庇护人和候选人的内心，那些地位卑微的选民只是他们利用的工具而已，他们心底里是鄙视这些下层选民的。科克伯爵的话语反映了这些高高在上的庇护人和候选人对下层选民的厌恶之情：

> 我们的家门向本郡所有年收入 40 先令的肮脏家伙敞开；我所有最好的地板都被在上面踩踏的农夫的鞋钉刮坏了；所有的房间都成了猪圈，客厅里的宣纸散发出令人厌恶的潘趣酒和烟草的味道，会将你熏倒在房间里。②

然而，这些"友善交往的游戏，虽说令人恶心，虽说虚伪，却不得不玩下去"。因为"没有人民的支持和赞同，无论是在议会内外，他们都不会具有重要性"③。

在有多名候选人参选的选区，贿买选民以及选举官员等手段也常常影响甚至决定着选举的结果，对一些权贵庇护人安排的来自选区之外的候选人来说，这更是他们能否当选的决定性因素。"在需要竞争的选区，贿选就是成功的关键，竞选双方都要付出巨额的选举费用。"④ 而且，"按照惯例，候选人要承担选民的旅行和住宿费，还要'款待'选民吃喝；一张选票值多少钱明码标价，投票时一手交钱，一手交票。特别是在选邑，投票时的场面一片狼藉，竞争的双方都以

① *Trial of an Action for Thirty Seven Thousand Pounds brought by Paul Benfield*, *Esq. against Samuel Petrie*, *Esq. Upon a Charge of Bribery. Tried at Salisbury*, *the 12th of March 1782*, *before Sir Richard Perryn*, *Knt. one of the Barons of His Majesty's Court of Exchequer*, London, 1782, p. 2.

② Roy Porter, *English Society in the 18th Century*, p. 65.

③ Roy Porter, *English Society in the 18th Century*, p. 65.

④ 钱乘旦主编，刘城、胡传胜、陆伟芳、傅新球：《英国通史》第 5 卷《光辉岁月——19 世纪的英国》，江苏人民出版社 2016 年版，第 104 页。

酒肉争夺选民，弄得醉汉满街都是”①。“一位当代的评论家也感叹那个时期腐败之风的盛行，感叹中产阶级选民竟然把自己的选票视为可以出售的资产，谁出价最高就卖给谁，完全不考虑那人的立场或者信条。处于‘下层阶级’的普通小店主和‘10 英镑课税’房产的拥有者是最容易贿赂的对象。”② 巴布·多丁顿在日记中记载了 1754 年 4 月他在布里奇沃特议员选举中落败的经历：

> 4 月 11 日，早晨 4 点钟，我和夏普博士从伊斯特波利出发，前往布里奇沃特，正如我意料的，我发现事情很令人讨厌。
>
> 12 日，埃格蒙特勋爵来到，大喊大叫，吵吵嚷嚷，不一而足。
>
> 13 日，他和我们在城里散步；我们发现，所到之处，所有事情都在意料之中。
>
> 14、15、16 日，消耗在卑劣、不体面的对唯利是图的恶棍的下贱习惯的顺从中。
>
> 17 日，开始选举，由于选举监察官的不公正，我在选举中失败了。选举得票数是：埃格蒙特勋爵 119 票，鲍尔奇先生 114 票，我 105 票。在我的有效票中有 15 票被废除了：支持埃格蒙特勋爵的 8 票无效票被计算在内。
>
> 18 日，离开布里奇沃特——永远。③

从这段叙述中，我们可以看出：巴布·多丁顿在选举中的落败，缘于竞争对手埃格蒙特勋爵对选民的贿买和选举监察官员的不公正。而且，这种选举舞弊行为就这么肆无忌惮地存在于各地的议会议员选举当中。

为了获得议会议席，那些候选人及其背后的权贵们不惜血本、耗

---

① 钱乘旦主编，刘城、胡传胜、陆伟芳、傅新球：《英国通史》第 5 卷《光辉岁月——19 世纪的英国》，第 105 页。

② ［英］劳伦斯·詹姆斯：《中产阶级史》，李春玲、杨典译，第 234 页。

③ Roy Porter，*English Society in the 18th Century*，p. 111.

费金钱，与手中拥有选票的选民或城镇选邑当局进行利益交换。一些城镇的市政当局知道自己无法与那些权贵抗衡，也乐于将无法把控的议席用于和那些意欲获得议席的权贵进行交易。里奇蒙公爵称新肖勒姆选邑是“一个为了金钱可以和任何人上床的新的娼妓”[①]。1768 年，马尔伯勒在帮助市政委员会偿还了 5676 镑债务之后，获得了牛津的一个议席。在这种交易过程中，还产生了选区贩子这样一种怪胎。这些选区贩子活跃在选区、选邑、选民与议员候选人及其庇护人之间，为议席买卖搭桥铺路，促成交易。正是这些政治交易确保议会选举在没有竞争对手的情况下进行，为权贵们控制议席进而控制议会创造了极为有利的条件。

上述议会选举腐败问题的出现，根子在于英国的贵族寡头政治体制。1688 年“光荣革命”之后，英国确立了贵族寡头政治体制，而这一体制的核心就是议会制度。为了维护贵族寡头政治体制，就必须控制议会。控制了议会，贵族就能确立自己在政治生活中的统治地位。为此，英国贵族坐镇议会上院，并逐步加强对议会下院的控制，进而通过对议会的控制，实现其主宰国家各项事务的终极目标。与此同时，贵族拥有的其他政治和经济优势，也使其能够在当时的历史条件下实现这一目标。

上述议会选举腐败问题的存在，还源于当时的英国议会选举制度为权贵操纵选举、贿买选民提供了可能。首先，“衰败选邑”和“袖珍选邑”的存在，有利于权贵们对议会选举的控制和操纵。从中世纪以来，英国议会选举选区和选邑的划分几乎没有变化。在经历了数百年的沧海桑田之后，许多地方衰败不堪，形成一大批“袖珍选邑”和“衰败选邑”。在 19 世纪初的 202 个选邑中，人口在 200 人以下的“衰败选邑”有将近 100 个，有 2 个选邑根本无人居住。根据 18 世纪末“人民之友会”的调查报告，在来自英格兰和威尔士的 513 名议员中，有 70 名议员代表着几乎没有选民的选邑，30 名议员来自不超过 50 名选民的选邑。权贵们只要花费很少的精力与财力，就能够控制

① Roy Porter, *English Society in the 18th Century*, p. 111.

这些“衰败选邑”和“袖珍选邑”。其次，选民人数少，使得贵族控制选民的成本极低，而且容易奏效。根据议会下院的议事规则，控制一半议员就等于控制了议会下院。1793 年支持议会改革的“人民之友会”发表了一份报告，指出在英格兰 400 多个议会下院议席中，有 256 个议席是由 11075 个选民选出来的。这意味着只要控制这 11075 个选民，就能控制议会下院多数。而这对于拥有政治经济优势的贵族来说易如反掌，他们只要花费不大的代价就能获得极大的政治利益。再次，议会选举中的公开投票制度，便利于候选人及其背后的庇护人对投票过程的控制。按照当时的选举制度规定，在议会选举投票现场，所有选民都要在众目睽睽之下进行投票。正是公开投票方式的存在，让意图影响乃至控制选举者有机可乘，让很多选民无法真正表达自己的意愿。由于在选举中实行公开投票，选民必须向选举工作人员说出自己对候选人的选择，然后由工作人员登记在选票之上，工厂主或地主就会知晓选民的选择，并对那些敢于违背其意愿的选民进行报复。可以说，在议会选举中操纵选举、贿赂选民、胁迫选民等腐败行为之所以长期存在，一个重要原因就是在选举中实行公开投票的选举方式。

另外，选民权利意识和民主意识的缺乏，也给议会选举腐败问题的存在提供了合适的土壤。在那个“没有谁真的挑战贵族对权力的把持”的时代，[①] 许多英国人习惯于按照传统习惯去看待权力与权利，更没有想到要推翻贵族的统治。在议会选举中，很多选民抱着无所谓的态度来参与选举，他们认为那些高高在上的政治与他们的日常生活没有多大关系，谁当选议会议员都是一样的。正如笛福所说：“在英格兰的一些城镇中，很难说有议员选举。市镇自治机关很小，选民少而贫穷。某人出身于贵族之家并买得爵爷的职位，就让他遂愿吧，他也自信会进入议会的。”[②] 对一些贫穷的选民来说，反正选谁为议员都可以，还不如趁机获得一些好处如钱款物品等，哪怕吃上一次宴

① Roy Porter, *English Society in the 18th Century*, p. 61.

② 阎照祥：《英国政治制度史》，第 267 页。

席、喝上几杯美酒也好。况且这时的议会选举是富人的竞技场，穷人只能充当旁观者。1681 年议会选举时，汉普郡斯托克布里奇的 50 个选民公开将其手中的选票标价出售，并将年长的议员候选人作为首选对象，因为在他们看来“那些候选人很快就要过世，而自己就可以再选他人了”[①]。1710 年，议会对议员候选人的财产资格作出了限制：郡议员候选人要有 600 镑的土地收入，城镇议员候选人要有 300 镑的土地收入。日益上升的选举费用也将政治限制在富人圈子里。1689 年，佩皮斯在哈威奇的一场选举中花费了 8 镑 5 先令 6 便士，到 1727 年，珀西瓦尔子爵为了同一个选区的选举花费了 900 镑。[②] 既然富人愿意为议会选举花钱，不少选民也乐于用自己手中的选票换取实际的好处，而不是守护自己那虚幻的权利与民主。有一位选民因为拥有房屋而在赫特福德郡拥有选举权，凭此 1 年收入 3 镑；因为拥有土地而在米德尔塞克斯郡拥有选举权，凭此 1 年收入 4 镑；因为收取地租而在伯克郡拥有选举权，凭此 1 年收入 2 镑。[③] 除了这些选民，有这种想法的还有不少市镇团体，它们也将自己手中的选票或议席拿来交换实际的利益，甚至公开进行交易，以使自己能够获得的利益最大化。有的市镇公开登报对自己的议席进行拍卖，还有的市镇以议席为交换，换取候选人为自己偿还债务。[④] 神圣庄严的政治权利就这样被当作商品进行交易。

这些议会选举中的腐败行为是英国贵族地主把持议会这个政治生活中心的手段，与贵族地主的其他政治经济优势一起，巩固乃至强化了贵族寡头政治，成为贵族时代英国政治生活的重要组成部分，使议会成为贵族政治优势的根基。然而，这些议会选举腐败行为更是一柄双刃剑，对这一时期的英国社会造成了诸多恶劣影响。当时一本小册子的作者指出，这些议会选举中的“贿赂和腐败行为，对政府公正而

---

① ［英］劳伦斯·詹姆斯：《中产阶级史》，李春玲、杨典译，第 28 页。

② Roy Porter, *English Society in the 18th Century*, p. 108.

③ *The Candidate: Being a Detection of Bribery and Corruption as It Is Just Now in Practice All Over Great Britain, in Order to Make Members of Parliament*, p. 37.

④ 阎照祥：《英国政治制度史》，第 268 页。

言是一个丑闻，对大不列颠民众的诚实而言是一个羞辱，是对上帝的犯罪，是对我们所有人的犯罪，无论就其本质而言，还是就其后果而言，都是一种恶习”[①]。

首先，这些议会选举腐败行为进一步败坏了政治风气。议会选举中广泛存在的腐败行为，使得这一时期英国的“政治运行变得越来越复杂。由于费用和回报如此之高，保住席位、贿买选民、安置支持者、培养有用的关系的手段，更不用说采用不公正地改划选区、受贿和法律狡辩，成为汉诺威王朝政治家手册的重要内容”[②]。贵族地主理直气壮地控制选区或选邑，操纵议会选举；议员候选人肆无忌惮地贿买选民，凭借贿选成为议会下院议员；国王通过操纵选举在议会培植忠于王室的政治力量；内阁通过贿买选民、操纵选举，在议会下院建立起议会多数派，在议会下院多数派的支持下执掌国家政权。1734年议会大选时，沃波尔花费近12万镑使326名辉格党人当选为议员，确保了辉格党在议会的优势地位。[③] 选票可以买卖，议席可以买卖，官职可以买卖……政坛上的一切似乎都可以用金钱来交易，在金钱与利益面前，政治变成了人尽可夫的娼妓，英国社会的政治风气日益败坏。在这种情况下，所谓的选民意愿、议会竞选都成了空话。1761年，在201个选区中，只有18个选区的不到500名选民真正进行了投票。1754年至1790年间，有12个郡的议会选举根本就没有投过票。[④]

其次，这些议会选举腐败行为导致大量社会财富被消耗在议会选举中。随着各方势力对议会下院议席争夺得激烈，议员选举的费用也逐渐提高。17世纪末一个议席的选举费用在200镑左右，到18世纪40年代末增加到1300余镑，到18世纪80年代更增长到

---

① *The Candidate: Being a Detection of Bribery and Corruption as It Is Just Now in Practice All Over Great Britain, in Order to Make Members of Parliament*, p. 7.

② Roy Porter, *English Society in the 18th Century*, p. 109.

③ 钱乘旦主编，刘金源、李义中、刘明周、胡传胜：《英国通史》第4卷《转型时期——18世纪的英国》，第32页。

④ Roy Porter, *English Society in the 18th Century*, p. 109.

2000 镑至 3000 镑，相对来讲，选民人数多的选区选举费用花费更多。在 1784 年的议会大选中，法尔默斯花费 9000 镑夺得 3 个议席，蒙特花费 13000 镑夺得 6 个议席，蒙塔古花费 4000 镑夺得 2 个议席。[①] 不只候选人及其背后的庇护人在选举中投入大量金钱，政府也动用财政资金来帮助自己的候选人。沃波尔内阁设有专门款项用于帮助政府派议员候选人争夺议席。在这些选举费用当中，固然有候选人的差旅费用、选举工作人员的报酬等项合理费用，但不可否认的是，其中有相当大部分的款项被用于贿买选民。花费了这么多的款项参加议会选举，无论是议员候选人，抑或是那些议员候选人背后的庇护人，都寄希望于在获得议席进入议会后，能通过若干途径获得回报。换言之，这些人之所以舍得在议会选举中花费大笔金钱，就是看中了当选下院议员后所获得的权力、地位、声望以及在这些背后的经济利益。而这在相当程度上又意味着贪污、受贿、滥用权力等官场腐败行为的出现。

再次，这些议会选举腐败行为损害了这一时期以议会制度为核心的政治制度。议会制度是英国人的首创，“光荣革命”之后，议会更成为英国政治生活的中心，受到英国社会精英的高度赞誉。然而，在议会选举过程中出现的诸多腐败行为，打破了议会制度这个政治神话。权贵们对议会选举、议会议席的控制，让人们明白了：议会制度是属于权贵的，而不是属于普通民众的。议会选举过程中的诸多贿选行为，更是让人们闻到了议会制度背后那浓浓的铜臭味。那些用金钱购买议席的议员候选人，以及控制选区和选邑、操纵议会选举的权贵及内阁大臣们，也因为在议会选举中实施各种舞弊行为而形象大跌。当时有些小册子对那些为了拉选票在酒馆中与选民推杯换盏的绅士进行了批评，认为他们的所作所为不是一个绅士应该具有的做派，这样的人不适合进入议会，因为这样的人不适合作为英国人的代表，这些用不正当手段进入议会的人，必定有其不正当的目的，他们会用自己

① 阎照祥：《英国政治制度史》，第 268 页。

手中的权力去做恶事。[①] 所有这些，都无形当中造成当时英国政府威望与公信力的下降。

最后，这些议会选举腐败行为进一步加剧了这一时期英国社会道德状况的恶化。在传统观念中，在英国民众的心目中，作为社会统治者和领导者的社会上层，在道德上具有相对于普通民众的优势，是道德的引领者和遵守道德规范的示范者。然而，正是这些应该在道德问题上起到引领和示范作用的社会精英，却在议会选举中贿买选民、买卖议席、操纵投票，完全置政治道德于不顾，将其在政治生活中的丑恶一面彻底展露在人们眼前。这不仅无助于改善道德状况，反而对整个社会道德产生极其恶劣的影响。众所周知，这一时期的英国社会道德问题频出，卖淫问题、酗酒问题、商业投机、贩卖假货、官员腐败、议会选举舞弊、赌博、通奸等，给世人的感觉似乎英国社会在道德问题上已经处于崩溃的地步。这种状况也得到了当时英国人的认可。有小册子作者认为，在那些有选举舞弊和贿赂现象存在的地方，酗酒、卖淫、喧嚣、诅咒、斗殴、损坏财物、违背誓言的事情随处可见，整个城镇都被葡萄酒、白兰地、烈性酒的气味点燃，一派乌烟瘴气。[②] 在这一时期英国社会道德混乱与堕落的问题上，包括议会选举腐败问题在内的上层社会道德混乱与堕落，是难辞其咎的。

针对议会选举中的腐败问题，长期以来英国一直采取一事一议的做法，即哪里发生影响较大的选举腐败问题就对哪里进行惩处，惩处的办法包括取消选举权、剥夺选送议员的权利，对于涉及选举腐败问题的议员或选民则采取剥夺议员资格或剥夺选举权等。1689 年，议会权利与选举委员会对斯托克布里奇选区议会选举中出现的大量恶性贿赂行为进行了调查，根据调查结果，议会宣布该地的议会选举作废，W. 蒙塔古和 W. 史多德两人的当选无效，理查德·休斯、P. 罗

① *The Candidate: Being a Detection of Bribery and Corruption as It Is Just Now in Practice All Over Great Britain, in Order to Make Members of Parliament*, pp. 14, 21.

② *The Candidate: Being a Detection of Bribery and Corruption as It Is Just Now in Practice All Over Great Britain, in Order to Make Members of Parliament*, p. 13.

宾逊和S. 霍尔因为在选举中有行贿和受贿行为而被判处监禁。[①] 此后，还有许多人因为在议会选举中有贿赂和舞弊行为而受到处罚，如因为在议会选举中有贿赂和违法行为而被判处监禁的塞缪尔·卡廷，因为贿赂和腐败而被逐出议会并被关入伦敦塔的塞缪尔·谢泼德，因为在议会选举中有违法行为而被处以监禁的杰瓦西·希利、威廉·伯斯勒姆和西蒙·高夫，因为在议会选举中有非法行为而被剥夺议员资格的弗朗西斯·埃尔德。还有一些官员因为在议会选举中的贿赂和舞弊行为受到处罚，如因为在议会选举中有违法行为而被判处监禁的托马斯·皮特曼、爱德华·狄萨德、理查德·施林普顿三位市长。[②] 还有些选区的议会选举因为村庄贿赂和舞弊行为而被宣布无效，1699年，主教城堡选区的议会选举被宣布无效，1700年，安多弗选区的议会选举被宣布无效，1702年，梅德斯通的议会选举被宣布无效。[③] 1768年，牛津市市长及一些官员因为致信该市的议会议员，要求对方为确保下次大选时顺利当选而支付足够的款项，被判有罪并关入新门监狱。[④] 在1774年10月莎夫茨伯里选邑的议会大选之前，弗朗西

---

① *Determinations of the Honourable House of Commons, Concerning Elections, and All Their Incidents; as the Issuing of the Writ, the Taking of the Poll, the Scrutiny, the Return, the Qualification of the Electors and Elected, Oaths to Be Taken, Rights of Election in the Several Cities and Boroughs, Evidence Proper on Hearing, Disqualification by Offices, Bribery, Treating, Riots*, London, 1761, pp. 15 – 16.

② *Determinations of the Honourable House of Commons, Concerning Elections, and All Their Incidents; as the Issuing of the Writ, the Taking of the Poll, the Scrutiny, the Return, the Qualification of the Electors and Elected, oaths to Be Taken, Rights of Election in the Several Cities and Boroughs, Evidence Proper on Hearing, Disqualification by Offices, Bribery, Treating, Riots*, London, 1761, pp. 19, 21 – 24, 49, 83 – 84.

③ *Determinations of the Honourable House of Commons, Concerning Elections, and All Their Incidents; as the Issuing of the Writ, the Taking of the Poll, the Scrutiny, the Return, the Qualification of the Electors and Elected, Oaths to Be Taken, Rights of Election in the Several Cities and Boroughs, Evidence Proper on Hearing, Disqualification by Offices, Bribery, Treating, Riots*, London, 1761, pp. 19, 20, 22.

④ *Determinations of the Honourable House of Commons, Concerning Elections, and All Their Incidents; as the Issuing of the Writ, the Taking of the Poll, the Scrutiny, the Return, the Qualification of the Electors and Elected, Oaths to Be Taken, Rights of Election in the Several Cities and Boroughs, Evidence Proper on Hearing, Disqualification by Offices, Bribery, Treating, Riots*, London, 1774, p. 115.

斯·赛克斯以每人 20 基尼的价格雇用了一批代理人，花费 13000 镑贿买选民，谋求与盟友一起当选议会议员。两年后，他因为此事被同一个选邑的汉斯·温特罗普·莫蒂默告发，在多塞特郡的巡回法庭上受到审判。①

为了预防和遏制议会选举中的贿赂和腐败现象，议会通过法令，要求所有选民进行宣誓，保证自己没有直接或间接因为其手中的选票而接受礼物、职位或许诺，法令还要求所有选举监察官员宣誓，保证自己没有因为监督选举而受贿。乔治二世即位第二年，议会通过了《关于更加有效地遏制议会议员选举中贿赂和腐败行为的法令》，对选民和选举监察官员的宣誓作出了规定，并提供了誓词的范本。② 根据该法令，议员候选人和选民要签署这样的誓词：

> 我发誓，我本人或我信任的任何人，从未出于个人利益，直接或间接接受任何钱款、官职、职位、工作机会、礼物或回扣，或任何关于钱款、官职、工作机会或礼物的许诺或保证，以便在此次选举中为其投票，我尚未在此次选举中投票。③

而郡长和选举监察官员则需要签署如下誓词：

> 我发誓，我本人或其他任何人，从未出于我的利益，直接或间接接受任何钱款、官职、职位、工作机会、小费、赏赐、债券、票据、账单、许诺。在监督这次议员选举过程中，我将尽我

---

① *The Trial of the Cause on the Action Brought by Hans Wintrop Mortimer, Esq. Member for the Borough of Shaftesbury, Against Francis Sykes, Esq.; for Bribery Committed at Shaftesbury, Previous the General Election, in October, 1774, Tried by a Special Jury, on Saturday the 27th of July,* 1776. *At the Assize held at Dorchester for the County of Dorset*, 1776.

② *The Dreadful Guilt of Bribery, Seconded by Perjury: in a Serious Address to the Consciences of All Persons Who Have Votes in Counties, Cities, Corporations, and Buroughes; and of All Returning Officers, at the Ensuring Elections of Members to Serve in Parliament*, London, 1734, pp. 8 – 10.

③ *A Copy of the Craftsman, Containing an Abstract of the Act Against Bribery and Corruption*, Edinburgh, 1734, pp. 4 – 5.

最大能力，监督我面前这些人，保证绝大多数选票的合法性。①

为防止候选人和选民伪造财产资格，安妮女王在位第九年和第十年议会通过法令，法令规定：议员候选人要签署保证书，证明自己拥有的土地年收入达到600镑的要求，具备议员候选人的财产资格；自由持有农要签署保证书，证明自己拥有年收入40先令的土地并居住在选区所在地，具备自由持有农选民的资格。② 此外，议会还通过一些法令，针对议会选举中的经费支出问题、政府官员在议会选举中干预选举的问题、议会选举中的贿赂与舞弊行为、候选人和选民伪造财产资格的问题等作出规定。这类的法令有很多，甚至针对同一问题的法令会反复颁布，同一位国王在位时期议会会多次颁布这类法令。③ 根据威廉三世在位第七年第四章法律的规定，任何人不得为当选议员而给予或许诺给予选民钱款、款待、食物、礼物、允诺、工作等，违反此项规定者，其当选的议员无效。④ 根据安妮女王在位第九年第五

---

① *A Copy of the Craftsman*, *Containing an Abstract of the Act Against Bribery and Corruption*, Edinburgh, 1734, pp. 5 – 6.

② *Determinations of the Honourable House of Commons*, *Concerning Elections*, *and All Their Incidents*; *as the Issuing of the Writ*, *the Taking of the Poll*, *the Scrutiny*, *the Return*, *the Qualification of the Electors and Elected*, *Others to Be Taken*, *Rights of Election in the Several Cities and Boroughs*, *Evidence Proper on Hearing*, *Disqualification by Offices*, *Bribery*, *Treating*, *Riots*, London, 1761, pp. 134 – 135.

③ 例如：威廉三世在位第七年至第八年第四章法律：*An Act for Preventing Charge and Expence in Elections of Members to Serve in Parliament*，威廉三世在位第十年至第十一年第七章法律：*An Act for Preventing Irregular Procedings of Sheriffs and Other Officers*, *in Making the Returns of Members Chosen to Serve in Parliament*，乔治二世在位第二年第二十四章法律：*An Act for the More Effectual Preventing Bribery and Corruption in the Elections of Members to Serve in Parliament*，乔治二世在位第九年第三十八章法律：*An Act to Explain and Amend So Much of an Act Made in the Second Year of His Present Majesty's Reign*, *Intitled*, *An Act for the more Effectual Preventing Bribery and Corruption in the Election of Members to Serve in Parliament*, *as Relates to the Commencing and Carrying on of Prosecutions Grounded upon the Said Act*，乔治二世在位第十三年第二十章法律：*An Act for the More Effectually Preventing Fraudulent Qualifications of Persons to Vote as Freeholders in the Election of Members to Serve in Parliament*, *for Such Cities and Towns as are Counties of Themselves in That Part of Great Britain Called England*。

④ *Determinations of the Honourable House of Commons*, *Concerning Elections*, *and All Their Incidents*; *as the Issuing of the Writ*, *the Taking of the Poll*, *the Scrutiny*, *the Return*, *the Qualification of the Electors and Elected*, *Oaths to Be Taken*, *Rights of Election in the Several Cities and Boroughs*, *Evidence Proper on Hearing*, *Disqualification by Offices*, *Bribery*, *Treating*, *Riots*, London, 1774, p. 40.

章法律规定，议员候选人在其他议员候选人或2名以上选民要求下，必须签署誓词，声明未有贿赂等非法行为。[①] 根据乔治二世在位第二年第24章法律规定，自1729年6月24日起，在议会选举之前，选民必须签署誓约，保证在选举过程中不做违法之事，违反誓约者将被处以50镑的罚款；如果郡长等官员允许选民未签署誓约即行投票，则处以100镑的罚款；选民在选举官员宣读选举令状后应宣读誓词，违法者将失去投票权，接受贿赂的选民将被处以500镑的罚款并剥夺其选举权，也不得担任任何官职；郡长等官员应该在宣读选举令状后宣读本法令，违反者处以50镑的罚款。[②]

然而，这些处理办法只能是治标不治本，除当选者被取消议员资格外，选举舞弊行为基本不受惩罚。尽管要求议员候选人、选举监察官员和选民进行宣誓，但并不是所有人都会遵守法令规定的宣誓要求。有些人即使进行了宣誓，也还是照旧接受贿赂，这是因为他们并不担心违背誓言会遭到上帝的惩罚。还有些人在宣誓时或者不接触宣誓用的《圣经》，或者在宣读誓词时省略誓文，试图通过这些办法蒙混过关，以此逃避因为违背誓言可能招致的上帝惩罚。对那些贿赂和舞弊行为暴露者的惩罚，也没有收到杀一儆百的显著作用。1854年的《舞弊行为法》将投票时间缩短为1天，选举开支要通过官方统计，贿赂、宴请或恐吓行为会被处以罚款。但是，所有这些相关法律，都没有很好地解决选举腐败问题。

从18世纪60年代起，在英国兴起了以改革议会选举制度为目标的激进派运动。各种以议会改革为主要目标的政治组织纷纷涌现，各种关于议会改革的小册子大量出现，针对议会选举中存在的贿赂、腐败行为提出建议，主张对议会进行改革，并告诫英国民众，“不对议

---

① *Determinations of the Honourable House of Commons, Concerning Elections, and All Their Incidents; as the Issuing of the Writ, the Taking of the Poll, the Scrutiny, the Return, the Qualification of the Electors and Elected, Oaths to Be Taken, Rights of Election in the Several Cities and Boroughs, Evidence Proper on Hearing, Disqualification by Offices, Bribery, Treating, Riots*, London, 1774, p. 40.

② *An Act for the More Effectual Preventing Bribery and Corruption in the Election of Members to Serve in Parliament*, Edinburgh, 1761.

会进行激进改革，腐败行为将像以往一样多见，也许会比过去还危险、还恶劣”[①]。解决议会选举中的腐败问题曾是1832年议会改革的目标之一，然而，在1832年议会改革后，议会选举中的舞弊现象仍然十分普遍。在1832年至1868年的10次议会大选中，有346份请愿书提交议会，这些请愿书都揭露了议会选举中的贿选问题。1867年议会改革后，英国政府在一些法律中对议会选举中的腐败问题作出规定，试图以此制止议会选举中的不法行为。这些规定包括：消除那些破坏选举纯洁性、无度浪费选举费用的行为；限制选举经费总数及其用途；选举费用支付须经由合法代理人执行，并须向政府报告全部选举开支账目；违反上述规定者，由受理选举纠纷案件的法庭运用简单刑事程序予以处罚。1872年，议会通过《秘密投票法》，根据该法规定，自此以后在英国议会和地方政府选举中实行无记名投票的投票方式。“精心设计的无记名投票防止了过度的竞争或对投票的过分干扰。通过这种方法，人们可以按其心愿来投票，而不会招致有权有势者的怨恨或他们那伙人的怨愤和恼怒。腐败者可能会白搭上贿赂而仍然不会当选。”[②] 1883年，《取缔选举舞弊及非法行为法》在议会获得通过。《取缔选举舞弊及非法行为法》的通过与实施，“是19世纪解决选举腐败问题的最全面的努力”[③]，也是“净化选举斗争的一个里程碑”[④]，对消除选举中的腐败问题发挥了积极作用。从1854年的

---

① *A Second Address from the Committee of Association of the County of York, to the Electors of the Counties, Cities, and Boroughs within the Kingdom of Great Britain. To Which Is Added, the Resolutions of That Committee, at Their Meeting Held on the 17th of October*, 1781, p. 95. 类似的小册子还有很多，如 *Sound Reason and Solid Argument for a Reform in Parliament; and the Abolition of Bribery, Corruption, Rotten Boroughs, and Other Abuses: His Grace the Duke of Richmond, His Grace the Duke of Portland, The Right Honourable William Pitt, Chancellor of the Exchequer, First Lord of the Treasury, & C. and Others*, London, 1782。

② ［英］弗兰西斯·哈奇森：《道德哲学体系》（下），江畅、舒红跃、宋伟译，第242页。

③ Kathryn Rix, "'The Elimination of Corrupt Practices in British Elections'? Reassessing the Impact of the 1883 Corrupt Practices Act", *English Historical Review*, Vol. CXXIII, No. 500 (Feb. 2008), p. 65.

④ Cornelius O' Leary, *The Elimination of Corrupt Practices in British Elections, 1868 – 1911*, p. 175.

《舞弊行为法》，到1872年的《秘密投票法》，再到1883年的《取缔选举舞弊及非法行为法》，英国政府在进行议会改革的同时，也通过这一系列法律法令的颁布与实施，不断推进议会选举腐败问题的解决。

小　结

在这一时期的英国，裙带关系、买卖官职、领取干薪、以权谋私等官员腐败问题，操纵选举、贿买选民、买卖议席等议会选举腐败问题，构成了政治腐败问题的主要内容。产生这些问题的根本原因在于贵族寡头政治体制的长期存在，同时，官员任命“恩赐制”、政党分赃制的存在，权力监督机制的失效与缺失，不合理的议会选举制度，选民权利意识和民主意识的缺乏，也是重要的原因。腐败问题的存在，不仅影响政府统治效力，损害政府形象，降低政府权威，而且败坏政治风气，助长道德混乱，给社会道德风气带来恶劣影响。针对政治腐败问题，英国政府长期采取一案一治的政策，虽说也颁布了一些相关法令，但收效甚微。也正因如此，政治腐败问题成为议会改革与文官制度改革的重要动因之一。经过19世纪的议会改革和文官制度改革，并辅之以一系列打击和惩治政治腐败问题的法律法令的出台，英国对政治腐败问题的治理不断得到推进。

第四章 道德问题治理与教会、政府和社会团体

这一时期状况频出的道德问题与严重的道德混乱，引起教会、政府以及社会团体的关注。它们纷纷出手，在各自领域内施展手段，意图遏制道德失范势头，打造适应社会发展需要的道德规范。虽说在当时的情况下，它们所采取的措施大多没有取得令人满意的效果，但还是不同程度地推动了道德问题的缓解，并为塑造正在走来的工业社会的道德规范创造了条件。

一 教会与道德问题治理

在工业革命之前，基督教会是英国人道德生活的裁判者，基督教道德标准指导着英国人的生活。传统道德的核心是基督教道德，基督教道德的核心是上帝，体现了上帝的意志，道德存在的基础、善恶评判的原则、规范准则皆出于此。[①] 无论是“摩西十诫”还是“七宗罪”，都是基督教要求信徒普遍遵守的道德信条。“七宗罪”是基督徒必须摒弃的恶习与罪过，包括：色欲、暴食、贪婪、懒惰、暴怒、嫉妒、傲慢。与之相对，教会提倡并要求信徒尊奉七种美德：贞洁、节制、慷慨、勤勉、耐心、宽容、谦虚。教会俨然将道德领域看成了自留地。然而，工业革命以来的工业化与城市化对基督教造成了巨大

① 胡振明：《18 世纪英国小说兴起中的道德因素》，《四川外语学院学报》2007 年第 1 期。

冲击，新生产方式的出现，新社会阶级的形成，都对基督教的道德伦理权威提出了质疑和挑战，道德多元化趋势开始出现。尽管约翰·斯图亚特·密尔“把宗教看做道德的敌对者”①，但这一时期“依然是一个宗教氛围颇浓的时期。人民的信仰多种多样，相互对抗，基督教忏悔的仪式依旧被众多教徒实践着，塑造了社会各阶级的道德观念和他们的思维模式”②。当时的道德问题引起教会关注，宗教复兴与福音运动为教会参与解决社会道德问题提供了推动力，各个教派在不同程度上、通过不同方式与途径，倡导民众遵守道德规范，遏制道德失范问题的恶化。

在教会看来，不守主日、渎神等行为是最严重的道德问题。守主日是基督教对基督徒的一项戒律要求，按照这一要求，虔诚的基督徒要在主日这一天停止劳作，参加教会的礼拜活动，敬拜上帝。然而，在我们所述的这一时期，对于守主日这条戒律的遵守出现了极大的问题。这个问题就是严守主日的基督徒在减少，按照当时一些人所说，有不少基督徒已经不再遵守这一戒律了。约翰·卫斯理在日记中对许多地方存在的不守主日问题都有记载。他在1772年4月20日的日记中写道，在格陵诺克，“各种不良风气，如咒骂、醉酒、不守主日以及各种败坏的行径也非常猖獗”，在同年5月5日的日记中写道，此前在阿布罗斯的新房子，“不守主日、咒骂、醉酒、不敬畏神的风气充斥在各个角落”③。对不守主日的批评也频频见于教会人士的布道词以及一些言论当中。例如，托马斯·科顿在1702年的一次布道中就指出，社会上普遍存在的诅咒、渎神、酗酒、肮脏、不守主日、乱发誓等不道德行为，都是有违上帝旨意的邪恶行为。④那么，那些不守主日的教徒都在做什么呢？据威廉·亨特说，他所在的教区有

---

① 阎照祥：《英国政治思想史》，人民出版社2010年版，第316页。

② 阎照祥：《英国政治思想史》，第293页。

③ ［英］约翰·卫斯理：《约翰·卫斯理日记》，王英、闫永立译，甘肃人民美术出版社2013年版，第256、258页。

④ Thomas Cotton, *A Sermon Preached to the Societies for Reformation of Manners*, *in the Cities of London and Westminster*, London, October 5, 1702, p. 21.

1500 名国教徒，其中参加教堂礼拜仪式的教徒不超过 250 人到 300 人，其余的人要么待在家中，要么流连于酒馆等地，而中产阶级则普遍忙于自己的休闲娱乐或者生意。① 1750 年，坎伯兰的独立辉格党议员詹姆斯·劳瑟对伦敦一些时尚人士在主日赌博感到震惊。② 在教会人士尤其是较为保守的教会人士看来，在主日劳作就是违背上帝旨意的行为，而在主日酗酒、跳舞、赌博、狩猎就是更加不可容忍的堕落行为。除了不守主日外，还有其他一些渎神行为也受到教会的抨击，这其中主要有诅咒、咒骂、以上帝的名义胡乱发誓等行为。

这一时期严重的性道德问题也引起教会的高度关注。《圣经》中的“不可邪淫”等教义教规是国教会、天主教会、新教不奉国教派等基督教派与通奸、卖淫等性道德问题展开斗争的理论依据。18 世纪以来的福音运动更是把打击包括卖淫行为在内的不道德行为视为自己的神圣使命，“福音派是许多道德改革运动的后盾”③。而且，在当时的英国，“毫无疑问，总的道德体系是基督教传统的体系。它提供了道德（甚至无信仰者的道德）和实际控制性行为的正式惯例的表述语言”④。18 世纪 40 年代，一位爱丁堡教士约翰·沃登抱怨说，在苏格兰首府通奸与亵渎泛滥，恶习变成了时髦。⑤ 在 1757 年的一次布道中，托马斯·斯科特对社会各阶层民众中存在的通奸、奢侈等恶习表示担忧，他认为这一趋势在恶化。⑥ 19 世纪 40 年代，宗教界、医学界以及一些受福音派影响的人对卖淫问题开展研究，揭示卖淫问题现状，剖析其根源，提出治理卖淫问题的对策主张。在这些人当中，有公理会牧师威廉·贝文、拉尔夫·沃德洛、罗伯特·沃恩，有禁酒与道德改革者威廉·洛根、威廉·泰特，还有福音派医生迈克尔·瑞

① William Hunter, *Plain Thoughts and Friendly Hints on the Sabbath, and a Reform of Moral; in Consequence of His Majesty's Most Gracious Proclamation for the Suppression of Vice and Immorality*, London, 1791, pp. 14 – 15.

② Bob Harris, *Politics and the Nation: Britain in the Mid-Eighteenth Century*, p. 282.

③ Paul McHugh, *Prostitution and Victorian Social Reform*, p. 187.

④ Jeffrey Weeks, *Sex, Politics and Society: The Regulation of Sexuality Since 1800*, p. 101.

⑤ Bob Harris, *Politics and the Nation: Britain in the Mid-Eighteenth Century*, p. 282.

⑥ Bob Harris, *Politics and the Nation: Britain in the Mid-Eighteenth Century*, p. 283.

安、J. B. 塔尔伯特等人。作为家长制家庭制度的维护者，这些福音派作者认为妓女在道德上是污染源，是中产阶级经常要面对的危险的诱惑，而对体面社会的更大威胁是那些偶尔卖淫的女仆，因为她们就生活在中产阶级家庭之中，她们对中产阶级家庭的破坏是渗透性的。在他们看来，通奸与嫖宿妓女亵渎了婚姻这个神圣不可侵犯的结合，通奸对婚姻双方都是不幸的伤害，卖淫更是玷污了被视为神圣律法的婚姻。值得注意的是，这些福音派作者首次谴责了男性性放纵对家庭和婚姻之爱的威胁，并提出单一性道德标准和纯洁性关系的要求。虽然这些福音派作者的作品不是掀起反对卖淫斗争的唯一声音，但他们“主导着关于卖淫的公共舆论”①。当然，教会对卖淫问题的态度不只表现在舆论上，而是针对卖淫问题采取了实际行动。

在酗酒问题上，教会的态度在这一时期有所变化。饮酒不仅是英国人世俗生活的一部分，也是他们宗教生活的一部分。在教会看来，饮酒与酗酒是完全不同的两码事，适量饮酒没有什么过错，但酗酒是要受到谴责的。这是因为，在《圣经》当中有相关的规定，即天堂的大门不对醉生梦死的酒鬼开放。在教会看来，酒是上帝的赐予物，是可以饮用的，但饮酒要适量、要节制，不能酗酒，因为酗酒、醉酒往往与无知、罪孽、放纵等相伴而行。在 18 世纪与 19 世纪之交，一些“自觉的基督教道德家——国教会、长老会、卫理公会以及其他教派的——在 1800 年前后开始发动反对酗酒的斗争，不过他们的宣传遭到大多数人的普遍漠视甚至嘲笑”②。然而，随着酗酒问题愈演愈烈，很多人表示担忧，担心这一问题会成为英国社会的阿喀琉斯之踵。蓬勃发展的福音运动也对酗酒问题十分关注。福音派认为，酗酒带来的危害是多方面的，既包括身体上的损害、家庭的不幸，也包括各种恶行与犯罪，更重要的是，酗酒会损害人们的心智与良知，令人漠视对上帝的爱与敬畏，进而无法获得上帝的拯救。“同福音派密切

---

① Judith Walkowitz, *Prostitution and Victorian Society: Women, Class, and the State*, p. 34.

② Charles Ludington, *The Politics of Wine in Britain: A New Cultural History*, p. 226.

相联系的价值观与生活方式，与原有的道德伦理发生了冲突，这也是有组织的禁酒运动产生的深层次原因。"[①]"禁酒运动"出现后，反对酗酒、革除酗酒恶习、拯救基督徒的灵魂、培养清醒理性的基督徒成为教会组织参与"禁酒运动"的出发点。

在教会看来，这一时期英国社会道德问题频出尤其是渎神、卖淫、酗酒等问题恶化，其根本原因就在于人们的宗教信仰出现了问题，也就是说人们的宗教信仰淡化，对上帝的敬畏感下降。这一时期英国社会上普遍存在着整个社会不敬神、不道德的看法。用教会人士的话来说，敬畏上帝是美德的基础，"心中没有对上帝的畏惧，就会犯下罪过"[②]。既然根子在于信仰问题，那么，解决道德问题的根本途径也就在于树立和强化宗教信仰。在牧师约翰·登内看来，道德与宗教有着密切联系，道德沦落是不信宗教的必然结果，"当宗教信仰衰退时，道德必然沦落"[③]。换句话说，宗教信仰淡薄是道德问题的病因，而树立和强化宗教信仰则是医治道德混乱这个社会疾病的药方。当时，包括教士和牧师在内的许多人都强调，宗教影响的恢复是解决道德衰败问题的唯一真正有效途径。这种看法认为，宗教信仰会发挥出法律无法起到的社会黏合剂的作用，要恢复美德与宗教的黄金时代。托马斯·海特表示，恶习与堕落就像瘟疫一样，将对国家造成致命威胁，而唯一的解决办法是发挥宗教的影响。[④]因此，面对道德问题，教会要做的就是：必须让广大教徒认识到"只有在上帝和圣灵的帮助下，我们才能抵抗和战胜未来所有的诱惑和罪恶的进攻"[⑤]，

---

① John Greenaway, *Drink and British Politics Since 1830: A Study of Policy-Making*, p. 8.

② Thomas Cotton, *A Sermon Preached to the Societies for Reformation of Manners, in the Cities of London and Westminster*, p. 24.

③ John Denne, *The Religious, Moral, and Civil State of the Nation Considered, in a Sermon Preached in the Parish Church of St. Leonard, Shoreditch, upon January 9, 1744*, London, 1744, p. 9.

④ Bob Harris, *Politics and the Nation: Britain in the Mid-Eighteenth Century*, p. 317.

⑤ William Hunter, *Plain Thoughts and Friendly Hints on the Sabbath, and a Reform of Moral; in Consequence of His Majesty's Most Gracious Proclamation for the Suppression of Vice and Immorality*, p. 17.

要让每个教徒坚定信仰，净化心灵，做一个虔诚的基督徒。要让他们认清自己的责任与义务，切实行动起来，致力于改变自己的行为，改变现状。教会人士相信，“那些热心于上帝和信仰的荣光的人，就是那些想要阻止堕落的罪过蔓延的人，就是那些不愿意他们的子女、亲属、朋友和仆人被坏榜样与邪恶诱惑所污染的人，就是那些真心希望慈善学校成为培育虔诚与良好风尚的优秀且有希望的场所的人”①。

面对严重的道德问题，基督教各个教派都在不同程度上采取了行动，致力于遏制道德堕落，倡导美德，塑造良好的社会道德风尚。具体来说，各个教派的行动主要体现在以下几个方面。

第一，强化舆论引导，倡导美德，塑造遵守道德规范、打击道德堕落行为的良好社会风尚。许多教派的教士或牧师积极利用各种机会，发表有关道德问题的布道或讲话。许多布道文或讲话稿还会被印制成小册子或传单，在民众当中进行散发，以扩大影响。1750 年 4 月，伍斯特主教伊萨克·马多克斯为伦敦的一些官员做了一场布道，布道的题目是“未雨绸缪的权宜之计”。他在布道中指出，杜松子酒正在伤害众多民众，社会正在失去其控制下层民众的能力。1751 年，这份布道词公开发表，同年，其布道词的概要及导言以小册子的形式刊印，其后，他的布道词与小册子发行了多个版本。② 他还撰写小册子，对过度饮用烈酒提出思考。③ 伦敦主教埃德蒙·吉布森也撰写过小册子，劝诫人们在饮食上要节制，尤其是在饮用烈酒问题上更要注意。④ 在这些教会人士的布道或讲话中，他们对不守主日、诅咒、咒

---

① John Leng, *A Sermon Preached to the Societies for Reformation of Manners at St. Mary-le-Bow, on Monday, December the 29th MDCCXVIII*, London, 1719, pp. 5 – 6.

② Bob Harris, *Politics and the Nation: Britain in the Mid-Eighteenth Century*, p. 297.

③ *An Epistle to the Right Honourable the Lord-Mayor, Aldermen and Common-Council, of the City of London, and Governors of the Several Hospitals, with an Appendix Containing the Most Material Extracts from the Sermon, & C. Concerning the Pernicious and Excessive Use of Spirituous Liquors.* The Third Edition, with Additions, by the Right Reverend Isaac Lord Bishop of Worcester, London, 1751.

④ *An Earnest Dissuasive from Intemperance in Meats and Drinks. With a More Particular View to the Point of Spirituous Liquors.* Revised and Enlarged by the Right Reverend Father in God. Edmund Gibson, D. D. Late Lord Bishop of London, London, 1771.

骂、乱发誓等渎神行为，通奸、卖淫、酗酒、赌博、奢侈、浪费、懒惰等不道德行为进行了揭露与批评。托马斯·科顿在布道中指出，“诅咒、咒骂、以上帝发誓、不守安息日、酗酒、肮脏都是违背上帝的，都是不利于国家与民族的”①。他们在布道或讲话中反复向教徒宣讲上述不道德行为的危害性。他们强调指出，美德有助于思想的平和与身体健康；而恶习除了会对思想与身体造成伤害外，还会给家庭、社会和国家带来伤害。如果浪费蔓延开来，田地得不到耕种，商业无人经营，也就没有办法促进公共福祉。所以，“这种恶习蔓延得越广，它给社会带来的灾难必定越大”②。而对于底层民众来说，“作为许多罪恶的事实上的诱因，酗酒耗费他们的钱财，消耗他们的精力，损害他们的健康，使他们无法从事劳动，并使他们产生绝望的想法”③。总之，所有这些“公开的恶习有着天然的摧毁一个国家的倾向”，而“一旦恶习蔓延，政府的约束力必然快速消解，骚乱与动荡随之出现，国家的精神将软弱不堪，它们就会成为任何入侵之敌容易捕获的猎物”④。他们这么说，就是要给英国社会敲响一记警钟，唤起社会各界的高度重视，共同致力于道德改善。与此同时，他们也积极倡导虔敬、节制、忍耐、慈善、节俭、勤劳、自律、真诚、诚信、贞洁等美德。马修·亨利·库克认为，作为一个基督徒，应该具备如下品德或品性：信仰、希望、仁爱、祈祷、虔诚、忍耐、审慎、正派、谦卑、节制、服从、刚毅、忏悔、忘我、爱上帝、优雅。⑤在教会人士看来，这些美德是上帝嘉许的德行，也是所有基督徒应该具有

① Thomas Cotton, *A Sermon Preached to the Societies for Reformation of Manners, in the Cities of London and Westminster*, London, p. 22.

② Joseph Burroughs, *A Sermon Preached to the Societies for Reformation of Manners, at Salters-Hall, on Monday, the 28th of June, 1731*, London, 1731, p. 22.

③ Robert Drew, *A Sermon Preached to the Societies for Reformation of Manners, at St. Mary-le-Bow, on Monday, January 27th, 1734*, pp. 16 – 17.

④ Obadiah Hughes, *A Sermon Preached to the Societies for Reformation of Manners, Preach'd at Salters-Hall, July 1, 1728*, London, 1728, pp. 26 – 27.

⑤ The Rev. Matthew Henry Cooke, *The Newest and Most Complete Whole Duty of Man, or Every Christian's Family Companion*, London, 出版日期不详。

的德行，如果所有人都能够践行这些美德，社会将变得更加美好。

教会意识到，要塑造遵守道德规范、打击道德堕落行为的社会风气，单靠教会是远远不够的，必须动员全社会的力量。“所有的美德之友都应当认识到，他们自己有责任走上这条阻止恶习蔓延的道路。”[①] 为此，教会人士希望政府及其官员重视民众的道德改善，在他们看来，“推动践行美德，抑制和反对恶习，是统治者的明智做法。运用法律惩处臭名昭著的犯罪者，是官员的本职工作”[②]。教会人士认为，政府各级官员都有责任打击恶习，因为他们的职责之一就是让人们弃恶从善。约翰·埃利斯在布道中专门谈了政府官员在改善道德、运用法律打击恶习方面的职责。[③] 教会人士还呼吁社会上层要为全社会做好表率，他们主张这是社会上层应该担负的社会责任。他们认为，社会上层的道德改善将是遏制社会下层道德堕落与不信教恶习的最有效途径。有教士在布道中向社会上层发出呼吁，为了实现社会道德改善“这个荣耀的目标，你们，绅士们，集聚你们的力量，（如果我可以这么说的话）将你们自己列入正规军中，摧毁撒旦的坚固要塞，在社会正义的旗帜下，为了宗教事业而战斗”[④]。教会认为，家庭是塑造良好道德风尚的重要阵地，改变必须从家庭开始。詹姆斯·奈特认为，要通过修复家庭来实现公共道德改善，必须分步采取措施，第一个是重视利用《圣经》，充分发挥其道德指导作用，第二个是充分发挥家长的示范带头作用，第三个是加强自律。[⑤] 教会人士主

---

① Obadiah Hughes, *A Sermon Preached to the Societies for Reformation of Manners*; *Preach'd at Salters-Hall*, *July 1*, *1728*, p. 20.

② Robert Drew, *A Sermon Preached to the Societies for Reformation of Manners*, *at St. Mary-le-Bow*, *on Monday*, *January 27th*, *1734*, p. 11.

③ John Ellis, *The Necessity of a National Reformation of Manners*; *Or the Duty of Magistrates*, *Ministers*, *and All Others*, *to Put the Laws in Pececution Against Prophaneness and Immorality. Being a Sermon Preached at the Church of St. Mary*, *in Nottingham*, *Before the Mayor and Aldermen & C. and the Society for Reformation of Manners*, London, 1701.

④ John Heylyn, *A Sermon Preached to the Societies for Reformation of Manners*; *at St. Mary-le-Bow*, *on Monday*, *December the 26th MDCCXX*, London, 1721, p. 14.

⑤ James Knight, *A Sermon Preached to the Societies for Reformation of Manners*, *at St. Mary-le-Bow*, *on Monday*, *January the 15th*, *1732*, London, 1733, pp. 16 – 33.

张，父母和家长既要以身作则，为子女、家人乃至仆人树立良好的道德榜样，也要严格管束家人，在工作之余要花更多的时间与家人相处，而不是经常流连于俱乐部或娱乐场所，要教育子女和仆人履行宗教义务，让年轻人以更好的精神面貌走入社会。教会认为，树立良好的社会道德风气需要全社会参与，任何一个基督徒都有责任在自我完善的基础上，通过自己的生活和谈吐树立一个好榜样，同时也有责任去感化和改变其他人。有教会人士在布道中指出，“即使我们不能对罪人本身施加好的影响，至少我们可以做一些善行，以防止其他人受到其恶劣榜样的影响；在这件事情上每个人都应该伸出援手”①。他们告诫所有基督徒，积极投身于社会道德改善“是一种责任，首先，我们要向上帝负责；其次，我们要向我们自己负责；再次，我们要向我们的邻人负责；最后，我们要向我们生活的国家负责”②。如果人人都积极行动起来，道德改善的目标就会实现。

第二，推动议会和政府行动起来，采取切实措施，打击道德堕落行为，扭转道德混乱的局面。针对政府在道德问题上的权力和地位问题，教会内部的意见并不一致。有部分教会人士认为，道德问题属于教会管辖范围，不应该由政府来指手画脚。在这部分教会人士看来，渎神、酗酒、嫖妓、赌博这些恶习自有上帝惩罚，无须世俗官员施加惩罚。但是，还有相当多的教会人士认为，当时英国道德问题频出的原因之一就是政府对道德堕落行为的打击不力。“我们有很好的打击恶习与堕落的法律，但这些法律本身从未展示出作用，社会没有从这些法律那里获得好处，而且这些法律也没有得到很好的执行。”③ 坎特伯雷大主教多次强调法官与法律在打击道德犯罪问题上的重要性。1699 年 4 月 4 日，他在《致管区内诸主教通函》中说：

---

① John Leng, *A Sermon Preached to the Societies for Reformation of Manners*, *at St. Mary-le-Bow*, *on Monday*, *December the 29th MDCCXVIII*, p. 23.

② Arthur Bedford, *A Sermon Preached to the Societies for Reformation of Manners*, *at St. Mary-le-Bow*, *on Thursday*, *January10th*, *1733*, London, 1734, p. 8.

③ George Smyth, *A Sermon Preached to the Societies for Reformation of Manners*, *preach'd at Salters-Hall*, *on Monday*, *June 26*, *1727*, London, 1727, p. 21.

> 如果有必要，应提醒俗人中每个虔诚的人，他应认识到自己有责任尽其最大努力，让这些违法者受到世俗法官的惩罚，因为除此别无他法。当他听到其邻人诅咒、以上帝之名咒骂，或看到其犯下酗酒之过，或在主日有渎神行为，他应向法官举报此事。[①]

1703 年，他又在《致圣大卫教区执事长及其他教士函》中表示，他高兴地看到，有许多人致力于道德改善，有不少人一心向善，一开始只是畏惧惩罚，后来则出于宗教情感。他有信心看到许多诱惑远离人们尤其是年轻人，许多有损于上帝和信仰的丑行受到阻止，如果法官和法律致力于打击渎神和堕落，则这些罪过不会变成全国性的。[②]教会高层教士利用身在议会上院的条件，建议或敦促议会对道德问题采取对策。伍斯特主教伊萨克·马多克斯建议议会成立专门委员会就国家的道德状况展开调查，他还建议成立专门委员会就采取合适的措施和手段改善道德状况展开讨论。[③] 1844 年，菲尔波茨主教向议会上院提交了《关于有效打击妓院及诱拐和卖淫行业的提案》，只是因为政府撤回了对该提案的支持，这个提案在三读的时候遭到否决。议会上院里的教会贵族参与推动了诸如《亵渎誓言法》（1745）、《杜松子酒法》（1751）、《啤酒法》《舞弊行为法》《非法场所法》（1752）、《剧院许可证法》（1737）、《都市警察法》（1839）、《城镇警察法》（1847）、《关于地方当局打击食品与饮料掺假行为的议会法令》（1860）、《公共博物馆法》《公共图书馆法》等倡导文明生活，打击渎神、酗酒、卖淫、腐败、掺假等道德失范问题的相关法律。教区是英国社会管理的基层单位，基层教士及教会工作者或就道德问题向议会递交请愿书，或者敦促基层法庭加快对道德案件的审理。1751 年，

---

① "An Account of the Progress of the Reformation of Manners, in England & Ireland, and Other Parts of the World. With Reasons and Directions for Our Hearty and Vigorous Prosecution of This Glorious Work", in *A Help to a National Reformation*, London, 1706, p. 23.

② "An Account of the Progress of the Reformation of Manners, in England & Ireland, and Other Parts of the World. With Reasons and Directions for Our Hearty and Vigorous Prosecution of This Glorious Work", in *A Help to a National Reformation*, London, 1706, p. 24.

③ Bob Harris, *Politics and the Nation: Britain in the Mid-Eighteenth Century*, p. 301.

议会多次接到来自威斯敏斯特一些教区的请愿书，这些教区在请愿书中表达了对饮用烈酒会威胁劳动纪律、道德和宗教信仰的担忧，它们要求对酒类销售施加更严厉的控制。[①] 同年5月，伦敦白教堂地区的圣玛丽教区委员会声明，它将支付费用起诉一家名为“家长之友”的违法场所，敦促法庭对其施加惩罚。[②] 1729年，诺丁汉的教区牧师约翰·迪斯尼收集了犹太、古希腊、古罗马、哥特、伦巴德以及直至11世纪中叶一些法典中关于打击放荡和渎神行为的古代法律规定，这些行为包括：下流行为、渎神的发誓、诅咒、不敬神、作伪证、不守主日、轻视或忽视敬拜上帝、酗酒、赌博、懒惰、游荡、乞讨、舞台表演、决斗等。其意图是将这些古代法律规定提供给当时的政府及法官们借鉴，进而运用法律遏制和打击渎神、堕落与犯罪行为。[③]

第三，支持并参与道德改善团体的活动，与社会有识之士一道，协力推进社会道德状况向好的方向转变。在这一时期，英国先后有过三次道德改善运动的高潮，一次是17世纪90年代到18世纪30年代的道德改善运动，一次是18世纪中叶的道德改善运动，还有一次是维多利亚在位时期的道德改善运动。在这些道德改善运动中涌现出诸多道德改善团体，如“道德改善协会”“宗教信仰协会”“基督教知识促进协会”等。在道德改善团体的领导层中有不少来自各个教派的教会人士，如“基督教知识促进协会”的创始人国教会牧师托马斯·布雷等，在一些地方禁酒协会的建立与组织管理工作中也能见到教士和牧师的身影，[④] 如爱尔兰第一个禁酒协会的创始人乔治·卡尔牧师等。坎特伯雷大主教、伦敦主教等教会高层领袖也在不同层面支持和推动道德改善团体开展活动。诺里季主教要求其教区的所有教士为“禁酒运动”及其支持者提供帮助，他在1837年给手下一个教士的信

---

① Bob Harris, *Politics and the Nation: Britain in the Mid-Eighteenth Century*, p. 298.

② Bob Harris, *Politics and the Nation: Britain in the Mid-Eighteenth Century*, p. 300.

③ John Disney, *A View of Ancient Laws, Against Immorality and Profaneness; Under the Following Heads: Lewdness, Profane Swearing, Cursing, and Blasphemy, Perjury, Prophanation of Days Devoted to Religion, Contempt or Neglect of Divine Service; Drunkenness, Gaming, Idleness, Vagrancy, and Begging, Stage-Plays and Players, and Duelling*, Cambridge, 1729.

④ Lilian Lewis Shiman, *Crusade Against Drink in Victorian England*, p. 47.

中表示，“在帮助数以千万计的人摆脱堕落的挥霍浪费，养成有道德的、勤勉的习惯，在帮助有罪者摆脱邪恶道路、转向信仰之路方面，禁酒协会是最有用的”[①]。还有些牧师特别是浸礼会牧师受雇于地方性或全国性禁酒协会，在各地旅行开展禁酒工作，做禁酒宣讲报告，组织禁酒协会。詹姆斯·杰克逊是一个浸礼会牧师，曾为“布拉德福德禁酒协会”和“不列颠及海外禁酒协会”工作，在约克郡与兰卡郡巡游，与可能支持禁酒事业的个人与团体接触。他在北部禁酒运动圈子里非常有名，通过他的努力，布拉德福德禁酒协会的声望与影响力大涨。[②] 在道德改善团体的集会上发表支持道德改善的布道，这也是教会人士支持并参与道德改善运动的有效方式，而且这些布道词往往随后被印制散发，在那些没有现场聆听布道的民众中扩大影响。这一时期有许多教会重要人士在各地的“道德改善协会”做过布道，他们在布道中对“道德改善协会”的不懈努力表示肯定和称赞，并希望它们克服困难继续做下去，直至取得最后胜利。在这些人当中有：格罗斯特主教、伊利主教、索尔兹伯里主教、切斯特主教、牛津主教、奇切斯特主教、里奇菲尔德主教、林肯主教等。[③]

第四，组织建立道德改善团体，开展宣传基督教信仰、教育民众、实施禁酒、打击卖淫、解救妓女等活动。除了支持并参与其他社会力量创办的道德改善团体开展的活动外，教会人士也亲自创办道德

---

① Lilian Lewis Shiman, *Crusade Against Drink in Victorian England*, p. 47.

② Lilian Lewis Shiman, *Crusade Against Drink in Victorian England*, p. 13.

③ *The Lord Bishop of Gloucester's Sermon to the Societies for Reformation, preached June 26, 1699; The Lord Bishop of Ely's Sermon to the Societies for Reformation, preached December 30, 1700; The Lord Bishop of Salisbury's Sermon to the Societies for Reformation, preached March 25, 1700; The Lord Bishop of Chester's Sermon to the Societies for Reformation, preached March 31, 1701; The Revd. Dr. Kennet's Sermon to the Societies for Reformation, preached December 11, 1701; The Lord Bishop of Oxford's Sermon to the Societies for Reformation, preached March, 1702; The Reverend Dr. Stanhope, Dean of Canterbury, His Sermon to the Societies for Reformation, preached Dec. 28, 1702; The Lord Bishop of Chichester's Sermon to the Societies for Reformation, preached March 30, 1703; The Lord Bishop of Litchfield and Coventry's Sermon to the Societies for Reformation, preached Jan. 1, 1705; The Lord Bishop of Lincoln's Sermon to the Societies for Reformation, preached Dec. 1705*；见“An Account of the Progress of the Reformation of Manners, in England & Ireland, and Other Parts of the World. With Reasons and Directions for Our Hearty and Vigorous Prosecution of This Glorious Work”, in *A Help to a National Reformation*, London, 1706。

改善团体，开展相关活动。国教会牧师托马斯·布雷发起创办的基督教知识促进协会开设慈善学校，开展对穷苦儿童和底层劳动者的教育，向他们传播基督教知识，教他们识字和算术，努力培养他们的虔诚信仰，规范他们的行为习惯，帮助他们养成良好的道德规范。该协会还印制散发宣传品和小册子，宣传基督教知识，揭露、批评不良道德行为，倡导符合道德规范的行为举止。[①] 教会组织非常重视对民众的教育，这是因为它们认识到，通过传播基督教知识、进行识字教育，可以提升民众的文化水平，强化民众的宗教信仰，进而有利于提升民众的道德水平，从而达到改善社会道德状况的目标。教会也是开设主日学校的主要力量，在这些主日学校里，宗教教育与道德培养是主要的教学内容和教学目标，主日学校的教师中有许多人就是教士或牧师，主日学校使用的不少教材也出自教士或牧师之手。主教托马斯·伯吉斯在1786年出版的《索尔兹伯里读本》就是一本适用于主日学校教学用的书籍，该书内容包括识字、故事、《圣经》问答等，因为很受欢迎，该书在20多年里再版十余次。尽管教会内部对于“禁酒运动”的态度存在较大分歧，但支持禁酒的教士和牧师还是创办了一系列禁酒协会，牧师乔治·卡尔创办了爱尔兰第一个禁酒协会。在布拉德福德及其附近地区，教区组织有着禁酒工作的优良传统，许多绝对禁酒协会是由国教会教士组织起来的。1840年4月，威蒂牧师创办了“国教会禁酒协会”，这是建立全国性教会禁酒团体的一次尝试，6个月后，该协会被“国教会完全戒酒协会”取代。1846年，利物浦的卫斯理宗“禁酒运动”支持者成立了“卫斯理宗完全戒酒派联合会”，很快，该组织就声称拥有成员90人，其中30人是牧师。到19世纪下半叶，教会建立的禁酒协会进一步增多，在“禁酒运动”中发挥了重要作用。在打击卖淫、解救妓女方面，教会组织用力最多的是对妓女的改造工作。作为一种改造妓女的重要手段，感化院制度带有国教与天主教的特点。近代英国最早的感化院玛格德林性病医院1758年在伦敦的白教堂开办。到19世纪中叶，随

① 李晴：《17世纪末到18世纪上半期英国社会道德与习俗改良运动研究》，第13页。

着国教会感化协会的建立，感化院的数量进一步增多。19 世纪中叶，国教会中福音派的复兴给妓女改造工作提供了新的动力。1856 年，福音派建立了“改造与救助联盟”，当然，这个组织在妓女改造工作之外，还做了很多预防性工作，对那些被视为处于道德风险中的少女进行救助，以免她们堕入风尘。

总的来说，基督教各个教派在面对道德问题时的基本态度和总方针大体是一致的，它们都认为宗教信仰淡薄是道德问题凸显的根本原因，而解决的根本办法就是强化基督教信仰，似乎基督教信仰就是解决道德问题的一剂灵丹妙药。无论是国教会、天主教会，还是不奉国教派，在这一点上没有什么分歧。但是，在对待具体道德问题时的态度、采取的对策与行动上，各个教派之间还是存在着较大的差异。相对而言，福音派与不奉国教派在道德改善问题上的态度更为积极，采取的措施也更为坚决，行动上也更为主动，而国教会和天主教会则保守得多。与此同时，即使在各个教派内部，在针对道德问题的态度与行动上也存在不同程度的分歧。以禁酒为例，可以看出各个教派及其内部的诸多分歧。在 19 世纪上半叶，国教会、天主教会与不奉国教派教会虽然谴责酗酒，也允许教士或牧师以个人身份支持或参与“禁酒运动”，但并未以教会官方身份正式宣布支持或参与“禁酒运动”。由于有教会官方的默许，有不少教士和牧师在不同程度上支持或参加“禁酒运动”，在一些地方禁酒协会的建立与组织管理工作中都能见到他们的身影。[①] 当然，并不是所有教士或牧师都支持“禁酒运动”，还有教士或牧师对“禁酒运动”颇有微词。1851 年，在利兹有个教士致信《利兹水星报》，对“禁酒运动”的问题与不足发出了抱怨。[②] 绝对禁酒运动出现后，原来支持“禁酒运动”的一些教士或牧师的态度也发生了显著变化，甚至有些带有教会背景的禁酒组织因此而发生分裂。教会虽然谴责酗酒，但并不禁止适量饮酒，因此对绝对禁酒的主张与要求，不少教会感到难以接受。罗马天主教会与国教会在绝

① Lilian Lewis Shiman, *Crusade Against Drink in Victorian England*, p. 47.

② Lilian Lewis Shiman, *Crusade Against Drink in Victorian England*, p. 51.

对禁酒问题上有相似的立场。它们都坚持这样的态度：一个人选择戒酒必须出自其自由意志，它们不实行强制。它们都倾向于在绝对禁酒问题上保持沉默，只要它们这么做不会让自己的权威受到伤害。浸信会与公理会也没有正式接受绝对禁酒的主张，它们都倾向于在这个问题上保持绝对中立。而原初卫理公会和美道会这两个活跃在社会底层的教派对绝对禁酒持支持态度。各个教派内部也不统一，因为许多教派并不要求下属教会、教堂以及信徒整齐划一，而是默许或允许他们自己做出选择。1847 年，"利兹禁酒协会" 对利兹的所有牧师进行了访谈，了解他们对 "禁酒运动" 的看法。根据调查结果，有人敌视绝对禁酒，有人支持绝对禁酒，但总的来说，牧师们不关心绝对禁酒工作，也不愿意与绝对禁酒派保持密切联系。在反对绝对禁酒的理由中有：誓约不符合洗礼誓言；誓约并未触及人的道德本质；禁酒协会促进了人的暂时幸福，但忽视了更高的道德与信仰诉求。① 这些分歧和差异在很大程度上影响了教会在道德改善问题上的作用的发挥。还有些教士在宣传政府相关法令方面不够积极主动，甚至有教士忽视这项工作。国王威廉三世 1690 年发布王室公告后，伦敦主教发现该项公告并未在辖区内各教堂得到应有的重视和宣传，因此，他给辖区内的教士写了封公开信，要求他们严格执行教令，在各自的教堂宣读国王威廉三世发布的王室公告以及议会颁布的打击渎神与放荡行为的法令，以有效促进道德改善。②

这一时期教会自身存在的一些问题，也使得教会的形象与威信受损，进而不利于教会在道德问题上起到应有的作用。在这一时期，作为官方教会的国教会受到来自社会各界的诸多批评，这些批评主要集中在以下几个方面。第一，"教会不能很好履行其功能，效率低下，人浮于事。这方面的突出表现，是领圣俸教士的不在堂区和兼领圣俸问题十分严重"③。这种状况造成一些地方因为没有教士主持宗教仪

① Lilian Lewis Shiman, *Crusade Against Drink in Victorian England*, pp. 64 - 65.

② *A Help to a National Reformation*, London, 1706, p. 82.

③ 唐科：《英国牛津运动研究》，中国社会科学出版社 2019 年版，第 31 页。

式，应该进行的宗教活动次数大大减少，信徒的宗教诉求得不到满足，他们的宗教情感逐渐淡薄，教会引领信徒道德生活的能力自然大打折扣。1844 年，威廉·格雷斯利指出，对每日布道活动的忽视是导致国教会陷于腐败的首要原因，同时也会对民众的风尚和气质产生不利影响。① 第二，基层教士兼任其他社会职务，因而荒废了本职工作。在这一时期，有相当多的教区教士兼任治安法官，成为这一时期英国治安法官制度发展的一个显著特征。然而，担任治安法官耗费了这些教士大量时间，进而影响到他们履行牧羊人的职责。布罗克斯本的教士威廉·琼斯在 1816 年说道："许多教士担任了治安法官，但是这一职务不适合传播福音的牧师，因为它耗费了他们大量的时间，并且制造了许多敌人。"② 诺福克郡芬彻姆的教区长罗伯特·弗比在 1825 年去世，他在临终之际感慨道："担任治安法官是其一生中最为追悔莫及的一件事情，这一职务与教士的真正兴趣和职责不相协调。"③ 到 19 世纪初期，甚至连大法官都开始认识到教士担任治安法官的负面影响，从而反对教士出任治安法官。第三，在教士当中，不乏一些疏于教务，醉心于攫取钱财，追求享乐，酗酒赌博，沉溺于狩猎的教士。这一时期有不少揭露教士队伍腐败堕落问题的书籍与小册子出版，如约翰·韦德的《非凡的黑书：对弊端的揭露》（1832），R. M. 贝弗利的《致约克大主教阁下的一封信：国教会目前的腐败状况》（1831）。④ 阿兴霍尔茨在英国游历的时候，既看到怀特菲尔德这样致力于社会道德改善的教士，也看到在教士当中有人作伪证，有人诱奸少女，有人酗酒成性，有人持械决斗，有人恶贯满盈。⑤ 第四，教会也受到当时盛行的拜金主义的影响，18 世纪以后，在教堂中出

① 唐科：《英国牛津运动研究》，第 294 页。

② W. M. Jacob, *The Clerical Profession in the Century 1680 – 1840*, Oxford: Oxford University Press, 2007, p. 233.

③ W. M. Jacob, *The Clerical Profession in the Century 1680 – 1840*, Oxford: Oxford University Press, 2007, p. 233.

④ 唐科：《英国牛津运动研究》，第 32—33 页。

⑤ M. D'Archenholz, *A Picture of England: Containing a Description of the Laws, Customs, and Manners of England*, Dublin, 1791, pp. 103 – 104, 106.

现了付费座位的现象，这说明，随着商品经济的发展，“世俗社会中以物质财富和社会地位来给人分等级的风气已经通过付费座位这种形式侵入了教会”[①]。此举完全违背了基督教的平等精神。教会自身存在的这些问题，不仅损害了教会的威信，而且不利于教会在道德改善运动中作用的发挥。

除了自身存在的问题以外，教会还面临着一个更为严重的问题——民众宗教信仰淡薄。到 18 世纪，“人们对信仰的淡漠态度随工业革命的到来愈发成为普遍现象，回归内心的信仰也发生了动摇”[②]。当时有不少教会人士对此颇有抱怨。约翰・卫斯理在 1739 年 11 月 27 日的日记中写道：

> 住在英国西部的人很少有不知道金斯伍德煤矿工的，他们早已臭名昭著，因为他们既不敬畏神也不尊重人，他们对神的事无知到一个地步，以至于虽然活着，却仿佛如必死的畜类。[③]

1851 年英国进行了 1801 年以来的第五次人口普查。根据这次人口普查的结果，这年 3 月的一个主日，在英格兰有 726 万成年人进教堂做了礼拜，可还有 1067 万成年人根本没去教堂。去教堂做礼拜的成年人仅占这两者之和的 40% 左右。这一结果令教会大为震惊。让教会不安的还有这样一个局面：“教堂里的长椅在乡村地区、省会城镇坐得最满，但在工业城市中的上座率却是最低。”[④] 这一时期，由于人口流动、忙于生计、教堂数量与教士人数不足等原因，城市与工矿城镇居民的宗教信仰有日渐淡漠的趋势。1854 年有一份报告说伦敦的贫民“就像是来自异教国家一般，对宗教律令一无所知”[⑤]。当然，民众基督教信仰淡漠还有另一个重要原因，即“工业革命向人们

---

① 唐科：《英国牛津运动研究》，第 311 页。
② 邵政达：《英国宗教史》，中国社会科学出版社 2017 年版，第 5 页。
③ ［英］约翰・卫斯理：《约翰・卫斯理日记》，王英、闫永立译，第 62 页。
④ ［英］劳伦斯・詹姆斯：《中产阶级史》，李春玲、杨典译，第 279 页。
⑤ ［英］彼得・阿克罗伊德：《伦敦传》，翁海贞等译，第 489 页。

展示了财富无限增长的可能性，一种以物质利益为中心的价值观和思维方式受到人们的青睐”①，进而对基督教信仰造成了冲击。对此，约翰·卫斯理等教会人士深感忧虑，他们频频发出呼声，要求改变这一状况，重振基督教。

由于教会自身问题及民众基督教信仰淡漠，当时的英国教会陷入了危机。对于教会危机，当时人多有论及。约翰·基布尔、托马斯·阿诺德、理查德·惠特利等人用了“濒于分崩离析的死亡境地”“无人能够拯救”“它的日子已经是屈指可数了”等悲观词语来描述教会的状况。② 埃德温·阿伯特指出：“在小村庄中，旧有的堂区体系仍然维持着，但在民众中，它有瓦解的危险：人口涌入工业区和快速膨胀的城市的压力是如此沉重，以至于没有足够的教堂和牧师满足日益增长的需要，旧有的联系和邻里间的习俗也不能把民众凝聚在一起了。在教区中没有纪律，在教会人士之间，没有凝聚力，在教会中，没有控制的中枢，这样的国教如何能赢得国民的爱戴和尊重呢？”③

要想夺回在道德领域的控制权，教会必须做出改变，宗教复兴运动随之产生。在这场宗教复兴运动中，影响最大的是福音运动与牛津运动。尽管牛津运动的主将们也关心社会问题，如约翰·亨利·纽曼在布道中对拜金主义的尖锐批判，但其“从一开始就表现出极其鲜明的上层文化运动的倾向”④，因而对社会道德改善运动的实际影响是有限的。福音运动则与牛津运动不同，在这一运动中诞生的卫斯理宗、“克拉彭派”等福音主义教派和群体，以及具有明显福音主义倾向的公理会、浸礼会等教派，“突破自矜的壁垒，走向社会，走到大众中去，不仅在宗教组织上依照卫斯理式的传道体系四处布道，传讲福音，而且积极地参与到社会与政治改革的进程中去”⑤。在福音教派看来，福音的最主要目标是将人类从无知与堕落状态中拯救出来，

---

① 唐科：《英国牛津运动研究》，第 1 页。
② 唐科：《英国牛津运动研究》，第 30 页。
③ 唐科：《英国牛津运动研究》，第 293 页。
④ 邵政达：《英国宗教史》，第 198 页。
⑤ 邵政达：《英国宗教史》，第 181 页。

让他们获得救赎，因此，福音传布者有责任引领人们走上虔信与美德之路。许多福音主义者不仅拥有道德自律意识，以严格的道德标准要求自己，而且积极投身于社会道德改善事业，他们推动制度与法律建设，推动监狱改革，推动工厂立法，支持并参加主日学校运动，反对赌博、酗酒、卖淫等社会恶习，为社会大众建立起道德规范，推动社会道德的改善。可以说，福音运动“在一定程度上扭转了社会风气，大大推动了工业革命启动后处于社会转型的社会良性发展”①。

教会对社会道德改善的推动离不开数量众多的教职人员，在他们当中涌现一批著名的道德改革家。卫斯理宗的创始人约翰·卫斯理为当时英国社会的基督教信仰淡漠、国教会的保守与教士的失职而深忧，他游走各地广泛宣讲福音，在布道文和小册子中谴责酗酒、淫乱、懒惰、渎神等行为，向人们敲响警钟，将那些迷失的信徒重新引领到信仰之路上，过上有信仰、有道德的生活，为道德改善做出了重要贡献。约翰·卫斯理死后，《绅士杂志》刊文称：“在他和他弟弟查理的充满仁爱的竭诚努力下，引入了是非标准、道德准则和宗教信仰，使被缠累的得释放，使被遗弃的得拯救。”② 爱尔兰禁酒运动的灵魂人物马修神父在推进绝对禁酒事业上做出突出贡献。他加入科克绝对禁酒协会后，当地民众踊跃加入该协会，导致该协会会员人数在短时间内剧增。为推进绝对禁酒事业，马修神父接受各地禁酒组织邀请，进行了禁酒巡游，在爱尔兰的都柏林，苏格兰的格拉斯哥，英格兰的利兹、利物浦、曼彻斯特等地，进行禁酒布道，使得数百万人接受并签署了禁酒誓约。③ 当然，更多的工作还是要依赖于基层教士。在这一时期，英国教区教士也是教区道德的捍卫者，他们兼管教区的道德风纪，时常将一些私德败坏的无耻之徒告上法庭。例如，1730年，林肯郡埃普沃斯的教区长塞缪尔·卫斯理将两对夫妇送上了林肯的主教常设法庭，卫斯理指控他们犯有婚前通奸罪，并且还将教堂监

---

① 邵政达：《英国宗教史》，第183页。

② ［英］朱利安·威尔森：《两个人改变世界：卫斯理兄弟传》，吴慧晶译，东方出版社2019年版，第367页。

③ Richard Barrett, *The Temperance Movement: Its Rise, Progress and Results*, pp. 10 - 11.

护人也送上了法庭，因为他们没有告发其中的一对夫妇，犯了失察之罪。威廉·格里姆肖在1765年以前一直在霍沃思教区担任教职，任职期间，他密切留意教区的道德风纪，曾将奸夫、通奸者、不守安息日的教民送上了主教常设法庭。[①] 正是这些基层教职人员的勤奋努力与无私奉献，使得教会在这一时期英国社会道德改善运动中发挥了应有的作用。

总之，在时代变迁面前，基督教的道德意义发生了重大变化：基督教道德原则统领基督教英国的时代结束了，以《圣经》为基础的道德观念对社会虽然还有影响，但这种影响不再是决定性的，教会也由道德的唯一维护者变成了维护者之一。[②] 这一时期，无论是苏格兰学派的道德思想，还是中产阶级的道德主张，都对教会的道德权力发出了挑战。苏格兰学派的道德哲学研究关注人与人性，这就使得道德逐渐摆脱神学的束缚，不再作为神学的附庸，而是独立出来。而“新兴资产阶级的道德是把现实利益作为道德的基础，以个人主义为道德评判价值，以现世福祉为关怀对象的新标准、原则和规范”[③]。这种局面是教会不愿意看到的，它不会心甘情愿地让出握在手中的道德权力。因此，面对社会上的诸多道德问题，教会旗帜鲜明地提出了自己的主张：一切道德问题的根源在于民众的基督教信仰淡薄，要解决道德问题必须从强化基督教信仰入手。换言之，教会是在向世人伸张自己的道德话语权，意图继续将这项权力牢牢握在手中。福音派提倡谨慎的道德与严肃的宗教生活，害怕教会失去对人们的思想控制，希望通过布道、兴办主日学校、研读《圣经》等，实现基督教道德的复兴。[④] 1831年英国出现了霍乱，许多教会人士认为，是人们的不敬神以及道德堕落打开了潘多拉的盒子，霍乱是上帝对渎神、不守主日、

---

① W. M. Jacob, *The Clerical Profession in the Century 1680 - 1840*, p. 220.

② 参见刘新利《文艺复兴时代的罗马教会与伦理道德》，《山东大学学报》2004年第6期。

③ 胡振明：《18世纪英国小说兴起中的道德因素》，《四川外语学院学报》2007年第1期。

④ 周文英：《工业革命时期英国卫斯理宗（1740—1840）》，《暨南学报》2000年第5期。

酗酒、放荡等道德堕落行为的惩罚。他们希望借机促使人们遵守道德、回归教会。这一时期教会在道德问题上的立场与主张，及其采取的对策与行动，都是服务于教会根本利益的。但是，在时代大潮的面前，道德规范的世俗化与多元化已是不可逆转的大势所趋，教会的这一意图终究难以全面实现，最后不得不接受现实。但客观地说，教会在道德改善运动中的参与和支持，还是有利于运动的开展的。“福音主义生活理想和道德准则在英国社会中的广泛传播，促使一批出身于社会中上层的信徒遵循其以个人献身精神来改造社会的原则，用生命来实践自己的理想，进而推动着公众舆论和社会力量对监狱、学校、工厂、医院等社会机构以至整个社会风尚的变革，形成了一场与工业革命同步的社会改良运动。”① 可以说，“宗教对维多利亚时代英美社会规范的重塑起着至关重要的作用”②。

二　政府与道德问题治理

在 18 世纪和 19 世纪，“Vice” 一词既包括传统的道德堕落的含义，也包括更模糊的普遍意义上社会偏差的含义。在这一时期的英国，道德问题突出与犯罪问题严重同时出现，这既说明道德混乱可以引发犯罪问题，也说明犯罪问题可以成为衡量道德状况的一个重要指标。“道德滑坡是可以通过犯罪率、非婚生育数量、教育产出和受教育机会减少的程度、信任缺失状况等类似统计结果来测量的。”③ 当时人已经意识到了这一点。有小册子作者指出：“如果这种道德衰退以我们近来看到的速度向前发展，不久其对社会的影响必定是可怕的。”④ 这种担忧不是没有道理，因为有“大量证据证明，18 世纪末

① 邹穗：《英国工业革命中的福音运动》，《世界历史》1998 年第 3 期。

② ［美］弗朗西斯·福山：《大断裂：人类本性与社会秩序的重建》，唐磊译，广西师范大学出版社 2015 年版，第 279 页。

③ ［美］弗朗西斯·福山：《大断裂：人类本性与社会秩序的重建》，唐磊译，第 9 页。

④ *The Evils of Adultery and Prostitution*; *With an Inquiry into the Causes of Their Present Alarming Increase*, *and Some Means Recommended for Checking Their Progress*, p. 5.

和19世纪初是社会失序和道德混乱变得严重的时期”[①]。18世纪80年代，英国出现了“戈登骚乱”、明显的犯罪潮以及与此相关的对社会动荡的恐慌，按照人们对犯罪和骚乱原因的传统理解，广泛存在的不道德行为受到指责。因此，这一时期的道德改善运动，其针对的是似乎四处蔓延的社会失序，其宗旨就是要创造出新的社会规则，向那些沉湎于颓废堕落的人们灌输美德。在道德改善的旗号之下，许多非法行为都受到控告，道德改善运动的支持者和治安法官们把道德改善看作一种有力手段，可以用来应对城市中的犯罪和骚乱。这是因为，“道德规范的根本内容就是社会秩序的维持”[②]。

但是，随着资本主义的发展，人们的生活领域日渐扩大，社会利益趋向多元化，个人利益之间、个人利益与社会利益之间的矛盾与冲突愈益突出。在这种情况下，再像过去那样仅仅依靠美德来维系人们对规则的遵守，已经无法做到了。正如边沁所说，“要是法律的震耳雷霆被证明无能为力，单纯道德的窃窃私语便无法造成任何影响”[③]。也就是说，德性这种软性的约束机制，在新的社会条件下不足以维护社会秩序了，必须加强硬性的规则和制度，以更加有效地约束人的行为，保证社会生活的健康有序开展。因此，尽管道德问题属于社会问题，解决道德问题也主要是一种社会行为，但绝不应该弱化甚至放弃政府的责任。相反，在社会对道德自我控制和自我整合能力尚未完全形成之时，需要政府对道德作出规范，其规范的取向是使这种规范成为社会本身的规范。这一时期的英国正处在现代化早期，社会自律的形成还很艰难，在这种情况下，如果缺少了政府的介入，社会行为就存在失范的危险。而且，对于这一时期的道德问题治理来说，既要重视价值观念、意识形态包括宗教在内的软性机制，也要重视政府和法律所代表的硬性机制，后者的作用就是对超过一定限度的非道德行为施加惩罚。

---

① ［美］弗朗西斯·福山：《大断裂：人类本性与社会秩序的重建》，唐磊译，第266页。

② 曲卫国：《近代英国礼貌变革研究》，第19页。

③ ［英］边沁：《道德与立法原理导论》，时殷弘译，商务印书馆2000年版，第354页。

针对政府在处理道德问题上的地位与角色，在这一时期的大部分时间里，不少英国人持谨慎态度。一些教会人士认为，道德问题应该交由教会来处理，政府不应该随意干预。然而，许多道德问题是与犯罪问题交织在一起的，惩治犯罪是政府义不容辞的责任。因此，英国政府也并未对道德问题完全置之不理。到 18 世纪末 19 世纪初，在当时英国社会道德问题严重的形势下，越来越多的人主张政府应该在道德问题上发挥作用。保守党领袖本杰明·迪斯累利认为，“对于政治家来说，人民的健康是最重要的问题……这是一个巨大的课题，它涉及许多方面。它包括人民的居住条件，和我们很少考虑的道德与身体状况”[①]。1847 年，有政界人士表示：

> 政府权威，尤其是代议制下的政府权威，体现了国家意志。有些问题过于庞大或过于复杂或过于重大，不能将其交付给志愿协会……济贫不能完全委托给私人慈善；我们城镇的卫生改善也不能交给慈善协会；财产与公共秩序的保护也不能交给自愿组织；如果有哪位高官把这些事情完全甩给志愿慈善，民众道德与知识水平的提高这么重要的事情也能依靠它们吗？[②]

受到这些思想的影响，英国政府逐渐改变原有立场，在整治政治腐败，打击卖淫、酗酒行为和食品掺假问题上，加强议会立法工作。同时，加大法庭、警察与治安法官的执法工作力度，严厉惩治道德犯罪行为。

这一时期英国政府对道德问题的应对与处理，主要表现在以下几个方面：国王通过发布王室公告表明态度，要求加强对道德失范行为的惩治，并在道德规范上给民众树立榜样；议会加强与道德问题相关

---

① “Crystal Palace Speech (1872)”, Frank O’ German, *British Conservatism*: *Conservative Thought from Burke to Thatcher*, London: Longman, 1986, pp. 150 – 151. 转引自阎照祥《英国政治思想史》，第 356—357 页。

② M. J. D. Roberts, *Making English Morals*: *Voluntary Association and Moral Reform in England*, *1787 – 1886*, p. 144.

的立法工作，用法律来守住道德底线；法庭、警察、治安法官加大道德执法力度，严惩道德堕落行为；支持道德改善团体开展活动，形成全社会参与的道德改善潮流。

虽然这一时期有些国王和王室成员风流放荡成性，但还是有一些国王有着非常不错的道德名声。他们不仅在道德上严于律己，给民众树立良好的榜样，而且通过发布王室公告表明王室在道德问题上的鲜明态度，要求加强对道德失范行为的惩治。1660 年“王政复辟”后，尽管查理二世也感到英国民众的生活有些过于放纵，但他和詹姆斯二世两代国王不仅没有对此采取有效措施加以纠正，而且还在一些方面起到了不良影响。1688 年“光荣革命”后，在道德问题上十分严谨的威廉三世和玛丽二世，对当时英国社会的道德混乱状况感到忧虑，决心采取措施加以改变。1690 年 2 月，威廉三世致信在“光荣革命”中支持他的伦敦主教亨利·康普顿，[①] 表达了对当时英国社会道德状况的不满和忧虑，提出开展全国性的社会秩序整顿与道德改善。1691 年 7 月，玛丽二世在威廉三世不在英格兰期间，致信米德尔塞克斯郡的治安法官，要求他们对渎神和放荡行为进行打击。[②] 玛丽二世在信中表示，推动与鼓励风俗改良是她义不容辞的责任，她认为自己有责任提升对上帝的虔敬以及民众的福祉。[③] 她还要求治安法官们：“忠实而公正地执行那些已经制定的、现在仍然有效的法律，惩办主日的渎神行为、酗酒、妄用神名的诅咒和谩骂，以及其他一切放荡的、暴戾的和妨害治安的行为等等”[④]。

1697 年 2 月 20 日，威廉三世发布了《关于遏制与惩治堕落与渎神行为的公告》。威廉三世在公告中表示：

---

① *His Majesty's Letter to the Lord Bishop of London*, *Feb.* 1690.

② *Her Late Majesties Gracious Letter in the Absence of the King to the Justices of the Peace in the County of Middlesex*, *July 9*, *1691*, *for the Suppressing of Prophaneness and Debauchery.*

③ Thomas Cotton, *A Sermon Preached to the Societies for Reformation of Manners*, *in the Cities of London and Westminster*, London, pp. 31 –32.

④ 《笛福文选》，徐式谷译，第 49 页译者注。

过去几年里王国土地上肆意横行的邪恶、堕落与渎神行为受到一定打击……但仍有诸多堕落与渎神现象存在……我发布这篇公告，就是要表明，我们决心遏制和惩治王国土地上从上到下所有人的各种罪恶、堕落和渎神行为。①

他还强调指出：

恶习与堕落如此蔓延，已引起全能上帝的极度愤怒，也让基督教蒙羞。除此而外，没有任何事情能够让一个治理良好、尊奉基督教信仰的政府蒙受更大耻辱，也不大可能导致上帝撤回对我们的恩典与祝福，或对这个王国施加重大而严厉的审判。如果不采取措施为了将来而解决这些恶习，我们就无望让我们及臣民享有的祝福增加与持续。我们认识到，无论是对上帝应尽的义务，还是对民众的关心，都要求我们采取切实措施，使信仰、虔诚与美德能得到发扬光大。②

从威廉三世和玛丽二世发布的文告与信函中可以看出，他们因为英国社会上堕落与渎神行为的极度蔓延而感到震惊，并决心尽全力消除这些丑恶现象。随后继位的斯图亚特王朝末代女王安妮及其丈夫也很支持道德改善事业。1695 年，还是公主身份的安妮就曾捐款 44 镑，支持“基督教知识促进协会”创始人托马斯·布雷的传播基督教知识和道德计划。她还在即位当年发布王室公告，③ 决心遏制与打

① *By the King*, *a Proclamation*, *for Preventing and Punishing Immorality and Prophaneness*, *in an Account of the Societies for Reformation of Manners*, *in England and Ireland with a Persuasive to Persons of All Ranks to Be Zealous and Diligent in Promoting the Execution of the Laws Against Prophaneness and Debauchery for the Effecting a National Reformation*, London, 1701, p. 9. 译文参考李晴《17 世纪末到 18 世纪上半期英国社会道德与习俗改良运动研究》，第 22 页。

② Thomas Cotton, *A Sermon Preached to the Societies for Reformation of Manners*, *in the Cities of London and Westminster*, pp. 31 – 32.

③ By the Queen, *A Proclamation*, *for the Encouragement of Piety and Virtue*, *and for the Preventing and Punishing of Vice*, *Prophaneness*, *& Immorality*, February 25th, 1702.

击不敬神和伤风败俗的行为，以此作为保证上帝祝福以及民众福祉的唯一途径。[①] 安妮女王的丈夫乔治亲王曾是“基督教知识促进协会”的捐助会员，支持该协会开展活动。

汉诺威王朝建立后，乔治一世和乔治二世两代国王都生性风流，在推进道德改善方面建树不大，但他们对加强基督教信仰还是很支持的。1720年，乔治一世捐助了550镑，资助“基督教知识促进协会”出版《圣经》和祈祷书。与前两代国王相比，乔治三世则十分关注并支持道德改善事业。他在1787年发表了一份王室公告，要求其臣民“保持并提升荣誉感以及对全能上帝的侍奉，遏制并打击罪过、渎神、放荡和不道德行为”[②]。他表示，那些不道德的人，无论处于什么社会地位，都应该受到鄙视，要通过王室恩宠的标志将有道德的人与他们区别开来。他以身作则，与王后相亲相爱，过着简单、节俭、虔敬、贞洁的生活，他还禁止王子们的情妇进入他的宫廷。因此，有人称乔治三世夫妇是“前维多利亚时代的维多利亚人”[③]。然而，乔治三世的种种努力效果不大，仅对其在位时期的宫廷风气好转起到了作用，并未能推动全社会道德状况出现大的好转。

1837年登基的维多利亚女王，十分重视道德建设，与丈夫阿尔伯特亲王共同努力，推动英国社会道德状况的改善。维多利亚女王与阿尔伯特亲王相亲相爱、忠贞不渝的爱情婚姻生活在很大程度上改变了人们对王室的看法，他们“幸福的家庭生活树立了一个好榜样”[④]。维多利亚女王夫妇对子女教育问题高度重视，采取了多种措施，对子女进行严格的教育，尤其重视道德教育。维多利亚女王夫妇对英国宫

---

① Thomas Cotton, *A Sermon Preached to the Societies for Reformation of Manners, in the Cities of London and Westminster*, pp. 32 - 33.

② William B. Willcox and Walter L. Arnstein, *The Age of Aristocracy 1688 to 1830*, Lexington: D. C. Heath and Company, 1988, pp. 141 - 143.

③ William B. Willcox and Walter L. Arnstein, *The Age of Aristocracy 1688 to 1830*, Lexington: D. C. Heath and Company, 1988, pp. 141 - 143.

④ Arthur Christopher Benson and Viscount Esher eds., *The Letters of Queen Victoria: A Selection from Her Majesty's Correspondence Between the Years 1837 and 1861*, Vol. Ⅱ, 1844 - 1853, p. 27.

廷中不堪的道德风气深恶痛绝，对王宫内的诸多不端行为进行了整治，对于规范宫廷中人的言行举止，根除不端行为，肃正宫廷风气起到了很大作用。与此同时，维多利亚女王和阿尔伯特亲王非常注重在社会道德层面塑造社会风尚引领者的形象，努力把这种形象展示给英国民众，进而引领整个社会道德的改善。维多利亚女王还通过多种途径唤醒人们对道德失范的警醒，推动社会道德的改善。她在报纸上发表声明，表示自己的职责就是："继续强化对上帝的效忠，禁止并打击所有的恶习、亵渎行为、放荡和伤风败俗的行为。"为了保证严格遵守安息日，她禁止打牌或其他任何公开与私下的赌博，禁止售酒或者在礼拜期间在酒馆容留客人，命令"每个人……都要庄重而崇敬地参加所有主日的圣礼"①。在 1859 年 12 月 26 日给大法官坎贝尔勋爵的信中，她对在新的离婚法庭进行的诉讼公开化表示质疑，她说：

> 随着新法律日益为众人所知晓，这些案件现在几乎每天充斥着报纸的大部分版面，这些丑闻性质的报道让我们几乎不可能把报纸放心地交到年青男女的手上。那些谨慎的父母为了保护自己的孩子，不可能每天买来最坏的法国小说，并把这些小说放到英国每个有教养家庭的早餐桌上，这些小说对我国公共道德的影响肯定是最糟糕的。②

正是通过这些举措和不懈努力，维多利亚女王与阿尔伯特亲王推动了英国社会道德风气的改善。

解决道德问题，仅仅依靠道德说教是不行的，还必须充分发挥法律的应有作用，用法律来守住道德底线。这是因为，"道德毕竟是一种约束力和强制力不强的社会规范，没有法律作底线，再完善的道德

---

① Gertrude Himmelfarb, *De-Moralization of Society: From Victorian Virtues to Modern Values*, pp. 27 – 28.

② Arthur Christopher Benson and Viscount Esher eds., *The Letters of Queen Victoria: A Selection from Her Majesty's Correspondence Between the Years 1837 and 1861*, Vol. Ⅲ, 1854 – 1861, p. 378.

最终也不过是说教而已”[①]。而且，“在一个社会道德已经败坏，道德的力量已经比较微弱的情况下，如果不通过法律的手段迅速制裁非道德行为的话，那么就会给遵守道德的人带来不公平，从而使人们群起效仿非道德行为，迅速蔓延”[②]。在这一时期，英国议会关注到国内的道德混乱状况，对那些与犯罪交织在一起的道德堕落现象感到忧虑。1697 年，议会下院专门就遏制与惩治堕落及渎神行为致函威廉三世，表示：

> 由于地位高贵与公职在身的人的榜样作用对其他人的生活有重要影响，我们最谦卑地恳求陛下，在所有荣幸在陛下您身边效力的人当中，在所有在海上和陆地为陛下您服役的人当中，恶习、渎神、不信教都要受到禁止，陛下您在任何时候都要通过您的王恩标志，让虔诚而有美德的人凸显出来。[③]

从这封信函中可以看出，议会希望能够通过国王的号召、上流社会与公职人员的示范等，达到遏制与惩治堕落与渎神行为的目的。不过，对于议会而言，它们的作用更多是在于立法领域，即通过立法来推动道德改善。

这一时期英国议会与道德改善相关的立法主要集中在以下几个方面。第一是有关渎神行为的立法。渎神行为不仅受到教会大力批判，也成为道德改善支持者敦促议会出台相关立法的原因。议会对这类呼吁给予了支持。威廉三世在位时期，议会在 1624 年《关于遏制与改正渎神的诅咒和咒骂行为的法令》的基础上，颁布了《关于更加有效地打击渎神的诅咒和咒骂行为的法令》，自 1695 年 6 月 24 日起施行。该法规定了对渎神的诅咒、不守主日等行为进行打击，规定了法

---

① 雷结斌：《中国社会转型期道德失范问题研究》，第 118 页。

② 郭忠：《法律秩序和道德秩序的相互转化》，第 119 页。

③ 即 *The Humble Address of the House of Commons to the King for the Suppressing Profaneness and Vice*，引文见 Obadiah Hughes，*A Sermon Preached to the Societies for Reformation of Manners; preach'd at Salters-Hall*，*July* 1，1728，pp. 11 – 12。

官、治安法官和各级官员的职责，以及对违法者的惩罚措施，同时要求各级教士在各自教区内广泛进行宣传。[①] 18 世纪中叶，一部以遏制渎神的诅咒和发誓为内容的法案，由托利党人托马斯·卡鲁、汉弗莱·西德纳姆、爱德华·吉本、约翰·菲利普斯爵士等提交议会讨论。由于议员们对渎神行为的痛恨以及社会各界的支持，该法案在议会两院的讨论很顺利，随后不久在议会获得通过，这就是 1745 年的《亵渎誓言法》。[②] 1853 年，《福布斯·麦肯齐法》在议会获得通过，该法适用于苏格兰，规定禁止在主日饮用酒精饮品。这也是少有的与守主日相关的立法，而且其适用范围有限。

这一时期议会通过的相关法律中对于这类行为都有一些具体的规定，如查理二世在位第二十九年第七章法律规定：

> 凡 14 岁以上者不得在主日工作（生活必需与慈善工作除外），违者罚款 5 先令；在主日售卖物品者，将被没收所售卖之物。[③]

威廉三世在位第十年至第十一年第二十四章法律规定：

> 任何人不得在主日售卖商品或货物，也不得展示这些要售卖的东西（只可在上午 9 时之前和下午 4 时之后售卖牛奶），否则将没收所售卖之物。任何违反禁令者，如果在违法行为发生后的 10 日内在 1 名目击证人的誓证下被定罪，将根据法官的批准，将其展示出售的商品或货物没收、售卖，售卖所得钱款用于济贫；付给举报者的赏金不得超过售卖钱款的 1/3；如果对上述物品没

① *A Help to a National Reformation*, pp. 83 – 86.

② Bob Harris, *Politics and the Nation: Britain in the Mid-Eighteenth Century*, pp. 294 – 295.

③ *Abstract of the Laws Against Sabbath-Breaking, Swearing, and Drunkenness*, Published Under the Direction of the Committee of Special Constables, and the Society for the Reformation of Manners, Stockport, November, 1797.

有进行扣押，则犯法者将被收监。[1]

乔治二世在位第十九年第二十一章法律规定：

> 凡犯有渎神发誓和诅咒者，经由1名证人作证，并在治安法官面前认罪，将处以如下惩罚：日工、士兵、水兵、水手1先令；其他位于绅士以下者2先令；绅士及以上者5先令。如果再犯，罚金加倍。如再犯则3倍罚款。如不立即交付罚金，将被关入矫正院。
>
> 如果法官和市长未严格执行此法，则罚金5镑。如果警察或治安官员未履行执法之责，则罚款40先令。[2]

第二是与酗酒有关的立法，这类的立法数量相对较多。18世纪的“杜松子酒热”引发了社会的道德关切，1729年、1733年、1736年、1743年议会多次通过法令，意图通过公开销售、提高售价、发放许可证、禁止蒸馏酒制造者进行零售等办法，压缩杜松子酒的销售，然而这些法令都未能有效遏制杜松子酒的泛滥及其引发的酗酒问题。1751年，议会再次通过法令，逐步提高消费税，进而提高烈酒销售价格，以达到削减烈酒消费量的目标。至此，酒类销售许可证制度基本确定下来，并且变得更加严格。自17世纪下半叶到整个18世纪，英国议会与酗酒问题相关的立法，基本围绕酒类销售来展开，并未针对酗酒者个人。在19世纪上半叶，英国政府对“禁酒运动”的介入仍然以传统的许可证制度为基础。议会不断调整与完善酒类贸易许可证法律，并授权法官进一步严格控制酒类贸易许可证发放数量，

---

① *Abstract of the Laws Against Sabbath-Breaking, Swearing, and Drunkenness*, Published Under the Direction of the Committee of Special Constables, and the Society for the Reformation of Manners, Stockport, November, 1797.

② *Abstract of the Laws Against Sabbath-Breaking, Swearing, and Drunkenness*, Published Under the Direction of the Committee of Special Constables, and the Society for the Reformation of Manners, Stockport, November, 1797.

加强许可证发放与换发审查。

第三是与打击赌博行为相关的立法。在这一时期，赌博的泛滥引发社会高度关注。1753 年 3 月的《格雷会馆杂志》将赌博描述为“这个国家的大麻烦”。托马斯·威尔逊把“杜松子酒和赌博”视为腐蚀平民、损害其“勤劳与节俭”的主要根源。[①] 在这种情况下，打击赌博行为也就成为议会立法的一个重要内容。1738 年、1739 年、1740 年和 1744 年议会通过了新的打击赌博的法律，1752 年的《违法场所法》使得控告赌场老板更加容易，1757 年通过的法律加强了对允许熟练工人、雇工、仆人或学徒在其酒馆里赌博的酒馆老板的打击。[②]

第四是与腐败尤其是议会选举舞弊有关的立法。鉴于已有法律无法有效发现议会选举中的贿赂与腐败行为，1842 年，议会通过了《更好发现贿赂与腐败行为的法令》（即维多利亚女王在位第五年至第六年第一百〇二章法律），1852 年议会通过了《更有效调查腐败行为的法令》（即维多利亚女王在位第十五年至第十六年第五十七章法律），对举报、调查、处理议会选举中贿赂与腐败行为作出进一步规定。1854 年，议会通过了《腐败行为法》（即维多利亚女王在位第十七年至第十八年第一百〇二章法律），规定对议会选举中犯有贿赂与腐败罪行者要处以罚金、监禁的惩罚，同时要求选举监察官在选举前签署誓约，保证不发生腐败及渎职问题。[③] 1835 年 3 月皇家委员会向议会提交了关于英格兰和威尔士市镇自治团体的调查报告，指出了市镇机关中存在的贪污腐败、营私舞弊等问题。在这些问题中，官员任命中的庇护制问题十分突出，不少市镇市长常常控制着下属官员的任命，一些官员将市镇资产挪为己用，还有的地方将资金用于议会选举中的贿赂、舞弊行为上。为此，1835 年议会通过的《市镇法》中针

---

① Bob Harris, *Politics and the Nation: Britain in the Mid-Eighteenth Century*, p. 299.

② Bob Harris, *Politics and the Nation: Britain in the Mid-Eighteenth Century*, pp. 299 – 300.

③ David C. Douglas ed., *English Historical Documents*, *Vol.* Ⅸ, 1833 – 1874, London and New York: Routledge, 1996, pp. 143 – 148.

对这些问题做了规定，如市镇官员实行选举制与任期制，市镇财产账目公开，资金不得挪用于私人活动或娱乐等。

第五是与卖淫有关的立法。尽管这一时期卖淫问题日渐严重，但直接针对卖淫问题的立法并未出现，仅在1824年的《流浪法》、1839年的《都市警察法》和1847年的《城镇警察法》中存在与卖淫相关的条款。在这些法令当中，卖淫受到惩处，并不是因为卖淫，而是因为公开卖淫的行为对社会秩序造成了干扰乃至危害，如在街上闲荡、纠缠行人等。[①] 1777年，阿索尔公爵提出一份禁止通奸双方再度联姻的议案，但被议会下院否决，1779年该议案再度被议会下院否决。1800年5月，奥克兰勋爵也提出法案，要求对通奸罪实施惩罚，限制通奸者再婚，以更加有效地遏制通奸问题恶化。他在5月16日和23日的议会讨论中做了发言，他在发言中表示，“我确信，我们所有人都感到有必要以身作则，促进良好社会秩序的形成，提高全体民众的道德水平”[②]。然而，这些建议没有得到采纳。“因此，在1861年之前，几乎没有法律来有效控制性行为。”[③]

总的来说，这一时期英国议会与道德有关的立法数量很少。其原因主要有二，一是这一时期的英国奉行自由主义政策，在这种政策之下，政府对社会生活尽可能不施加干预；二是受传统观念影响，人们坚持对道德问题的处理不在政府立法范围之内的看法，况且如何把握道德问题与法律问题的清晰界限，也是一个难题。正因如此，我们看到的少数与道德问题相关的立法，多以道德问题演变为犯罪问题或对社会秩序造成危害作为立法处理的标准。

众所周知，法律的效力在很大程度上依赖于执法，是有法不依、执法不严，还是有法必依、执法必严，直接决定着法律对社会行为的

---

① Chris Cook, *The Routledge Companion to Britain in the Nineteenth Century, 1815 – 1914*, London: Routledge, 2005, pp. 125 – 126.

② *Substance of the Speeches of Lord Auckland, in the House of Lords, May 16th and 23rd, 1800; In Support of the Bill for the Punishment and More Effectual Prevention of the Crime of Adultery*, London, 1800, p. 37.

③ Graham Parker, The Legal Regulation of Sexual Activity and the Protection of Females, *Osgoode Hall Law Journal*, Vol. 21, No. 2 (September 1983), p. 195.

规范效果。在这一时期，英国的法官、警察、治安法官中有相当一批人支持进行道德改善，加大了在道德问题上的执法力度，对道德堕落行为严加惩处。与议会的相关立法一样，法官、警察、治安法官们的执法行为也大致集中在如下几类案件中。

第一类是扰乱社会治安的酗酒行为。对这类行为的打击对象，包括扰乱社会治安的酗酒者，不过这部分案件数量并不多；更多的是对容留酗酒者并对其扰乱社会治安行为视而不见的酒馆、酒店经营者，以及违反酒类经营许可证法的酒馆、酒店及其经营者的惩处案件，对他们的惩罚包括罚款、没收许可证、监禁等。1755 年，丹尼尔·斯特宾因为经营一间“管理混乱的酒馆”而被大陪审团送入老贝利监狱。①

第二类是赌博行为。议会通过的打击赌博行为的法令不少，自然需要法官和治安法官们来执行。这类案件的处理，既包括对赌博者的处理，也包括对开办赌场及容许赌博行为存在的酒馆等场所及其经营者的处理。1750 年，米德尔塞克斯法院采取措施打击在公园里出现的赌博现象，18 世纪 50 年代早期，在巴斯和坦布里奇等温泉城镇和休闲地也采取了类似措施以禁止或减少赌博现象。② 1752 年，米德尔塞克斯法庭作出决定，要求治安官们不要向那些开办九柱戏场地或允许在酒馆里赌博的人发放许可证。③

第三类是卖淫行为以及其他性犯罪行为。由于这一时期卖淫本身并不是犯罪，所以并不是所有妓女都是治安法官与警察抓捕的对象，只有那些在街头或公共场所公开招嫖、影响社会秩序的妓女才会受到抓捕与惩处，街头流莺往往是都市警察抓捕和打击的目标。还有些妓女是因为参与了偷盗、抢劫等犯罪案件而受到逮捕与惩处。根据法律规定，组织卖淫、经营妓院都属于犯罪行为，在受到打击的卖淫案件中这类案件占据绝大多数。再有就是对性犯罪案件的惩处。包括同

① Bob Harris, *Politics and the Nation*: *Britain in the Mid-Eighteenth Century*, p. 304.

② Bob Harris, *Politics and the Nation*: *Britain in the Mid-Eighteenth Century*, p. 303.

③ Bob Harris, *Politics and the Nation*: *Britain in the Mid-Eighteenth Century*, p. 306.

恋行为、强奸、猥亵儿童等。根据一些地方的法庭记录，各地都有这类案件受到法庭审理与判决，而且处罚较重。

表4－1　　　　**判处死刑的性犯罪①**

地　区	时　间	罪　名	定罪数量（起）	执行数量（起）	执行占定罪的百分比（%）
伦敦与米德尔塞克斯	1756—1804	强奸	19	11	57.9
		鸡奸	9	5	55.6
	1812—1818	强奸	3	2	66.7
		鸡奸	4	4	100.0
伦敦附近的巡回审判	1755—1814	强奸	38	18	47.4
		鸡奸	14	12	85.7
诺福克的巡回审判	1768—1818	强奸	15※	11	73.3
		鸡奸	4	3	75.0
西部地区的巡回审判	1770—1818	强奸	29	20	69.0
		猥亵10岁以下儿童	4	3	75.0
		鸡奸	7	4	57.1

※含2例强奸儿童案。

第四类是腐败行为尤其是议会选举腐败行为。在议会选举中存在贿赂和舞弊行为的人，一旦被人告发并坐实罪名，除了受到议会的相关处理外，还会受到司法审判和监禁等惩罚，在这些人当中既有议员候选人、选举代理人，也有城市市长等官员，还有选民。例如，因为贿赂和腐败而被逐出议会并被关入伦敦塔的塞缪尔·谢泼德，因为在议会选举中有违法行为而被判处监禁的托马斯·皮特曼、爱德华·狄萨德、理查德·施林普顿三位市长。

第五类是商业欺诈行为。这一时期英国经济生活中存在着较为严重的商业欺诈现象，有的甚至造成极为恶劣的社会影响，如1720年的“南海泡沫”事件，但更多的商业欺诈行为主要是制售假冒伪劣

① Clive Emsley, *Crime and Society in England, 1750－1900*, Harlow: Pearson Education Limited, 2010, p. 272.

商品、短斤少两、虚假广告。在这其中食品掺假行为尤为严重。1855年有评论者在谈到食品掺假问题时说："世界上没有哪个国家的商业像英国一样有如此普遍的不道德行为，并且还操作得如此成功。"[①]制售假冒伪劣产品的产值很大，据估计，在1800年，涉及冒牌和赝品制造案件的案值达到220万镑之多。[②] "有关欺诈的法律出现于1757年。许多关于信用、合同、纸币债务、账单及其他重要商业事务的判例法，可以追溯到曼斯菲尔德勋爵于1760年至1788年间在王座法庭作出的司法决定。"[③] 因此，打击制售假冒伪劣商品和短斤少两行为就成为司法机关规范经济活动的一项日常任务。在各地法庭档案与警方记录中有很多这类案件的记载。《曼彻斯特卫报》是一份每周两期的地方报纸，从1844年该报的报道来看，仅1月6日一天在曼彻斯特就有11个肉商因为出售不能食用的肉而被罚款，6—8月，仅在10天里就有96人因为出售商品时短斤少两而受到处罚。[④]

除了以上几类行为外，司法机关还关注许多被视为渎神、不道德、堕落的行为以及可能发生这些行为的场所。因为法官、治安法官与警察相信，渎神、堕落、放荡行为普遍存在，并将原因归结为赌场、剧院以及酒馆和酒店的增多。"法官尽全力打击的不仅有赌场、斗牛、斗鸡，还有赛会、插科打诨、露天表演、短剧，还带着怀疑的目光看待温泉和茶馆（其中有些确实是很糟糕的地方），大陪审团把这些看作公害。"[⑤] 应该说，有不少法官、治安法官和警察非常尽责，有效推动了社会道德风气的好转。约翰·菲尔丁在1754年至1780年担任治安法官，他意识到卖淫问题对社会的危害性，特别关注被遗弃的女孩，因为她们是伦敦妓女的重要后备军。可以说，正是在弓街的任职经历，促使他在1758年提议并推动建立了专门收养被遗弃女孩

---

① ［英］比·威尔逊：《美味与欺诈：食品造假与打假的历史》，周继岚译，生活·读书·新知三联书店2010年版，第86页。

② ［英］劳伦斯·詹姆斯：《中产阶级史》，李春玲、杨典译，第175页。

③ Roy Porter, *English Society in the 18th Century*, p. 135.

④ 参见［德］恩格斯《英国工人阶级状况》，《马克思恩格斯全集》第2卷，中共中央马克思恩格斯列宁斯大林著作编译局译，第351—355页。

⑤ M. Dorothy George, *London Life in the Eighteenth Century*, p. 279.

的孤儿院。

然而，由于受到以下几个因素的影响，司法机关对渎神、不道德、堕落行为的打击在效果上大打折扣。一是差异化执法。这种差异化有两种表现。一种是针对不同社会阶层的执法对象，司法机关的执法力度存在很大差异。穷人在啤酒馆酗酒会受到惩罚，而富人在高级酒店里酩酊大醉则不会受到惩罚；穷人出入的娼寮会受到警察搜查，但服务于上流人士的高级妓院则不会受到搜查；街头流莺会遭到抓捕，但身居高级公寓为上流人士提供性服务的交际花则不会被抓捕；穷人在小酒馆等处赌博会受到处罚，但富人在私人俱乐部里的豪赌则不会受到处罚。正如一位“绅士”在1753年所说：“在所有的其他例子中，法律自身都在维护我们对于穷人的专制。”① 另一种是不同地区的执法力度存在差异。不同地方的治安官员与警察对待打击妓院的态度是不一样的，有的比较认真负责，有的则敷衍塞责，例如，约克市对卖淫活动采取比较严厉的措施，而赫尔市对卖淫活动则基本采取放任的态度，这就给妓女和妓院逃避打击留下了空间。二是治安官员和警察收受贿赂、以权谋私、徇私舞弊。在17、18世纪，酒馆老板担任教区警察的现象普遍存在，让这些人去禁酒简直是天方夜谭。② 在一些地方，有治安官员和警察充当妓院或妓女的保护伞，在收取妓院或妓女交付的保护费后，为其从事卖淫活动提供保护。三是法律手续繁杂，给起诉、惩处道德犯罪案件带来困难。1751年，米德尔塞克斯的大陪审团向王座法庭表达了这一看法，并呼吁采用简易程序对起诉妓院的案件进行审理。1752年年初，亨利·菲尔丁等人也在《考文特花园杂志》上强调在控告妓院经营者时遇到的困难。③ 四是专业警察力量的缺失。英国社会治安的传统维护力量主要是治安法官和教区警察，前者人数少、管辖范围大，没有足够的时间和精力进行严格管理，后者则是带有义务性质的兼职警察，不具备专业的执法精

① Roy Porter, *English Society in the 18th Century*, p. 134.

② M. Dorothy George, *London Life in the Eighteenth Century*, p. 292.

③ Bob Harris, *Politics and the Nation: Britain in the Mid-Eighteenth Century*, p. 300.

神与能力。因此，在1829年大伦敦地区建立专业警察制度之前，这样一支非专业的警察力量无法完成日渐繁杂的社会治安管理工作。1795年，帕特里克·科尔奎豪恩出版了《论大都市警察》一书，他在书中指出，原有宗教信仰和道德原则在市场经济冲击下对个人的约束力越来越小，应该建立新的警察力量来对人们的行为加以约束和规范。五是告密者制度引发社会不满。在这一时期的道德改善运动中，无论是治安法官还是“道德改善协会”，都采用告密者制度来告发道德犯罪者和搜集证据。由于告密者对个人隐私的窥探和侵犯，以及一些告密者捕风捉影、编造证据甚至借机公报私仇，在社会上招致极大不满，给司法机关开展遏制与惩治道德犯罪的工作造成了极为不利的影响。[①]

政府还支持道德改善团体开展活动，力图借助这些道德改善团体的力量，推动社会道德状况的好转。许多议会上下两院议员和法官在一封致《道德改善协会说明》作者的信中表示：

> （他们）深刻认识到这场改善运动将有益于增进上帝的荣耀、提升虔敬与美德、促进教会与国家的公共福祉。因此他们祈祷可以期望各个等级与阶层的人尽全力于全国性的道德改善运动。[②]

这些道德改善团体“得到了来自王室公告、季审法庭的指令、英格兰许多郡的大法官、伦敦城市长和城市法庭的支持与鼓励，许多尊贵的主教和其他优秀牧师在协会做了布道，并将布道词在全王国印发，其他学者发表作品表示支持，众多教会贵族与世俗贵族、英格兰和爱尔兰的法官们以及许多新教教会的牧师们对他们表示正式认可”[③]。可以说，“所有具有宗教情感，关心上帝荣耀、国家福祉的

---

① 参见崔明远《英国道德与习俗改良运动研究（17世纪末—18世纪中期）》。

② Thomas Cotton, *A Sermon Preached to the Societies for Reformation of Manners, in the Cities of London and Westminster*, pp. 33 – 34.

③ John Leng, *A Sermon Preached to the Societies for Reformation of Manners, at St. Mary-le-Bow, on Monday the 29th, MDCCXVIII*, pp. 4 – 5.

人，都认可道德改善的必要性；他们为道德改善发出呼声，大力推动，希望他们的努力有所收获”①。

政府及其官员对道德改善团体的支持主要表现为以下几个方面。首先，批准道德改善团体的成立，赋予其合法地位，准许它们在批准的区域里以合法方式开展道德改善活动。这是道德改善团体能够建立并开展活动的基础和前提条件。其次，政府官员以个人身份加入道德改善团体，为道德改善团体提供了道义上的支持。在“道德改善协会”等知名道德改善团体的成员中，我们经常能够看到议员、大臣、市长、治安法官等官员的名字，有时还能看到王室成员的名字，如安妮女王的丈夫乔治亲王就是“基督教知识促进协会”的捐助会员。在这些人当中固然不乏沽名钓誉者，但不可否认的是，大多数人确实是出于对道德改善的热情而参加道德改善团体的，他们也为道德改善团体的存在与活动做出了贡献。这些官员的加入，壮大了道德改善团体的声势，吸引了更多的人关注道德改善，他们的捐款为道德改善团体开展活动提供了经费支持，他们还为道德改善团体与政府尤其是司法机关的合作提供了便利条件。最后，政府尤其是司法机关与道德改善团体开展合作，打击渎神、不道德与堕落行为，遏制社会道德混乱的势头。“道德改善协会”等团体主动查找道德犯罪线索，并将有关信息举报给治安法官或教区警察，治安法官与教区警察就有关线索进行搜查，抓捕犯罪者并将其交付法庭，法庭对有关道德犯罪案件进行审理，根据法律进行惩处。这样，道德改善团体与司法机关形成了一个打击道德犯罪的联动机制，在一定时间、一定区域内有效遏制了道德混乱的现象。不过，正如前文所述，由于一些不利因素的影响，这种合作呈现不稳定性和地域差异性，所达到的效果也千差万别。

总体来说，这一时期英国政府在道德问题治理方面发挥的作用有限。造成这一局面的原因有多种，除前述几种原因外，还有四个因素影响政府作用的发挥。首先，上流社会性道德问题与政治腐败问题导

① Thomas Cotton, *A Sermon Preached to the Societies for Reformation of Manners, in the Cities of London and Westminster*, pp. 34 – 35.

致政府形象与威望受损，不利于政府在道德问题治理方面作用的发挥。其次，政府介入道德改善运动的重心在于维护与整顿社会秩序。因此，那些对社会秩序影响不大的道德问题，往往得不到政府的重视，相关案件即使被提交法庭，也可能得不到受理。以卖淫问题为例，在这一时期，卖淫不是犯罪，只有当卖淫行为对社会秩序造成威胁与危害时，才会被作为犯罪来处理。成立于1802年的“抑制恶习协会”的确在19世纪初提出大量控告，但这些控告主要针对的是不守主日，几乎没有妓女受到惩罚。1825年，“抑制恶习协会”承认，由于公众对控告妓女有敌意，政府不愿对妓女提起控告。再次，在这一时期，英国法庭受理案件大体上还是依赖于私人控告，因此，对于没有受害者的不道德与不敬神等行为，法庭很难做出审判和处罚。最后，司法界存在的腐败问题和一些法律漏洞，给利用法律打击道德犯罪增添了障碍。例如，有的被告通过贿买律师和证人，通过作伪证等手段来洗脱罪名，进而逃避法律的打击。正因如此，早期“道德改善协会”利用刑法打击不道德行为的策略受挫，1787年成立的“公告协会”以及复兴的“道德改善协会”吸收了过去的教训，不再过多依赖于使用刑法作为手段。

三　社会团体与道德改善

这一时期在英国涌现众多道德改善团体以及与道德改善相关的社会团体，这些道德改善团体在遏制与打击道德堕落行为，扭转道德混乱局面，倡导道德规范方面付出了很多努力，发挥了十分重要的作用。

按照主要关注点及活动侧重点的不同，我们可以把这些道德改善团体以及与道德改善相关的社会团体分为以下几类。

第一类是综合性的道德改善团体。第一个具有代表性的综合性道德改善团体是“道德改善协会”。这一时期首个“道德改善协会”于1690年出现在伦敦的陶尔哈姆莱茨地区，随后，从伦敦到爱丁堡，各地陆续建立起许多“道德改善协会”。值得注意的一个现象是，这些“道德改善协会”大都建立在城镇，而在乡村则较为少见。在伦敦，1699 年有 9 个“道德改善协会”，到 1701 年有将近 20 个。这似乎反映了一个问题，即城镇的道德问题要比乡村的道德问题更为突出，也更加令人忧虑。这一时期“道德改善协会”有三个活跃期。第一个活跃期是 17 世纪 90 年代到 18 世纪 30 年代，到 18 世纪 30 年代后期，“道德改善协会”逐渐销声匿迹，这个阶段的特点是协会数量多，分布地区广，活动时间长。第二个活跃期是 18 世纪中叶，以 1757 年“道德改善协会”在伦敦复兴为标志，这个阶段的特点是协会数量少，分布地区小，活动时间短，参与人数也明显少于第一个活跃期。复兴的“道德改善协会”主要局限于伦敦及其周边地区，协会成员以卫斯理宗等不奉国教派教徒为主，且到 1765 年即陷入停顿状态，而在爱丁堡，复兴“道德改善协会”的努力没有奏效。① 第三个活跃期是 18 世纪 80 年代以后，这个阶段的特点是协会数量多，分布地区广，参与人数多。第二个具有代表性的综合性道德改善团体是“抑制恶习协会”。1787 年乔治三世发布了打击恶习的《王室公告》，但社会反响不大。威尔伯福斯试图通过动员公众人物来推动《王室公告》落实，在 1802 年建立了“抑制恶习协会”。根据该协会发布的文告，该协会特别关注不守主日、渎神行为、出版印刷色情下流出版物、出售商品时短斤少两、经营妓院、赌场及非法酒馆、拉皮条、赌博、虐待动物等，力图在民众中培育虔敬与美德等。在很大程度上可以将其看作“道德改善协会”的继承者。在该协会的推动下，1857 年《色情出版物法》正式生效，1885 年，该协会并入“全国警惕协会”。

第二类是侧重传播基督教知识、强化基督徒宗教信仰的宗教性团体。在这类团体中既有成立于 17 世纪 70 年代的“宗教信仰协会”，成立于 1698 年的“基督教知识促进协会”，也有成立于 1799 年的伦敦“宗教小册子协会”等。这些团体有两个共同的突出特点。一个突出特点是这些团体都有较强的教会背景，在其创始人与核心成员中

---

① Bob Harris, *Politics and the Nation*: *Britain in the Mid-Eighteenth Century*, pp. 307, 315, 322 – 323.

教会人士占有重要地位，如“基督教知识促进协会”的创始人托马斯·布雷就是一名传教士。另一个突出特点是这些团体都把加强民众的基督教信仰作为核心任务，在它们开展的活动中，印制散发福音书、祈祷书等宗教书籍和小册子，在工人与儿童中进行基督教教义与知识的教育，占据了核心地位。例如，“基督教知识促进协会”开展的活动包括：推进慈善学校在全国各地的建立，散发《圣经》和《公祷书》以及其他宗教书籍和小册子。[①] 而它们之所以这么做，是因为它们相信这一时期英国社会道德问题成堆的根本原因就是人们的宗教信仰淡漠，解决这一问题的出路也就在于强化民众的基督教信仰。[②] 开展道德教育，纠正不良风习，开展慈善活动，也在这类团体的活动中具有相当地位。它们把传播基督教教义与进行道德改善及开展慈善活动结合起来，成为具有教会特色的道德改善团体。

第三类是致力于解决某个道德问题的道德改善团体。酗酒是这一时期一个很严重的道德问题，因此，禁酒协会这一类的道德改善团体数量非常多。按照其活动地域范围来分，有全国性的禁酒协会如“全国禁酒协会”，有区域性的禁酒协会如“苏格兰禁酒联盟”“爱尔兰禁酒协会”，有城镇一地的禁酒协会如“伦敦禁酒联盟”“利兹禁酒协会”。按照其工作对象来分，有专门在年轻人中开展禁酒活动的“青年人禁酒协会”，专门在儿童中开展禁酒宣传教育活动的“少年禁酒协会”，专门在军队中开展禁酒活动的“军队禁酒协会”，专门在宪章派工人中开展禁酒活动的“东伦敦宪章派禁酒协会”。按照其禁酒主张来分，有属于温和禁酒派的禁酒协会如“布拉德福德禁酒协会”，有属于绝对禁酒派的禁酒协会如“伯明翰绝对禁酒协会”，有主张通过法律手段禁止酒类贸易进而禁酒的禁酒协会如“联合王国遏制酒类贸易联盟”。这些禁酒协会数量多、分布地域广、活动方式多样、影响大，有效遏制了英国社会酗酒恶习的蔓延，推动了社会道德

① “Mrs. Trimmer on the Society for Promoting Christian Knowledge”, David C. Douglas ed., *English Historical Documents*, Vol. Ⅷ, 1783 – 1832, London and New York: Routledge, 1996, p. 657.

② Bob Harris, *Politics and the Nation: Britain in the Mid-Eighteenth Century*, p. 317.

风气的好转。卖淫是这一时期英国社会的又一个严重道德问题，致力于消除卖淫现象的道德改善团体数量也不少，如“伦敦保护少女、打击童妓卖淫协会”“爱丁堡保护少女协会”“国教会感化协会”“改造与救助联盟”等。这些团体或致力于打击童妓卖淫活动，或致力于拯救那些身陷卖淫活动之中的少女，或致力于感化改造妓女，或致力于向处于困境中的女性提供帮助，以免她们堕入风尘。议会选举腐败也是这一时期十分突出的道德与政治问题，由此在18世纪催生了许多议会改革团体，如1769年成立的“权利法案支持者协会”、1780年成立的“宪制知识协会”、1790年成立的“曼彻斯特宪制协会”、1791年成立的“设菲尔德宪制知识协会”、1792年成立的“伦敦通讯协会”和“人民之友会”。这些议会改革团体把推动议会改革作为自己的目标，在它们提出的议会改革主张中就包含了公正选举、禁止贿买选票、禁止威胁报复选民、秘密投票等要求，这些要求都指向了议会选举中普遍存在的贿选舞弊等腐败问题。它们希望，“经由议会改革，可以建立一个公正的政府，不再把大量金钱耗费在政治贿赂、对特权精英滥施奖赏以及战争侵略上”①。因此，这些议会改革团体虽不属于道德改善团体，但它们在推进解决议会选举腐败问题上发挥了和道德改善团体同样的作用。

第四类是社会慈善与互助团体。这类团体的数量也很多，既有全国性的团体，也有地域性的团体，还有行业性的团体，其分布非常广，全国各地都有，其中尤以城镇中的团体数量为多。在这些团体中有接收孤儿的孤儿院、为贫穷已婚女性接生的产科医院、接收从良妓女的玛格德林性病医院等慈善团体或机构。慈善学校是这类团体中的重要组成部分，这其中具有代表性的就是主日学校。1780年，第一所主日学校出现，1785年，“支持与促进英格兰各郡开设主日学校协会”成立，主日学校随之在英国各地纷纷建立，成为教授童工和流浪儿童读、写、算知识和宗教道德的重要机构。随着工业化的进行，如

① ［英］哈里·狄金森：《英国激进主义与法国大革命：1789—1815》，辛旭译，北京师范大学出版社2016年版，第28页。

何加强对技术工人的道德教育也成为一个问题，在博尔顿、普雷斯顿、布莱克本等城镇出现了一批技工社团，这些技工社团也都把让技工远离不道德的生活作为重要目标之一。1844 年成立的布莱克本技工社团的宗旨明确宣布：

> 从工人最感兴趣的技术问题入手，以最低成本培养工人的劳动技能，并保证他们获得舒适和满意的感觉，以防止他们陷入懒散和放荡的生活状况；在社会所有阶层中形成鼓励求知和学习文化技能的氛围。①

另外，1818 年成立的英国土木工程师协会、1834 年成立的建筑师协会、1847 年成立的机械工程师协会等行业协会也都把职业道德规范的制定与惩治违反职业道德行为作为重要工作。可以说，这些社会慈善团体在“对社会下层进行救助……减轻下层阶级身体痛苦”的同时，也在“通过道德教育或潜移默化的风化熏陶提高公民道德素质”②。而在技工社团和行业协会当中，“成员和团体之间的互动形成特定的利益诉求和道德规范，也形成特定的风气、氛围、友谊和共同理想，从而有效地影响着社会的道德状况和价值观念”③。

在上述四类团体中，有的团体如禁酒协会的情况已经在相关章节中有较为详细全面的分析与论述，有的团体如行业协会在道德改善运动中的活动及其作用不具有典型性，因此，在这里就不再赘述了。这里将对“道德改善协会”这个具有代表性的综合性道德改善团体的活动及其影响加以分析，希望能够做到窥一斑而知全豹。

“道德改善协会”的存在与活动虽然断断续续，但时间长达一个世纪左右，对这一时期的道德改善发挥了重要作用。该协会出现在 17 世纪晚期的伦敦不是偶然的，至少说明三个问题，一是这一时期

---

① 转引自袁弋胭《19 世纪英国中产阶级自愿社团研究》，第 110—111 页。

② 袁弋胭：《19 世纪英国中产阶级自愿社团研究》，第 113 页。

③ 袁弋胭：《19 世纪英国中产阶级自愿社团研究》，第 34 页。

英国社会道德混乱，渎神、堕落与其他下流行为普遍存在；二是以伦敦为代表的城市出现的道德问题更为严重；三是“光荣革命”后英国社会尤其是社会中上层对待道德混乱问题的态度发生了明显变化。可以说，正是这些历史事实与变化促成了17世纪晚期英国道德改善运动的出现，而“道德改善协会”的建立则是这一运动在17世纪晚期到18世纪末存在与发展的风向标。

“道德改善协会”的建立得到了包括王室在内的英国社会中上层的大力支持。[①] 女王玛丽二世和安妮女王都曾表态支持“道德改善协会”，1691年至1694年任职的坎特伯雷大主教约翰·蒂勒森热情鼓励“道德改善协会”开展相关活动，其继任者托马斯·特尼森将“道德改善协会”推荐给手下的主教们。议员们也是“道德改善协会”的积极支持者，议会上院有36名贵族签署声明支持该协会。治安法官是“道德改善协会”重要的支持者和参加者，威斯敏斯特治安法官和季审法庭庭长约翰·贡松就是他们中的一个代表。不少思想文化界人士也积极支持和参加“道德改善协会”，笛福是伦敦和爱丁堡“道德改善协会”的会员，乔纳森·斯威夫特则在1709年发表了小册子《关于强化信仰和促进道德改善的计划》，对“道德改善协会”的活动表示支持。为有利于各地建立“道德改善协会”，一份建立“道德改善协会”的协议样本被制定出来。在任何地方，只要有3—4名虔诚者愿意联合起来建立这样的协会组织，他们就可以在这份协议上签名，组建“道德改善协会”并开展活动。该协议样本内容共有12条，涉及协会成立目的、协会发展途径、协会与官方合作形式、内部机构设立、议事规则、发展成员办法、对外宣传等。[②] “道德改善协会”的成员也以英国社会中上层人士为主，其成员分为4个层次。“道德改善协会”的顶层是包括创始人在内的一批创会绅士，主要是一批优秀的专业人士，包括议员、法官、律师等，他们也

---

① John Leng, *A Sermon Preached to the Societies for Reformation of Manners*, at St. Mary-le-Bow. *on Monday the 29th MDCCXVIII*, pp. 4 – 5.

② *A Help to a National Reformation*, pp. 105 – 108.

是“道德改善协会”的核心成员与决策层，承担着为“道德改善协会”存在及发展提供专业支持与资金支持的使命。第二个层次的成员以商人为主，他们的主要职责是打击道德堕落与犯罪行为，负责每年印制发行黑名单，在黑名单上将被控告的犯罪者名字公之于众。第三个层次的成员是教区警察，他们的工作是抓捕那些违反公共道德的“不法之徒”。第四个层次的成员是一批“告密者”，这些“告密者”分布在城市各处，形成遍布整个城市、无处不在的“卫道士”之网。与此同时，“道德改善协会”在每个教区有两个主管，他们负责搜集道德犯罪者的相关信息。

“道德改善协会”开展的活动主要有两大类。一大类是揭发、控告道德犯罪行为及犯罪者。“道德改善协会”把打击道德堕落与犯罪行为视为自己的使命，因此，对道德犯罪行为及犯罪者的揭发与控告占据其活动的主要部分。被“道德改善协会”列为揭发与控告对象的道德犯罪行为包括：卖淫、同性恋、通奸、赌博、酗酒、渎神、咒骂、不守安息日、印制贩卖色情书画，以及经营妓院、赌场、非法酒馆等。“道德改善协会”希望通过其揭发与控告，让这些道德犯罪行为及犯罪者受到惩处，让混乱的社会道德风气得到整肃，提升民众的道德水平。每年“道德改善协会”都会发布一份年度工作报告，在报告中将协会在过去一年里揭发与控告的道德犯罪行为及犯罪者的数量加以公布。根据这些报告，“道德改善协会”在伦敦、威斯敏斯特及其周边地区对大量这类案件提出了控告。以下是部分年份的具体情况。

1715 年 12 月 1 日至 1716 年 12 月 1 日控告下流行为与骚乱行为 1066 起，经营妓院（伦敦城无）9 起，经营赌场 8 起，不守安息日 621 起，渎神的发誓与诅咒 102 起，酗酒 14 起。①

1717 年 12 月 1 日至 1718 年 12 月 1 日控告下流行为与骚乱行为 1253 起，经营妓院 31 起，经营赌场 8 起，不守安息日 492 起，渎神

① *The Two and Twentieth Account of the Progress Made in the Cities of London & Westminster, and Places Adjacent*, by the Societies for Promoting a Reformation of Manner, London, 1717, p. 1.

的发誓与诅咒 205 起，酗酒 17 起。①

1719 年 12 月 1 日至 1720 年 12 月 1 日控告下流行为与骚乱行为 1189 起，经营妓院 14 起，经营赌场 16 起，不守安息日 615 起，渎神的发誓与诅咒 114 起，酗酒 11 起。②

1732 年 12 月 1 日至 1733 年 12 月 1 日控告下流行为与骚乱行为 89 起，经营违法场所 3 起，不守安息日 395 起。③

1737 年 12 月 1 日至 1738 年 12 月 1 日控告下流行为与骚乱行为 52 起，不守安息日 493 起。④

截至 1734 年，在此之前的 40 年里，在伦敦及其附近因为堕落和渎神而被控告的人数总计达到 98970 人。⑤

从 1757 年 8 月到 1762 年 8 月，"道德改善协会"宣布在伦敦及其周边地区控告了 4596 起道德犯罪案件，年均 919 起。1762 年 8 月到 1765 年，这一数字上升到 10588 起，年均 3114 起。⑥ 无论从案件总数还是从年均数量来看，都呈现上升势头。在这些案件中，大部分是不守安息日、卖淫、经营违法场所。这一方面或可说明道德混乱现象有加剧趋势，但另一方面也说明"道德改善协会"揭发与控告道德犯罪行为的工作力度加大，且取得了一定成效。

---

① *The Four and Twentieth Account of the Progress Made in the Cities of London & Westminster, and Places Adjacent*, by the Societies for Promoting a Reformation of Manner, London, 1719, p. 1.

② *The Six and Twentieth Account of the Progress Made in the Cities of London & Westminster, and Places Adjacent*, by the Societies for Promoting a Reformation of Manner, London, 1721, p. 1.

③ "The Nine and Thirtieth Account of the Progress Made in the Cities of London & Westminster, and Places Adjacent", by the Societies for Promoting a Reformation of Manner, in Arthur Bedford, *A Sermon Preached to the Societies for Reformation of Manners, at St. Mary-le-Bow, on Thursday, January 10th, 1733*, London, 1734, p. 38.

④ "The Forty-fourth Account of the Progress Made in the Cities of London & Westminster, and Places Adjacent", by the Societies for Promoting a Reformation of Manner, in Samuel Smith, *A Sermon Preached to the Societies for Reformation of Manners, at St. Mary-le-Bow, on Monday, March 5th, 1738*, London, 1738, p. 26.

⑤ "The Nine and Thirtieth Account of the Progress Made in the Cities of London & Westminster, and Places Adjacent", by the Societies for Promoting a Reformation of Manner, in Arthur Bedford, *A Sermon Preached to the Societies for Reformation of Manners, at St. Mary-le-Bow, on Thursday, January 10th, 1733*, London, 1734, p. 38.

⑥ Bob Harris, *Politics and the Nation: Britain in the Mid-Eighteenth Century*, p. 308.

“道德改善协会”的另一大类活动是开展宣传教育。布道是“道德改善协会”开展的一项重要宣传教育活动。除了每年固定的年度布道外，协会还不定期地邀请神职人员举行布道。这些教士的布道内容包括：对“道德改善协会”的工作进行评价，对社会上存在的不道德行为与恶习进行批评，对民众提出道德上的警示，呼吁动员社会各界行动起来，共同与不道德行为及恶习展开斗争，宣讲基督教道德，倡导民众践行美德等。印制散发书籍与小册子等宣传品是又一项重要的宣传教育活动。在这些宣传品中既有登载基督教教义与基督教道德的作品，也有协会组织编写或协会成员撰写的作品如笛福的《穷人的呼吁》等，还有协会组织布道活动中的布道文以及协会的年度工作报告。18 世纪中叶，“道德改善协会”在伦敦印制并散发了几千本指导书，建议警察履行其职责，在安息日控制人们的行为，并在整个伦敦散发反对不守安息日的小册子。① 另外，“道德改善协会”还充分利用报纸与期刊如笛福创办的《评论》宣传自己的主张，抨击社会恶习，倡导美德，为道德改善运动营造良好的舆论氛围。

“道德改善协会”的种种努力取得了一定的成效。在“道德改善协会”活动的地区，尤其是“道德改善协会”十分活跃的伦敦及其周边地区，许多人因为有道德犯罪行为而遭到控告和惩处，不少街头流莺遭到抓捕和控告，一些妓院、赌场、非法酒馆等遭到查封，一些在安息日期间仍然营业的店铺店主遭到举报和查处。对这些道德犯罪行为及违规者的控告和惩处，在一定程度上起到了警示作用，也有利于遏制社会道德混乱局势恶化的势头。1701 年 12 月 11 日，肯尼特在“道德改善协会”布道时说：

> 对摧毁恶习和丑行的王国而言，牢固的联合与强大的联盟是必要的。……你们打击恶习与堕落的志愿协会不会招致你们的统治者的嫉恨，他们是明智而友好的，而只会引起邪恶之人的痛恨

① Bob Harris, *Politics and the Nation: Britain in the Mid-Eighteenth Century*, p. 308.

和地狱的怒火。①

仅仅几年，在这种公共精神的作用下，许多有罪之人受到谴责，至少出现了改善的状况；保守估计，不少于3万人因为渎神的诅咒和咒骂而被控告，几乎同样数量的放荡与不法之人受到了宽大的惩罚，并由此矫正了他们的恶习，或至少抑制了他们的丑闻。10万余本《信仰之书》和《远离时下恶习的告诫》散发出去了。这座城市的所有居民都可以证明这一事实：过去的放荡与渎神行为明显减少。②

米德尔塞克斯郡、伦敦、白金汉郡、北安普顿、南安普顿郡、诺丁汉郡、蒙默思郡、德比郡等地的大陪审团也纷纷发表声明，感谢“道德改善协会”的不懈努力，支持该协会开展活动，呼吁更多的人加入道德改善活动中来。③ 例如，伦敦城大陪审团在声明中说：

作为这座城市的大陪审团，我们要感谢那些参加协会、推动道德改善的有身份者，他们的行为是我们的福祉绝对需要的，我们希望他们全身心投入这一伟大事业，激励其他人和他们共同努力，有效推动更广泛的改善。④

“道德改善协会”对道德犯罪行为及犯罪者的控告与惩处，是要与政府特别是法官、治安法官、教区警察等司法人员合作进行的，因

① “An Account of the Progress of the Reformation of Manners, in England & Ireland, and Other Parts of the World. With Reasons and Directions for Our Hearty and Vigorous Prosecution of This Glorious Work”, in *A Help to a National Reformation*, p. 33.

② “An Account of the Progress of the Reformation of Manners, in England & Ireland, and Other Parts of the World. With Reasons and Directions for Our Hearty and Vigorous Prosecution of This Glorious Work”, in *A Help to a National Reformation*, pp. 33 – 34.

③ 有关声明见 *A Help to a National Reformation*, pp. 123 – 131。

④ “The Presentment of the Grand Jury for the City of London, at Justice-Hall in the Old Bailey, the 4th Day of June 1701, and Ordered by the Court to be Printed”, in *A Help to a National Reformation*, pp. 124 – 125.

此，无论这些司法人员主动还是被动，他们都被拉进道德改善运动当中，并因此推动了政府对道德问题的重视，解决道德问题逐渐进入政府议事日程当中。“道德改善协会”与其他道德改善团体的种种努力，推动英国社会风气的转变，不良的习俗与行为逐渐遭到遏制与废弃，良好的行为规范逐渐获得人们的认可与接受，一种适应正在形成中的工业社会的道德规范日渐形成，这种道德规范在维多利亚时代确立，成为长时间影响英国社会发展和人们生活的道德规范。

然而，“道德改善协会”在开展活动过程中也暴露出种种问题。第一，作为“道德改善协会”主要社会基础的社会中上层在自身利益受损时，往往为维护自身利益而与“道德改善协会”形成对抗。例如，一部分商人、酒馆老板在主日营业问题上反对“道德改善协会”的做法，坚决维护自己的营业权利，使“道德改善协会”打击不守安息日行为的行动受挫。再如，对主日期间饮酒行为的举报和控告，不仅遭到饮酒者的敌视，也遭到酒馆老板的敌视。[①] 第二，部分社会中上层人士对“道德改善协会”的支持口惠而实不至，只想赚取声名，缺少实际行动，18 世纪中叶伦敦“道德改善协会”陷入经费困难时，就因为得不到他们的实际支持而导致协会活动陷于停顿。“针对改革的需要，许多精英成员拿出了空头支票，但很少给予行动支持。”[②] 第三，部分法官、治安法官及教区警察在配合“道德改善协会”开展打击道德犯罪行为时退缩怠惰，不认真严格执法，影响了协会打击道德犯罪行为的效果。诚如乔治・史密斯在“道德改善协会”布道时所说：“我们有很好的打击恶习与堕落的法律，但这些法律本身从未展示出作用，社会没有从这些法律那里获得好处，而且这些法律也没有得到很好的执行。”[③] 第四，“道德改善协会”对道德犯罪行为的打击是建立在这样一种观念基础上的，即“紧迫的任务是重

① Bob Harris, *Politics and the Nation: Britain in the Mid-Eighteenth Century*, p. 308.

② Bob Harris, *Politics and the Nation: Britain in the Mid-Eighteenth Century*, pp. 320 - 321.

③ George Smyth, *A Sermon Preached to the Societies for Reformation of Manners, preach'd at Salters-Hall, on Monday, June 26, 1727*, p. 21.

建社会下层的道德，改善他们的行为举止"[1]。因此，在一些媒体上，改革者们被称为伪善的欺凌弱小者，这就使得"道德改善协会"的活动缺乏广泛的群众基础，其行动效果因而大受影响。第五，"道德改善协会"利用"告密者"揭发控告道德犯罪行为及犯罪者的做法广受诟病。告密这一行为本身就很为人不齿，更何况有些"告密者"在揭发控告道德犯罪行为及犯罪者时公报私仇、敲诈勒索、作伪证，为赚取赏金不择手段。在这些"告密者"中有少数人十分积极，如伯纳姆·鲁斯、詹姆斯·詹金斯，然而，这两个人在1693年到1694年间是协会中领取薪水的官员，有人怀疑这些人的动机到底来自经济收入还是宗教热情。[2] 因此，尽管许多"告密者"的确是出自道德感而从事这项工作，许多"告密者"拒绝接受法官将部分罚金作为奖赏，但这并不能使他们免于受到攻击。在打击违反《杜松子酒法》的犯罪行为过程中，有19名"告密者"被控有敲诈勒索和作伪证行为，其中17人被证实有罪。

因此，自身存在的种种问题，再加上当时英国社会存在的一些客观条件，使得"道德改善协会"三起三落，活动范围也主要限于伦敦等工业城镇及其周边，尽管付出了艰辛的努力，然而，面对全国范围内各种严重的道德问题，其所发挥的作用在短时间内难以看到令人满意的效果。

针对社会上对于"道德改善协会"的"告密者"的敌视，教会与政府都有人出面为之辩护。1699年4月4日，坎特伯雷大主教在《致管区内诸主教通函》中说，这些被称为"告密者"的人绝对不是可憎的人，他们的所作所为完全是为了上帝的荣耀，是为了基督徒的福祉，应该得到鼓励。[3] 从1691年到1702年，伦敦、米德尔塞克斯、

---

① Bob Harris, *Politics and the Nation*: *Britain in the Mid-Eighteenth Century*, p. 296.

② *Reformation of Manners Campaign*, http: //www. londonlives. org/static/Reformation. jsp 2016-5-30.

③ "An Account of the Progress of the Reformation of Manners, in England & Ireland, and Other Parts of the World. With Reasons and Directions for Our Hearty and Vigorous Prosecution of This Glorious Work", in *A Help to a National Reformation*, p. 23.

格罗斯特、白金汉、林肯、切斯特、萨里、南安普顿、布里斯托尔、曼彻斯特、蒙默思、萨默塞特、苏塞克斯等郡和城市的季审法庭都颁布法令，鼓励基督徒和市民向法官举报渎神与有罪之人，有的地方甚至多次颁布该法令。[①]

尽管如此，利用“告密者”这一做法还是令“道德改善协会”招致了不少人的敌视。1725 年以后，由于“告密者”的行为遇到了法律上的麻烦，使得“道德改善协会”控告案件的数量大幅下降。1736 年，因为利用“告密者”来强制实施《杜松子酒法》，“道德改善协会”遭到了强烈反对。1738 年，“道德改善协会”活动的历史记录消失。18 世纪 40 年代和 50 年代，道德改善的动因并未消失，一些教区官员仍然在探讨打击非法场所、削减烈酒销售量、实施打击不守安息日的法律、逮捕妓女的办法。1757 年，出于对犯罪、奢侈和社会堕落的忧虑，一群国教会、不奉国教派和卫斯理宗的教士，在治安法官约翰·菲尔丁以及伦敦城、米德尔塞克斯、威斯敏斯特季审法庭的支持下，再建“道德改善协会”打击不守安息日行为，后来把打击对象扩大到诅咒、赌博和卖淫。1758 年，“道德改善协会”决定改变依赖散发小册子的做法，对道德犯罪者进行控告。这一行动方式的转变，令“道德改善协会”陷入无休止的官司麻烦，甚至因此耗尽协会的经费。在一些唯利是图的律师帮助下，妓院老板甚至普通妓女都可能雇用虚假的目击证人，指控协会成员有人身伤害、非法拘禁、作伪证、敲诈勒索等行为。即便这些指控遭到败诉，协会也要花费时间和金钱来进行辩护。1763 年，改革派教区警察被一个疑似妓院老板指控有人身伤害和非法拘禁行为，因此被判支付 300 镑罚金。[②] 另外，“道德改善协会”成员和支持者还会受到人身袭击，甚至有人因此身亡。有教区警察在抓捕犯罪者时被杀，也有“告密者”在打击

---

① 该法令是：Orders of Sessions that Encourage Good Christians and Good Citizens to Give Informations to Majistrates Against Prophane and Vicious Persons，各地颁布法令情况见 *A Help to a National Reformation*，pp. 76 – 77。

② *Reformation of Manners Campaign*，http：//www. londonlives. org/static/Reformation. jsp 2016-5-30.

违反《杜松子酒法》的犯罪者时，遭到殴打致死。[①] 在这些批评、人身伤害、法律官司的影响下，道德改善运动受挫。“告密者”不再举报犯罪者，治安法官在受理“告密者”控告的案件时极为谨慎，对犯罪证据的要求也很高，甚至不鼓励“告密者”提起案件控告。在这种情况下，18 世纪中叶的“道德改善协会”采取了更加谨慎的策略，其目的是确保犯罪者得到改造，他们不再大量控告犯罪者，而是对极少数犯罪典型进行更加有效的控告，以达到警示作用。同时，“道德改善协会”还将活动触角伸入视察监狱、建立慈善协会等公众抵触较少的领域，最终协会变成了“改善穷人状况协会”。

实际上，“道德改善协会”遇到的问题，也是这一时期英国许多道德改善团体遇到的问题，“道德改善协会”的命运，也是这一时期英国许多道德改善团体的共同命运。

值得注意的是，众多道德改善团体的出现及其活动，既从一个侧面反映了这一时期英国社会道德问题的严重性，同时也表明，英国社会转型时期的“道德阵痛”给各种社会力量争夺道德话语权提供了机会。这是众多道德改善团体存在的社会基础。

道德规范的世俗化与多元化，使得土地贵族与资产阶级在道德话语权问题上有了发言机会。在这场争夺道德话语权的舆论战中，土地贵族一方面积极为自己构建道德高尚、信仰虔诚的基督教绅士新形象，表现为关注佃户与仆人的生活条件和道德状况。例如，仆人居住的地方不断扩大，设施逐渐改善，男女仆人居住地分开，主人加强对仆人的道德监督。另一方面，土地贵族对工厂主发动道德批判，批评工厂主大量使用女工和童工、强制劳动、放任工人道德堕落，通过议会对工人的生产生活条件、宗教信仰与道德状况展开调查，在议会提出限制劳动时间和限制使用女工、童工的法案，彰显自己保护弱者权益的道德形象。资产阶级尤其是资产阶级中的激进派一方面激烈抨击土地贵族的奢侈浪费、贪污腐败、放纵情欲、傲慢自负、坐享其成等

---

① *Reformation of Manners Campaign*, http：//www. londonlives. org/static/Reformation. jsp 2016-5-30.

问题；另一方面宣传自己的节俭、自制、勤奋、守时、诚信等品质，将自己置于正在走来的工业社会道德高地之上。在他们看来，“自我克制、冷静、忍耐、坚贞、坚毅、深谋远虑、周密、保守秘密、有条理、善解人意、殷勤、镇定、思维敏捷、表达灵巧，这些以及成千上万的此类德性，没有人会否认是优越的品质和优点”①。土地贵族与资产阶级在道德上互相指责的同时，又不约而同地将批评的矛头指向下层民众，在他们看来，下层民众有着太多的道德问题，如不敬神、乱发誓、懒惰、酗酒、放荡、不守时等，由他们发起建立的许多道德改善组织都将消除下层民众的恶习与堕落行为作为神圣使命，认为只要将下层民众的道德水平提高了，整个社会的道德水平自然而然就提高了。18 世纪英国资产阶级对道德关注的热情前所未有，其重要原因就在于他们需要“确立他们存在合法性的道德认可”②。对于贵族和资产阶级而言，他们不仅要谴责他人的道德缺陷，同时也要证明自己道德动机的纯洁性。这一时期许多致力于道德改善的协会与社团都是由资产阶级人士创办和组织的，说明经济上日益强大的资产阶级表现出文化上的焦虑，他们需要不断让自己的道德证明发生效力。③ 贵族和资产阶级热衷于道德改善运动，是因为“通过承担对穷人乐善好施的道德义务，上层阶级确立了某种对道德正义性和优越性的要求，它在意识形态上辨明和加强了它的高级社会地位和权力。‘贵人行为理应高尚’。它不仅鼓励了上层阶级承担起某些对于下层阶级的义务，而且也使富裕者和有权者能够通过履行这些义务在道德优势的基础上对尊敬提出某种要求”④。换言之，道德上的话语权与优势能够转化为政治上与经济上的话语权和优势。

中产阶级不仅要在经济上主宰这个社会，还要在道德观念上主导

① ［英］休谟：《道德原则研究》，曾晓平译，商务印书馆 2001 年版，第 94 页。

② 胡振明：《18 世纪英国小说兴起中的道德因素》，《四川外语学院学报》2007 年第 1 期。

③ M. J. D. Roberts, *Making English Morals: Voluntary Association and Moral Reform in England, 1787 – 1886*, pp. 292 – 293.

④ ［美］彼德·布劳：《社会生活中的交换和权力》，孙非、张黎勤译，华夏出版社 1988 年版，第 300 页。

这个社会的所有人，特别是人数众多的工人阶级。“虔诚的中产阶级——零售商、批发商、银行家、店主以及农场主——认为这个社会沉浸在骚乱、醉酒和俗世娱乐的魔障之中，他们把勤奋、自助、节制、信誉等旧式的清教道德看作实现社会进步的目标。”[①] 这是个不争的事实。然而，在道德建设方面，工人阶级扮演的并不是完全被动的角色。在整个社会向上看的风气下，效仿上层的行为举止既是被动的，也是主动的。为了改变社会地位与形象，为了在“政治平等取决于道德平等”前提下更好地争取与行使政治权利，为了捍卫自己的切身利益，工人阶级也进行了道德自救。禁酒运动中工人阶级的表现就是这方面的最好说明。从 1846 年“全国禁酒年鉴和记录”的记载来看，伦敦的“禁酒协会大多在社会中层的领导下建立，中下层民众是禁酒协会的主体，有些则是劳工阶层自己创立的”[②]。值得注意的是，这一时期，“对转变和自我新生的叙事……也很快在工人自传中广泛出现，成为他们描绘自身在政治、教育和道德上转变的途径”[③]。况且，很多道德原则如“勤俭原本就是下层民众安身立命的基本美德，无须中产阶级从旁置喙”[④]。在“禁酒运动”中倡导与培育的节制“这一道德并不是中产阶级强加给工人阶级的，它就成长于工人阶级自身之中”[⑤]。

小　结

面对日益凸显的道德问题，教会、政府和社会团体各施其策。教会除了强化舆论引导、倡导美德、塑造良好社会风尚外，还推动议会

---

① ［英］吉拉恩特・H. 詹金斯：《威尔士史》，孙超译，东方出版中心 2017 年版，第 227 页。

② 吕晓燕：《施善与教化：伦敦的慈善组织研究（1700—1900）》，第 173 页。

③ ［美］詹姆斯・弗农：《远方的陌生人：英国是如何成为现代国家的》，张祝馨译，第 73 页。

④ 乔修峰：《巴别塔下：维多利亚时代文人的词语焦虑与道德重构》，第 134 页。

⑤ Gertrude Himmelfarb，*De-Moralization of Society*：*From Victorian Virtues to Modern Values*，p. 38.

和政府采取措施打击道德堕落行为，支持并参与道德改善团体的活动。在增强信徒的敬畏之心、禁酒、打击卖淫行为、解救妓女几个方面，教会的活动收到了一定成效。但是，各教派在立场上的分歧，教会自身问题导致的形象与威望受损，民众信仰淡薄等原因，使得教会在遏制与解决道德问题上的作用大打折扣。政府通过加强相关立法、加大执法力度、支持道德改善团体活动等，试图遏制道德问题恶化的趋势。然而，上流社会性道德问题与政治腐败问题导致政府威信降低，奉行自由放任政策使得相关立法不足，徇私舞弊、手续繁杂等导致执法效果差，这些因素使得政府在道德改善方面难以发挥大的作用。因为受到利益集团的掣肘，一些人士对道德改善运动的支持口惠而实不至，缺乏群众基础，其采用的告密手段又颇受诟病，以社会中上层为主的众多道德改善团体难以完全实现其理想目标。因此，在当时整个社会经济状况、社会发展程度、民众文化教育水平等大背景下，无论是教会、政府采取的种种措施，还是道德改善团体的诸多努力，都无法彻底解决道德问题。

第五章　思想文化界的道德关怀与思考

对于这一时期社会存在的道德问题，英国思想文化界本着高度的社会责任感，以各种方式提出自己的主张。旅居英国的恩格斯在关注英国工人阶级状况的时候，也十分关注英国工业革命时期的道德问题，并对此做了深入分析。以亚当·斯密为代表的一批学者为解决道德问题提出了思考，为即将到来的工业社会勾画了道德蓝图。以查尔斯·狄更斯为代表的作家们用其文学作品揭露社会丑恶现象，唤醒人们的良知，推动道德问题的治理与道德改善。

一　恩格斯对英国道德问题的认识

1845 年，恩格斯在德国莱比锡出版了《英国工人阶级状况》一书。该书是恩格斯根据他在 1842 年 11 月至 1844 年 8 月居留英国期间的考察与研究写成的。在这本书中，恩格斯十分关注工业革命时期英国的道德问题。工业革命时期英国工人阶级的状况是这本书的主题，工人阶级的道德问题也就成为恩格斯在道德问题上谈得最多的问题。

社会转型期是社会问题的高发期，道德问题也不例外。在这种情况下，工人阶级"这个阶级的道德水平和智力水平究竟怎样，是不难想像的"①。恩格斯在书中提到工人阶级的道德问题时用了"道德堕

---

① ［德］恩格斯：《英国工人阶级状况》，《马克思恩格斯全集》第 2 卷，中共中央马克思恩格斯列宁斯大林著作编译局译，第 282 页。

落”“道德沦丧”“道德败坏”“完全失去了道德感”等词语，这表明他对当时英国工人阶级的道德状况感到痛心疾首。

恩格斯在书中提到的工人阶级的道德问题主要有两项：酗酒、性道德混乱。对于工人而言，“烧酒几乎是他们唯一的快乐的泉源”①。每到周末发了工资以后，“所有的工人都从自己的贫民窟中涌到大街上去，这时，人们就可以看到酗酒的全部粗野情形”②。有资料显示，每逢周六晚上，在格拉斯哥至少有 3 万名工人喝得烂醉。阿什利勋爵在 1843 年 2 月 28 日的议会下院演讲中说，工人每年用于酒类消费的开支将近 2500 万镑。③ 酒馆与酿酒作坊的数量、烧酒产量都能够在一定程度上反映当时工人酗酒的程度。在格拉斯哥，1840 年每 10 幢房子中就有 1 家酒馆，在曼彻斯特有 100 多家酿酒作坊，1837 年，在英格兰缴纳消费税的烧酒达 787. 5 万加仑，在苏格兰达 662 万加仑。④ 酗酒之所以成为“染上了就要受到责备的恶习”⑤，就在于“酗酒本身也必然要给它的牺牲者的肉体和精神以毁灭性的影响”⑥。酗酒会危害工人的健康，降低他们抵御疾病的能力，使他们患病的概率大大提升。酗酒会耗尽工人本就不多的薪水，甚至导致一些人一贫如洗。

> 当钱花光了的时候，这些酒徒就跑到最近的一家当铺里去……当掉他们仅有的一切。……直到出了件什么事情，结果这些东西无法赎回，一件件都落到高利贷者的手里，或者是高利贷

① ［德］恩格斯：《英国工人阶级状况》，《马克思恩格斯全集》第 2 卷，中共中央马克思恩格斯列宁斯大林著作编译局译，第 387 页。

② ［德］恩格斯：《英国工人阶级状况》，《马克思恩格斯全集》第 2 卷，中共中央马克思恩格斯列宁斯大林著作编译局译，第 413 页。

③ 参见［德］恩格斯《英国工人阶级状况》，《马克思恩格斯全集》第 2 卷，中共中央马克思恩格斯列宁斯大林著作编译局译，第 414 页。

④ 参见［德］恩格斯《英国工人阶级状况》，《马克思恩格斯全集》第 2 卷，中共中央马克思恩格斯列宁斯大林著作编译局译，第 412 页。

⑤ ［德］恩格斯：《英国工人阶级状况》，《马克思恩格斯全集》第 2 卷，中共中央马克思恩格斯列宁斯大林著作编译局译，第 387 页。

⑥ ［德］恩格斯：《英国工人阶级状况》，《马克思恩格斯全集》第 2 卷，中共中央马克思恩格斯列宁斯大林著作编译局译，第 388 页。

者再也不愿意为这些破旧不堪、毫无用处的东西付出一个小钱，那才算完。[①]

酗酒还会导致工人缺少节制、放纵自己，进而引发其他道德问题。总之，“酗酒如何使工人的物质生活状况恶化，如何破坏精神上和肉体上的健康，如何引起家庭纠纷，那是容易想像的”[②]。

工人阶级中存在的性道德混乱主要有两种表现：卖淫、性关系混乱。在伦敦的晚上，有4万个妓女在街上游荡，招揽生意。[③] 在许多小酒馆里不仅有酒客，“一些公开的职业妓女也坐在那里”[④]。对一些女工而言，“卖淫在她们当中几乎成了流行病”[⑤]。在工厂和矿山里，性关系混乱的现象几乎普遍存在。在1833年的工厂调查委员会报告里，有许多这样的内容。来自莱斯特的一个证人表示，“他宁愿让他的女儿去讨饭，也不愿送她进工厂，工厂是地狱的真正入口，城市中的大多数妓女都是工厂造成的”，从侧面说明了工厂工人中性关系混乱的严重程度。来自曼彻斯特的一个证人更是断定“工厂中的十四岁到二十岁的青年女工有四分之三已经丧失了童贞”[⑥]。许多向童工调查委员会作证的证人表示，“早期的紊乱的性关系和卖淫（这些事情常常发生在十四岁到十五岁的少年身上）在设菲尔德是极常见的现象”[⑦]。正因如此，童工调查委员会的委员们认为，“混乱的性关系看

① ［德］恩格斯：《英国工人阶级状况》，《马克思恩格斯全集》第2卷，中共中央马克思恩格斯列宁斯大林著作编译局译，第413—414页。

② ［德］恩格斯：《英国工人阶级状况》，《马克思恩格斯全集》第2卷，中共中央马克思恩格斯列宁斯大林著作编译局译，第414页。

③ 参见［德］恩格斯《英国工人阶级状况》，《马克思恩格斯全集》第2卷，中共中央马克思恩格斯列宁斯大林著作编译局译，第414页。

④ ［德］恩格斯：《英国工人阶级状况》，《马克思恩格斯全集》第2卷，中共中央马克思恩格斯列宁斯大林著作编译局译，第492页。

⑤ ［德］恩格斯：《英国工人阶级状况》，《马克思恩格斯全集》第2卷，中共中央马克思恩格斯列宁斯大林著作编译局译，第480页。

⑥ ［德］恩格斯：《英国工人阶级状况》，《马克思恩格斯全集》第2卷，中共中央马克思恩格斯列宁斯大林著作编译局译，第435页。

⑦ ［德］恩格斯：《英国工人阶级状况》，《马克思恩格斯全集》第2卷，中共中央马克思恩格斯列宁斯大林著作编译局译，第492页。

来几乎是普遍现象”①。性关系混乱导致了私生子等社会问题，工人的婚姻生活与家庭关系也都因此受到破坏。

恩格斯在书中提到的工人阶级道德问题还有语言下流、赌博等。在1833年的工厂调查委员会报告中，“许多证人都说工厂中的谈话是‘猥亵的’、‘下流的’、‘肮脏的’等等”②。在设菲尔德，“年轻人一到星期日就整天待在街上，掷钱赌博或唆使狗打架”③。

商业道德缺失是恩格斯在书中着墨较多的另一个道德问题。在这方面主要存在四种问题。第一种问题是出售劣质商品或过期食品。根据《曼彻斯特卫报》的报道，“1844年1月6日（如果我没有弄错的话）曼彻斯特有十一个肉商因出售不能吃的肉，被地方法庭（court leet）处以罚款”。

> 在这些肉商中，有一个被没收了六十四只肚子里填满了馅的圣诞节吃的鹅，这些鹅没有及时在利物浦卖出去，因此就运到曼彻斯特来，在这里的市场上摆出来的时候已经腐烂了，发散着强烈的臭气。

这样的事情非常多，“有一个时期，这个每周出版两次的‘曼彻斯特卫报’每一号都报道了曼彻斯特或邻近的工厂城市中所发生的这类案件”。另外像洗后严重缩水的法兰绒、袜子、涂釉过薄到手就开裂的瓷器等也常见。④ 第二种问题是商品掺假、造假。根据报纸报道和自己的观察，恩格斯列举了如下商品掺假现象：用咸黄油冒充新鲜黄油，糖里面掺米粉或其他价钱便宜的东西，咖啡粉里掺菊苣或其他价

---

① ［德］恩格斯：《英国工人阶级状况》，《马克思恩格斯全集》第2卷，中共中央马克思恩格斯列宁斯大林著作编译局译，第488页。

② ［德］恩格斯：《英国工人阶级状况》，《马克思恩格斯全集》第2卷，中共中央马克思恩格斯列宁斯大林著作编译局译，第434页。

③ ［德］恩格斯：《英国工人阶级状况》，《马克思恩格斯全集》第2卷，中共中央马克思恩格斯列宁斯大林著作编译局译，第491页。

④ ［德］恩格斯：《英国工人阶级状况》，《马克思恩格斯全集》第2卷，中共中央马克思恩格斯列宁斯大林著作编译局译，第351、351—352、353页。

钱便宜的东西，可可里掺褐色黏土，茶叶里掺黄荆叶子或其他类似杂物，胡椒里掺豆荚磨成的粉末及其他东西，烟草里掺其他东西，面粉里掺石膏粉或白垩粉，将泡过的茶叶加工后当作好茶叶出售，用颜料、酒精等制成的假葡萄牙红酒，窄幅呢子当作宽幅呢子出售，等等。[①] 第三种问题是出售商品缺斤少两，使用不合规定的度量衡。“小商人的尺和秤大部分是不合规定的。在警察局的报告里，因犯了这类罪而被处以罚款的事情，每天都多得难以置信。”[②] 恩格斯列举了《曼彻斯特卫报》报道的这类案件，仅在 1844 年 6 月 16 日、19 日、22 日、26 日，7 月 9 日、13 日、24 日、27 日，8 月 3 日、10 日，就有 96 人因此受到处罚。[③] 第四种问题是虚假广告。在当时的城市里有许多江湖医生，他们往往靠虚假广告、招贴等兜售药品、招揽顾客。他们宣称自己出售的药剂如莫里逊氏丸、帕尔氏生命丸、曼威灵博士丸等药品“能医治世界上的一切疾病……吃得愈多愈好”。在这类广告的误导下，“无怪乎工人们不管有没有必要，总是大量吞服这些药品”[④]。实际上，这类药品可能对身体没有大的害处，却可能贻误疾病的治疗。

恩格斯在书中还谴责了资产阶级的道德，尤其是对他们奉行的金钱至上的拜金主义、利己主义做了批判。他指出，“金钱是人间的上帝”[⑤]，为了赚钱，“商人和厂主昧着良心在所有的食品里面掺假，丝毫不顾及消费者的健康”[⑥]，工厂主让工人在极其恶劣的条件下进行

---

① 参见［德］恩格斯《英国工人阶级状况》，《马克思恩格斯全集》第 2 卷，中共中央马克思恩格斯列宁斯大林著作编译局译，第 353 页。

② ［德］恩格斯：《英国工人阶级状况》，《马克思恩格斯全集》第 2 卷，中共中央马克思恩格斯列宁斯大林著作编译局译，第 354 页。

③ 参见［德］恩格斯《英国工人阶级状况》，《马克思恩格斯全集》第 2 卷，中共中央马克思恩格斯列宁斯大林著作编译局译，第 354—355 页。

④ ［德］恩格斯：《英国工人阶级状况》，《马克思恩格斯全集》第 2 卷，中共中央马克思恩格斯列宁斯大林著作编译局译，第 388 页。

⑤ ［德］恩格斯：《英国工人阶级状况》，《马克思恩格斯全集》第 2 卷，中共中央马克思恩格斯列宁斯大林著作编译局译，第 400 页。

⑥ ［德］恩格斯：《英国工人阶级状况》，《马克思恩格斯全集》第 2 卷，中共中央马克思恩格斯列宁斯大林著作编译局译，第 352 页。

生产，不管工人的死活。作为第一个发生工业革命的国家，英国资产阶级的拜金主义、利己主义也表现得最为典型：

> 这种目光短浅的利己主义是我们现代社会的基本的和普通的原则，可是，这些特点在任何一个地方也不像在这里……表现得这样露骨，这样无耻，这样被人们有意识地运用着。①

因此：

> 在这个国家里，社会战争正在炽烈地进行着。每个人都只顾自己，并为了自己而反对其他一切人。他是否要伤害其余所有被他看做死敌的人，那纯粹是由自私自利的打算来决定，就是说，看怎样才对他有利。②

在性道德问题上，资产阶级同样糟糕，不仅工厂主“是女工的身体和美貌的主宰”③，而且“每天晚上充塞于伦敦街头的 4 万个妓女中有多少是靠道德高尚的资产阶级为生呵”④。

应该说，指出存在的道德问题并不是恩格斯的最终目的，分析这些问题的成因，对这些问题及其成因赖以生存的社会制度进行批判，进而唤起英国工人阶级的阶级意识才是他撰写这本书的目的所在。

恩格斯认为，工业革命导致的社会变迁是这一时期英国出现道德问题的一个重要原因。工业革命是一场翻天覆地的变化，它所引起的变化是全方位的。工业革命之前，虽然英国工人的生活和思想“闭关

---

① ［德］恩格斯：《英国工人阶级状况》，《马克思恩格斯全集》第 2 卷，中共中央马克思恩格斯列宁斯大林著作编译局译，第 304 页。

② ［德］恩格斯：《英国工人阶级状况》，《马克思恩格斯全集》第 2 卷，中共中央马克思恩格斯列宁斯大林著作编译局译，第 419 页。

③ ［德］恩格斯：《英国工人阶级状况》，《马克思恩格斯全集》第 2 卷，中共中央马克思恩格斯列宁斯大林著作编译局译，第 435 页。

④ ［德］恩格斯：《英国工人阶级状况》，《马克思恩格斯全集》第 2 卷，中共中央马克思恩格斯列宁斯大林著作编译局译，第 414 页。

自守，与世隔绝，没有精神活动”①，但是，“他们都是‘值得尊敬的人’……过着合乎道德的生活”②。然而，随着工业革命的进行，“美好的旧时代的习俗和关系已被消灭干净”③，在传统道德失去效用的时候，新的道德规范并未确立，而且不同的道德规范同时并存，甚至相互冲突，“人们用来调节人对人的关系的简单原则……非常紊乱”④。工业革命造就的两大阶级工人阶级与资产阶级更“是两种完全不同的人”，“工人比起资产阶级来，说的是另一种习惯语，有另一套思想和观念，另一套习俗和道德原则，另一种宗教和政治”⑤。在这种状况下，人们在道德规范上无所适从，缺少了道德规范的制约，就会出现道德失范的问题。

恩格斯认为，人口集中也是道德问题涌现的原因。人口的集中“使这种道德堕落的现象更加扩大，使它达到了极点”⑥。随着工业革命的进行，大量人口涌入城市。不同于传统的乡村熟人社会，在城市这个陌生人社会里，人们的道德自觉、道德监督、道德禁忌、道德认同在短时间内还没有建立起来。因此，“在这种街头的拥挤中已经包含着某种丑恶的违反人性的东西”⑦。就连当时的英国人自己也承认：

> 正是在大城市里，恶习和不正当的享乐布下了诱人的天罗地网……美德在这里湮没无闻，罪恶由于不容易识破而繁荣滋长；

---

① ［德］恩格斯：《英国工人阶级状况》，《马克思恩格斯选集》第1卷，中共中央马克思恩格斯列宁斯大林著作编译局编译，人民出版社2012年版，第89页。

② ［德］恩格斯：《英国工人阶级状况》，《马克思恩格斯选集》第1卷，中共中央马克思恩格斯列宁斯大林著作编译局编译，第88页。

③ ［德］恩格斯：《英国工人阶级状况》，《马克思恩格斯全集》第2卷，中共中央马克思恩格斯列宁斯大林著作编译局编译，第301页。

④ ［德］恩格斯：《英国工人阶级状况》，《马克思恩格斯全集》第2卷，中共中央马克思恩格斯列宁斯大林著作编译局编译，第399页。

⑤ ［德］恩格斯：《英国工人阶级状况》，《马克思恩格斯全集》第2卷，中共中央马克思恩格斯列宁斯大林著作编译局编译，第410页。

⑥ ［德］恩格斯：《英国工人阶级状况》，《马克思恩格斯全集》第2卷，中共中央马克思恩格斯列宁斯大林著作编译局编译，第405页。

⑦ ［德］恩格斯：《英国工人阶级状况》，《马克思恩格斯全集》第2卷，中共中央马克思恩格斯列宁斯大林著作编译局编译，第304页。

放荡的生活因为可以给人以眼前的欢乐而为人所喜好。……大城市腐化的主要原因是在于坏榜样所具有的传染性，在于年轻一代很容易遇到，而且每天都会遇到恶习的引诱，因而很难抵御这种引诱。……这就是道德堕落的原因。[①]

恩格斯指出，贫穷是工人阶级道德堕落的重要原因。司马迁有言，“仓廪实而知礼节，衣食足而知荣辱”[②]。因此，“当无产者穷到完全不能满足最迫切的生活需要，穷到要饭和饿肚子的时候，蔑视一切社会秩序的倾向也就愈来愈增长了”[③]。穷困逼迫工人要么“慢慢地饿死，立刻自杀”，要么“在什么地方见到他们所需要的东西，只要可能就拿走，干脆说，就是偷”[④]。正如当时人所说：

有某种程度的贫困，就有某种引人堕落的力量，美德很少能够抵挡得住，特别是年轻人很少能够抵挡得住。在这种情形下，恶习的传播几乎和人体的传染病一样不可避免并且也常常同样地迅速。[⑤]

不过，恩格斯认为贫穷并不是终极原因，因为工人们的“放荡生活……只是绝望的一种特殊表现形式而已”[⑥]。

恩格斯认为，“使工人道德沦丧的另一个根源就是他们的劳动的

① ［德］恩格斯：《英国工人阶级状况》，《马克思恩格斯全集》第 2 卷，中共中央马克思恩格斯列宁斯大林著作编译局编译，第 406 页。

② 司马迁：《史记》卷 62，中华书局 1982 年版，第 3255 页。

③ ［德］恩格斯：《英国工人阶级状况》，《马克思恩格斯全集》第 2 卷，中共中央马克思恩格斯列宁斯大林著作编译局编译，第 400 页。

④ ［德］恩格斯：《英国工人阶级状况》，《马克思恩格斯全集》第 2 卷，中共中央马克思恩格斯列宁斯大林著作编译局编译，第 401 页。

⑤ ［德］恩格斯：《英国工人阶级状况》，《马克思恩格斯全集》第 2 卷，中共中央马克思恩格斯列宁斯大林著作编译局编译，第 407 页。

⑥ ［德］恩格斯：《英国工人阶级状况》，《马克思恩格斯全集》第 2 卷，中共中央马克思恩格斯列宁斯大林著作编译局编译，第 425 页。

强制性”[①]。他说：

> 这种强制劳动剥夺了工人除吃饭和睡觉所最必需的时间以外的一切时间，使他没有一点空闲去呼吸些新鲜空气或欣赏一下大自然的美，更不用说什么精神活动了，这种工作怎么能不使人沦为牲口呢?[②]

为了说明这一点，恩格斯引用了一位法官的话：

> 日复一日年复一年的没有间息的消耗精力的劳动，是不会使人在智力方面和道德方面有所发展的。在这种永无止境的苦役中，反复不断地完成同一个机械过程；这种苦役单调得令人丧气，就像息息法斯的苦刑一样：劳动的重压像巨石般一次又一次地落在疲惫不堪的工人身上。……判决一个人从事这种劳动就是要在他身上培养兽性。他逐渐变得对什么都不在乎，抛弃了他天生的精神上的渴望。他轻视人生中的舒适和高尚的娱乐，生活在肮脏、穷困和缺乏营养的状况中，并把最后的一点工钱花在各种放荡生活上。[③]

实际上，“除了纵欲和酗酒，他们的一切娱乐都被剥夺了，可是他们每天都在工作中弄得筋疲力尽，这就经常刺激他们去毫无节制地沉湎于他们唯一能办到的这两种享乐”[④]。“一切煤矿工人的过度疲劳必然

---

① ［德］恩格斯：《英国工人阶级状况》，《马克思恩格斯全集》第2卷，中共中央马克思恩格斯列宁斯大林著作编译局编译，第404页。

② ［德］恩格斯：《英国工人阶级状况》，《马克思恩格斯全集》第2卷，中共中央马克思恩格斯列宁斯大林著作编译局编译，第405页。

③ ［德］恩格斯：《英国工人阶级状况》，《马克思恩格斯全集》第2卷，中共中央马克思恩格斯列宁斯大林著作编译局编译，第464页。

④ ［德］恩格斯：《英国工人阶级状况》，《马克思恩格斯全集》第2卷，中共中央马克思恩格斯列宁斯大林著作编译局编译，第382页。

会促使他们酗酒。”①

恩格斯认为，缺乏教育尤其是道德教育是工人阶级道德问题的重要原因，他在书中用较多文字来分析这个原因。他说：“在所有的英国学校里，道德教育总是和宗教教育连在一起，这种道德教育所产生的结果显而易见地丝毫不会比宗教教育好些。”而且，“正像所有的权威、特别是童工调查委员会所承认的那样，学校对工人阶级的道德几乎没有任何影响”②。造成这一局面的原因有很多。首先，这一时期英国工人尤其是儿童的受教育水平很低。在伯明翰，“五岁到十五岁的儿童有一半以上根本没有进过学校；学生经常你来我去，所以要使他们好好地受点教育是不可能的，所有的儿童很早就离开学校去做工”③。斯塔福德郡铁矿区的“教育水平实在低得令人难以置信：有一半儿童甚至连主日学都不上，其余的虽然去上了，但也很不经常；和别的地区比起来，只有极少数的儿童识字，会写字的就更少了”④。设菲尔德的教育水平也很低，“一个长期做教育统计工作的牧师认为，在工人阶级的16500个能够上学的孩子中，识字的不超过6500人”⑤。在陶业区、煤矿区，情况也大抵如此。其次，“英国资产阶级自私自利到这样愚蠢、这样鼠目寸光的程度，甚至不肯花一点力量把现代的道德，把资产阶级为了自身的利益、为了使自己有保障而炮制出来的道德灌输给工人”⑥。再次，在学校里，道德教育没有受到应有的重视：

① ［德］恩格斯：《英国工人阶级状况》，《马克思恩格斯全集》第2卷，中共中央马克思恩格斯列宁斯大林著作编译局编译，第539页。

② ［德］恩格斯：《英国工人阶级状况》，《马克思恩格斯全集》第2卷，中共中央马克思恩格斯列宁斯大林著作编译局编译，第399页。

③ ［德］恩格斯：《英国工人阶级状况》，《马克思恩格斯全集》第2卷，中共中央马克思恩格斯列宁斯大林著作编译局编译，第487页。

④ ［德］恩格斯：《英国工人阶级状况》，《马克思恩格斯全集》第2卷，中共中央马克思恩格斯列宁斯大林著作编译局编译，第489页。

⑤ ［德］恩格斯：《英国工人阶级状况》，《马克思恩格斯全集》第2卷，中共中央马克思恩格斯列宁斯大林著作编译局编译，第491页。

⑥ ［德］恩格斯：《英国工人阶级状况》，《马克思恩格斯全集》第2卷，中共中央马克思恩格斯列宁斯大林著作编译局编译，第399页。

> 一个女教员在回答她是否进行道德教育的问题时说：“没有，一星期3辨士的学费哪能这样要求。”有些女教员连这个问题都不懂，而其他一些则认为，对儿童进行道德教育根本不是她们分内的事。①

各类学校尤其是夜校和主日学校的教师水平不高。斯塔福德郡铁矿区主日学校的教师常常是铁匠或矿工，他们“自己也几乎认不得多少字，甚至连自己的名字都写不来”②。在设菲尔德与煤矿区，夜校和主日学校的许多教师“都是毫无用处的废物”，甚至还有从监狱出来的小偷。③ 这样的教育水平能够在道德教育上发挥什么样的作用，也就不言而喻了。

与学校教育相比，家庭教育也难以承担良好的道德教育的职责。在许多工人家庭里，“酗酒的父母常常直接影响自己的孩子”④，甚至“有些母亲给怀抱中的婴儿喝酒”⑤。在当时英国的工人家庭中：

> 丈夫整天出去工作，妻子和大一点的孩子也常常是这样，大家都在不同的地方，只有早晨和晚上才能碰到，另外，他们还经常受到烧酒的诱惑，——在这种情况下，家庭生活会成什么样子呢？……无休止的家庭纠纷和口角，不仅对夫妇两人，而且特别是对他们的孩子起着极其不良的影响。……在这种伤风败俗的环境中——他们的父母往往就是这环境的一部分——像野草一样成

① ［德］恩格斯：《英国工人阶级状况》，《马克思恩格斯全集》第2卷，中共中央马克思恩格斯列宁斯大林著作编译局编译，第487页。

② ［德］恩格斯：《英国工人阶级状况》，《马克思恩格斯全集》第2卷，中共中央马克思恩格斯列宁斯大林著作编译局编译，第489页。

③ ［德］恩格斯：《英国工人阶级状况》，《马克思恩格斯全集》第2卷，中共中央马克思恩格斯列宁斯大林著作编译局编译，第491页。

④ ［德］恩格斯：《英国工人阶级状况》，《马克思恩格斯全集》第2卷，中共中央马克思恩格斯列宁斯大林著作编译局编译，第387页。

⑤ ［德］恩格斯：《英国工人阶级状况》，《马克思恩格斯全集》第2卷，中共中央马克思恩格斯列宁斯大林著作编译局编译，第413页。

长起来的孩子，还能希望他们以后成为道德高尚的人！[①]

家庭是孩子成长的第一所也是最重要的一所学校，良好的家庭教育的缺失，对于英国工人阶级道德问题的存在有着不可忽视的影响。

当时爱尔兰人的道德问题及其影响是英国工人阶级道德存在问题的又一个原因。恩格斯认为：

> 爱尔兰人具有南方人的轻浮性格，具有几乎可以和野人相提并论的暴躁的性情，他轻视所有那些正是因为他性情粗野而享受不到的人类享乐，他既肮脏，又贫穷，——所有这一切都促成他的喝酒的嗜好。[②]

而且，“即使那些侵入其他部门的爱尔兰人已经不得不接受一定程度的文化，他们仍然保存了一些旧习惯，这些旧习惯足以使那些在他们影响之下的英国同伴趋于堕落”[③]。恩格斯的看法并不是对爱尔兰人有偏见，对爱尔兰人的这种看法在当时的英格兰并不少见。1832 年，詹姆斯·菲利普斯·凯伊－舒特沃斯发表了《曼彻斯特棉纺厂工人阶级的道德和身体状况》一书，他在书中认为爱尔兰人是英国工人中不道德的传播者。1840 年，托马斯·卡莱尔发表了《宪章运动》一书，他也认为爱尔兰人是“道德堕落和秩序混乱的祸根”[④]。19 世纪初爱尔兰的贫穷与英格兰的富裕形成了鲜明的对比，也导致大量爱尔兰人移居英格兰。在移居英格兰的爱尔兰人中，以穷人居多，他们往往聚居在各个城市的贫民窟中，这些贫民窟也常常被人称为“因肮脏和贫

① ［德］恩格斯：《英国工人阶级状况》，《马克思恩格斯全集》第 2 卷，中共中央马克思恩格斯列宁斯大林著作编译局编译，第 415—416 页。

② ［德］恩格斯：《英国工人阶级状况》，《马克思恩格斯全集》第 2 卷，中共中央马克思恩格斯列宁斯大林著作编译局编译，第 377 页。

③ ［德］恩格斯：《英国工人阶级状况》，《马克思恩格斯全集》第 2 卷，中共中央马克思恩格斯列宁斯大林著作编译局编译，第 378 页。

④ ［德］恩格斯：《英国工人阶级状况》，《马克思恩格斯全集》第 2 卷，中共中央马克思恩格斯列宁斯大林著作编译局编译，第 375 页。

穷而道德堕落的爱尔兰人”的住所①——小爱尔兰。这些穷困的爱尔兰人多信奉天主教，与信奉国教的英格兰人存在宗教矛盾，因而遭到英国社会中上层的厌恶；他们还与穷苦的英格兰人争夺工作机会，因而遭到英格兰工人的痛恨；他们的酗酒、粗鲁野蛮增加了英国城市的社会问题，也让英格兰人对他们没有好感。在这种情况下，当时有许多英国人将出现道德问题的根源指向了爱尔兰人。

至于商业领域中出现的道德问题，恩格斯认为，其原因除了商人的贪婪本性驱使外，还有两个重要原因。一个原因是政府监管不到位、执法力度小。对于出售假货、劣质食品等问题，尽管也有罚款、没收货物、在报纸上公布名单等处罚办法，但是，“由于市场的范围很大，所有的大街两旁都是市场，并且由于市场监察员监督不严，许多事情都逃过了他们的眼睛”②。与此同时，“掺假的行为除非和漏税有关，是很少受到法律追究的”③。另一个原因是违规成本小，在利益驱动下，许多商人敢于冒险违规。对于售卖假货的小商人而言，由于其“营业面不出一条街，如果他的骗人的伎俩被揭穿了，那他会失掉些什么呢？要是他在安柯茨再也得不到信任，他可以搬到却尔顿或休尔姆去，那里谁也不知道他，他又可以重施他的欺骗伎俩了”④。即使被抓住了，交一点微不足道的罚款，就又可以重新开张了。

应当指出的是，当时的英国人尤其是社会中上层大多认为，民众当中出现道德问题是个人责任，与社会无关。英国公共卫生之父埃德温·查德威克爵士把贫穷与懒惰、道德堕落等同起来。苏斯伍德－史密斯医生认为肮脏会导致道德堕落。还有许多人公开指责各地的贫民窟是无知、邪恶、败坏、犯罪的温床。社会舆论认为由于酗酒、浪

---

① ［德］恩格斯：《英国工人阶级状况》，《马克思恩格斯全集》第2卷，中共中央马克思恩格斯列宁斯大林著作编译局编译，第308页。

② ［德］恩格斯：《英国工人阶级状况》，《马克思恩格斯全集》第2卷，中共中央马克思恩格斯列宁斯大林著作编译局编译，第352页。

③ ［德］恩格斯：《英国工人阶级状况》，《马克思恩格斯全集》第2卷，中共中央马克思恩格斯列宁斯大林著作编译局编译，第354页。

④ ［德］恩格斯：《英国工人阶级状况》，《马克思恩格斯全集》第2卷，中共中央马克思恩格斯列宁斯大林著作编译局编译，第354页。

费、不道德等原因造成的贫困应当受到谴责，而不应当给予救济。一些慈善组织也对申请救济者提出了严格的道德限制，那些酗酒、道德败坏、懒惰者没有资格接受救济。

与这些看法有所不同，恩格斯对上述原因做了分析和揭示，但他并未止步于此，而是认为在这些原因的背后还存在着更为深刻、更为根本的原因——这个原因就是资本主义制度。他指出，“工人阶级处境悲惨的原因不应当到这些小的弊病中去寻找，而应当到资本主义制度本身之中去寻找”①。“各种对工人的身体和精神起破坏作用的原因，都和有产阶级的利益有十分密切的关系。”这是因为，如果“承认贫穷、生活无保障、强制的过度劳动是主要的原因，那末所有的人……就得对自己说：既然这样，我们就给穷人们财产吧，我们就保障他们的生活吧，我们就颁布法令来禁止过度的工作吧；而资产阶级是不能同意这样做的”②。

在这种制度下，“社会已经堕落到无法形容的下流和可怜的地步”③。工人酗酒，是因为“社会使他陷入几乎不可避免地要成为一个酒徒的那种境地”④。工人纵欲，是因为“这个阶级既然处于无人照管的情况下，又没有正当地享受他们的自由所必需的手段，那末，这种毛病的产生，就是无可避免的，就是铁的规律”。而“忽视一切家庭义务，特别是忽视对孩子的义务，在英国工人中是太平常了，而这主要是现代社会制度促成的”⑤。正如当时的一份报告所说，“无节制、放荡、不关心将来，这就是工厂居民的主要恶习，这些毛病都很

① ［德］恩格斯：《英国工人阶级状况》，《马克思恩格斯选集》第1卷，中共中央马克思恩格斯列宁斯大林著作编译局编译，第67页。

② ［德］恩格斯：《英国工人阶级状况》，《马克思恩格斯全集》第2卷，中共中央马克思恩格斯列宁斯大林著作编译局编译，第405页。

③ ［德］恩格斯：《英国工人阶级状况》，《马克思恩格斯全集》第2卷，中共中央马克思恩格斯列宁斯大林著作编译局编译，第316页。

④ ［德］恩格斯：《英国工人阶级状况》，《马克思恩格斯全集》第2卷，中共中央马克思恩格斯列宁斯大林著作编译局编译，第377页。

⑤ ［德］恩格斯：《英国工人阶级状况》，《马克思恩格斯全集》第2卷，中共中央马克思恩格斯列宁斯大林著作编译局编译，第414、416页。

容易从今天的制度所产生的风气上得到解释，而且是几乎不可避免地从这个制度里产生出来的”①。总之，在这种制度下：

> 我们随便把目光投到什么地方，到处都可以看到经常的或暂时的贫困，看到因生活条件或劳动本身的性质所引起的疾病以及道德的败坏；到处都可以看到人的精神和肉体在逐渐地无休止地受到摧残。②

恩格斯承认资本主义发展带来的巨大变化，如“一切纺织品迅速跌价，商业和工业日益繁荣，一切没有实行保护关税的国外市场几乎全被占领，资本和国民财富迅速增长”，但是资本主义制度带来的深刻问题也不容忽视，如果“无产阶级的人数更加迅速地增长，工人阶级失去一切财产，失去获得生计的任何保证，道德败坏，政治骚动，以及我们将在下面各章加以研究的使英国有产阶级极端不快的种种事实”③。

当然，恩格斯也认识到，作为一种社会制度，资本主义制度也有自我调整的功能。在 1892 年的《英国工人阶级状况》德文本第二版序言中，恩格斯指出，“英国现在已经度过了我所描写的这个资本主义剥削的青年时期”④，因此，“本书所描写的情况，至少就英国而言，现在在很多方面都已经成为过去”⑤，有些问题如商业道德问题会逐步得到缓解或解决。他认为，“资本主义生产越发展，它就越不

---

① ［德］恩格斯：《英国工人阶级状况》，《马克思恩格斯全集》第 2 卷，中共中央马克思恩格斯列宁斯大林著作编译局编译，第 445 页。

② ［德］恩格斯：《英国工人阶级状况》，《马克思恩格斯全集》第 2 卷，中共中央马克思恩格斯列宁斯大林著作编译局编译，第 499 页。

③ ［德］恩格斯：《英国工人阶级状况》，《马克思恩格斯选集》第 1 卷，中共中央马克思恩格斯列宁斯大林著作编译局编译，第 92 页。

④ ［德］恩格斯：《英国工人阶级状况》，《马克思恩格斯选集》第 1 卷，中共中央马克思恩格斯列宁斯大林著作编译局编译，第 68 页。

⑤ ［德］恩格斯：《英国工人阶级状况》，《马克思恩格斯选集》第 1 卷，中共中央马克思恩格斯列宁斯大林著作编译局编译，第 65 页。

能采用作为它早期阶段的特征的那些小的哄骗和欺诈手段”[①]。因此，出售假货、短斤少两、虚假广告“这些狡猾手腕和花招在大市场上已经不合算了，那里时间就是金钱，那里商业道德必然发展到一定的水平，其所以如此，并不是出于伦理的热狂，而纯粹是为了不白费时间和辛劳”[②]。这说明，诚信经商首先是市场经济规律，然后才是经济伦理，而且这种经济伦理的形成有自己的规律。

然而，这并不影响恩格斯对资本主义制度的根本性判断，也没有改变他对资本主义制度下的英国工人阶级状况的判断。恩格斯指出：

> 谈到广大工人群众，他们的穷困和生活无保障的情况现在至少和过去一样严重。……一条规律把劳动力的价值限制在必要的生活资料的价格上，另一条规律把劳动力的平均价格照例降低到这种生活资料的最低限度上。这两条规律像自动机器一样以不可抗拒的力量对工人起着作用，用它们的轮子碾压着工人。[③]

这是资本主义制度本身无法克服的根本性矛盾。

恩格斯对这一时期英国道德问题的认识，具有三个方面的重要意义。首先，他对金钱至上的拜金主义的批判，对利己主义的批判，以及对唯利是图观念的批判，说到底都是对于资本主义制度的道德批判，丰富了马克思主义对资本主义制度的分析和批判。其次，他指明了道德问题的深刻社会根源，他不否认道德问题恶化有个体责任，也不否认社会下层存在严重道德问题，但他强调这些道德问题的根源就是资本主义制度。最后，他揭示了工人阶级中存在的道德问题及其危害性，向工人阶级敲响了警钟，促使工人阶级在道德问题上警醒，加

---

① ［德］恩格斯：《英国工人阶级状况》，《马克思恩格斯选集》第1卷，中共中央马克思恩格斯列宁斯大林著作编译局编译，第65页。

② ［德］恩格斯：《英国工人阶级状况》，《马克思恩格斯选集》第1卷，中共中央马克思恩格斯列宁斯大林著作编译局编译，第65页。

③ ［德］恩格斯：《英国工人阶级状况》，《马克思恩格斯选集》第1卷，中共中央马克思恩格斯列宁斯大林著作编译局编译，第75页。

强道德自律，提升道德水平，实现道德解放和道德自由。

二　亚当·斯密的道德思想

亚当·斯密是18世纪英国著名的哲学家、经济学家，是自由放任主义经济学之父，也是苏格兰启蒙运动的代表人物之一。他曾在格拉斯哥大学担任逻辑学教授和道德哲学教授，1759年出版了使其声名鹊起的《道德情操论》，1776年又出版了巨著《国民财富的性质和原因的研究》，即《国富论》。亚当·斯密等苏格兰启蒙运动思想家生活的时代正是英国社会加速转型、开启第一次工业革命的时代，产生于这个时代的“苏格兰启蒙运动关注的是商业和文化的教化功能，以及与维护自由商业体制相适应的制度和态度的建设问题”①。长期以来，学界多关注于斯密对资本主义社会的经济理论贡献，忽视了他对资本主义社会的道德思考，使得斯密在这方面的贡献未受到足够的重视。这明显与斯密在为即将到来的资本主义社会寻求道德合理性方面所做的贡献不相匹配。实际上，作为苏格兰启蒙运动的代表人物之一，亚当·斯密也极为关注正在走来的市场经济社会的道德建设问题，并在《国富论》和《道德情操论》等著作中提出了自己的思考与主张。

在这一时期，处于转型中的英国社会出现了许多社会问题，如卖淫、酗酒、赌博、商业欺诈、制售假冒伪劣商品、腐败、贫困、犯罪等，传统的社会秩序受到严重挑战。针对这些问题，一些思想家尤其是一些守旧派思想家认为，这种“礼崩乐坏”局面的出现是商业发展造成的。在他们看来，市场交换就是这一切问题的罪魁祸首。在市场经济之下，似乎一切都可以用金钱来交易，就连官职、议席、选票、性也可以用金钱来实现等价交换，金钱成为谋取各种利益的通用媒介。与此同时，市场经济的发展也使得对财富的追求成为整个社会的价值追求。虽说“对财富的追求产生了精致的文雅，使得生活更惬

① ［英］约翰·坎农主编：《牛津英国历史辞典》，孙立田、庞玉洁等译，第1261页。

意，礼貌更完备，艺术更繁荣，但也把公民转变成自私的逐利之徒，摧毁了所有的共同体意识，引入了错误的价值观——‘我们已将完美观念从品格的完美转变为车马随从的完美’——从而埋下了道德失范的祸根，而这种道德失范既是国家衰败的标志，又是导致衰落的原因”①。在市场经济下出现的弄潮儿——资本家，虽然逐渐成长为经济上的巨人，但在道德方面仍然被视为有严重缺陷的社会阶层。他们追逐财富、唯利是图，为了发财不择手段；他们缺少教养、粗俗不堪，没有文化品位；他们大肆剥削劳动者，不愿承担应尽的社会责任；“守财奴”“暴发户”等带有道德歧视性的称呼就是贴在他们身上的标签。这些看法实际上反映了人们面对不断加快的社会转型以及正在到来的工业社会所产生的不安与焦虑。

当然，面对着急剧变化的社会，并不是所有人都对未来充满忧虑和不安。包括苏格兰启蒙思想家在内，有不少人对资本家（当时人称资本家为“商人”）、商业社会、市场交换、追逐利润等还是抱着客观而且乐观的态度。例如，在看待资本家的问题上，就有不少人认为资本家是社会构成中的重要组成部分，其地位与作用值得肯定。笛福称商人是“多才多艺的学者”，“足以胜任一个国家的任何职位”，约瑟夫·艾迪生说“在一个共和国里，商人比任何人的作用都大”，大卫·休谟认为商人是“最有用的种族之一”②。在这些话语中充分表达了他们对未来社会的信心以及对资本家的社会价值的肯定。亚当·斯密就是这些思想家中非常具有代表性的一位。

在对资本家的看法上，斯密和休谟等人有相同的认识。他认为，资本家并不完全是守财奴和暴发户，他们也有着许多良好的品质，而这些品质是他们走向成功的基础：

> 商人由经商而养成的爱秩序、节省、谨慎等各种习惯，也使

① ［美］彼得·盖伊：《启蒙时代：人的觉醒与现代秩序的诞生》下卷《自由的科学》，王皖强译，上海人民出版社2019年版，第384页。

② ［美］彼得·盖伊：《启蒙时代：人的觉醒与现代秩序的诞生》下卷《自由的科学》，王皖强译，第61、63页。

他更适合于进行土地上的任何改良，不愁不成功，不愁不获利。[①]

对资本家的批评还称他们的本性是利己主义的，是唯利是图的，似乎他们只知道向社会索取，而对社会无所贡献。对此，斯密持有不同看法。他不否认资本家唯利是图，也不否认他们的本性是利己主义的，但他相信资本家会对此加以控制，并在此前提下为社会做出贡献。在《道德情操论》一书中，斯密竭力要证明：这些“具有利己主义本性的个人（主要是指追逐利润的资本家）是如何在资本主义生产关系和社会关系中控制自己的感情和行为，尤其是自私的感情和行为，从而为建立一个有必要确立行为准则的社会而有规律地活动”[②]。

对于颇受诟病的利己心，斯密也有自己的看法。“斯密从人之所处的现实境况出发，不仅承认人性利己与利他的差异，还以一种温和的心态看待人的利己心，从自利心中发掘其道德价值，并赋予利己新的内涵。”[③] 他认为：

毫无疑问，每个人生来首先和主要关心自己；而且，因为他比任何其他人都更适合关心自己，所以他如果这样做的话是恰当和正确的。[④]

换言之，利己心是一种与生俱来的人的天性，原本谈不上善恶之分。而且，斯密认为，利己心也是“商业社会”所需要的，这是因为：

人类几乎随时随地都需要同胞的协助，要想仅仅依赖他人的

---

① ［英］亚当·斯密：《国富论》，郭大力、王亚南译，商务印书馆 2015 年版，第 387 页。

② ［英］亚当·斯密：《道德情操论》，蒋自强、钦北愚、朱钟棣、沈凯璋译，商务印书馆 1997 年版，译者序言第 16—17 页。

③ 陈晓龙、张鲲：《论亚当·斯密的良序经济社会思想》，《天津社会科学》2011 年第 4 期。

④ ［英］亚当·斯密：《道德情操论》，蒋自强、钦北愚、朱钟棣、沈凯璋译，第 102 页。

恩惠，那是一定不行的。他如果能够刺激他们的利己心，使有利于他，并告诉他们，给他做事，是对他们自己有利的，他要达到的目的就容易得多了。不论是谁，如果他要与旁人做买卖，他首先就要这样倡议。请给我以我所要的东西吧，同时，你也可以获得你所要的东西：这句话是交易的通义。我们所需要的相互帮忙，大部分是依照这个方法取得的。我们每天所需的食料和饮料，不是出自屠户、酿酒家或烙面师的恩惠，而是出于他们自利的打算。我们不说唤起他们利他心的话，而说唤起他们利己心的话。我们不说自己有需要，而说对他们有利。①

不仅如此，斯密还认为，在一定条件下利己心还能促进公共利益，并以富人为例，对此加以说明。他指出：

（尽管富人）的天性是自私的和贪婪的，虽然他们只图自己方便，虽然他们雇用千百人来为自己劳动的唯一目的是满足自己无聊而又贪得无厌的欲望，但是他们还是同穷人一样分享他们所作一切改良的成果。一只看不见的手引导他们对生活必需品作出几乎同土地在平均分配给全体居民的情况下所能作出的一样的分配，从而不知不觉地增进了社会利益，并为不断增多的人口提供生活资料。②

当然，斯密也不是一味地给资本家和利己心唱赞歌，他也承认他们的问题与缺陷，不过，他深知客观地承认问题所在，才能找到解决问题的办法。他一生从事的事业就是给正在来临的资本主义社会（即当时人所说的“商业社会”）开出一剂良方，使之成为一个良序社会。众所周知，“亚当·斯密不仅仅是经济学家，也是伦理学家和政

① ［英］亚当·斯密：《国富论》，郭大力、王亚南译，第 12 页。
② ［英］亚当·斯密：《道德情操论》，蒋自强、钦北愚、朱钟棣、沈凯璋译，第 231—232 页。

治理论家——是最全面意义上的哲学家”[①]。因此，斯密给资本主义社会开出的良方分别是经济良方与道德良方，而这两个良方的核心就是“自由”。在经济上这个“自由”体现为自由放任主义，而在道德上这个自由就是“一个有道德的人在世界上自行其是的自由”[②]。因为对于一个良序社会而言，不仅要有法律作为底线，更要有道德作为约束。斯密给资本家和利己心的“正名”，只是其开出的道德良方的药引子，他要解决的主要问题是：当下的社会存在哪些道德问题？正在走来的“商业社会”需要建立什么样的道德规范？建立这些道德规范要依据何种原则？

在斯密看来，当下的英国社会存在着许多不利于良序社会运转的道德问题。这些问题包括闲荡、懒惰、奢侈、浪费、酗酒、轻浮、放荡、虚伪、欺诈等。这些道德问题的危害是多方面的，既有害于个人生活，也不利于社会发展。斯密认为，闲荡、懒惰不利于社会经济的发展，对于劳动者而言，“纵使没有技巧方面的缺陷，仅仅这些习惯也一定会大大减少他所能完成的工作量”[③]。奢侈会浪费金钱，不仅不利于资本的集聚，也会使个人和国家陷于穷困和匮乏。斯密指出，“总之，无论就哪一个观点说，奢侈都是公众的敌人”[④]，这是因为：

> 奢侈者就是这样滥用资本：不量入为出，结果就蚕食了资本。正像把一种敬神之用的基金的收入移作渎神之用的人一样，他把父兄节省下来打算做点事业的钱，豢养着许多游手好闲的人。由于雇用生产性劳动的基金减少了，所雇用的能增加物品价值的劳动量亦减少了，因而，全国的土地和劳动的年生产物价值减少了，全国居民的真实财富和收入亦减少了。奢侈者夺勤劳者

① ［美］彼得·盖伊：《启蒙时代：人的觉醒与现代秩序的诞生》上卷《现代异教精神的兴起》，刘北成译，上海人民出版社 2019 年版，第 25 页。

② ［美］彼得·盖伊：《启蒙时代：人的觉醒与现代秩序的诞生》上卷《现代异教精神的兴起》，刘北成译，第 3 页。

③ ［英］亚当·斯密：《国富论》，郭大力、王亚南译，第 7 页。

④ ［英］亚当·斯密：《国富论》，郭大力、王亚南译，第 322 页。

的面包来豢养游惰者。如果另一部分人的节俭，不足补偿这一部分人的奢侈，奢侈者所为，不但会陷他自身于贫穷，而且将陷全国于匮乏。[①]

斯密认为，酗酒是一种恶习，这种恶习会导致一些人将本就不多的收入花费在酗酒之上，成为这部分人陷于贫困的诱因，而且酗酒还有害于人们的身体健康与道德。在他看来，轻浮、挥霍浪费等恶习对普通民众的危害更大：

轻浮的恶德，对于普通人总会招致毁灭。哪怕一个星期的胡行与挥霍，往往就足使一个贫穷的劳动者，永远沦落，并驱使他陷于绝望的深渊，从而铤而走险，干犯大逆。……经验告诉我们，这些行为会马上给他们这种境遇的人以致命打击。[②]

不仅如此，这些恶习还给人们的职业行为带来危害，“习以为常的厚颜无耻、不讲道义、怯懦软弱或放荡不检，总会损害、有时彻底损毁卓越的职业才能”[③]。与这些恶习相比，更加令人担忧的是，有些人不仅不遵守道德规范，反而以冷漠甚至嘲笑的态度来看待道德规范。斯密忧心忡忡地说：

我们经常听到年轻人和放荡不羁的人嘲弄极其神圣的道德法则，听到他们有时是出于道德败坏，而更为经常的是出于自己的虚荣心而承认最可恶的行为准则。……这种做法盛行的结果将导致社会秩序的混乱。[④]

---

① ［英］亚当·斯密：《国富论》，郭大力、王亚南译，第 320 页。

② ［英］亚当·斯密：《国富论》，郭大力、王亚南译，第 759 页。

③ ［英］亚当·斯密：《道德情操论》，蒋自强、钦北愚、朱钟棣、沈凯璋译，第 74 页。

④ ［英］亚当·斯密：《道德情操论》，蒋自强、钦北愚、朱钟棣、沈凯璋译，第 110—111 页。

斯密还注意到，在当时的英国社会存在着严重的双重道德标准问题，当然，这种现象由来已久：

> 在各文明社会，即在阶级区别已完全确立了的社会，往往有两种不同的道德主义或道德体系同时并行着。其一称为严肃的或刻苦的体系，又其一称为自由的或者不妨说放荡的体系。前者一般为普通人民所赞赏和尊敬；后者则一般为所谓时下名流所尊重和采用。①

在双重道德标准之下，人们对道德失范乃至道德堕落问题有着不同的态度，如同斯密所说：

> 对于轻浮这种恶德——容易由大繁荣、由过度的欢情乐意生出的恶德——所加非难的程度如何，实构成了这两个相反主义或体系间的主要区别。像放肆，甚至扰乱秩序的欢乐，无节制的寻欢逐乐，破坏贞节，至少是两性中的一方面破坏贞操等等，只要不至于败坏风化，不流于虚妄或不义，自由的或放荡的体系，大概就会非常宽大地予以看待，而且会毫不踌躇地予以宽恕或原谅。至于严肃的体系则不然，这些过度的放荡行为，都是其所极度憎恶与嫌厌的。②

当时英国上流社会性道德问题突出，一个重要的原因是双重道德标准给了那些风流浪荡者理直气壮的依仗：

> 他们很容易把某种程度的放荡，看作属于他们财产上的一种利益；把放荡而不受谴责或非难，看作属于他们地位上的一种特权。因此，与他们同一阶级的人，就不大非难这放荡，而只加以

---

① ［英］亚当·斯密：《国富论》，郭大力、王亚南译，第758—759页。

② ［英］亚当·斯密：《国富论》，郭大力、王亚南译，第759页。

极轻微的责备，或者全不责备。[①]

与此同时，双重道德标准的存在也导致这一时期的社会风气极不正常。例如：

> 在查理二世在位时代，某种程度的放荡不羁被认为是自由主义教育的特征。按照那个时代的看法，这种放荡不羁是同慷慨大方、真诚、高尚和忠诚联系在一起的……另一方面，举止的庄重和行为的正规都不时兴，在那个时代的人们的想象中，它们是同欺骗、狡诈、伪善和下流联系在一起的。[②]

同样的道德失范行为，如果发生在不同的社会阶层，所遭受的对待也就会产生很大差别。例如：

> 上流社会人士的放荡行为遭到的轻视和厌恶比小人物的同样行动所遭到的小得多。后者对有节制的、合乎礼仪的规矩的仅仅一次违犯，同前者对这种规矩的经常的、公开的蔑视相比，通常更加遭人愤恨。[③]

双重道德标准的存在以及实际生活中的道德状况，让斯密对当时英国上流社会的道德状况颇有微词。他说：

> 我们可能一般都希望人们具有一种令人瞩目的美德；就一些良好的社会道德而言，这些幸好是绝大部分人的情况。
>
> 不幸的是，在较高的阶层中情况往往并非如此。在宫廷里，在大人物的客厅里……阿谀奉承和虚伪欺诈也经常比美德和才能

---

① ［英］亚当·斯密：《国富论》，郭大力、王亚南译，第759页。

② ［英］亚当·斯密：《道德情操论》，蒋自强、钦北愚、朱钟棣、沈凯璋译，第256页。

③ ［英］亚当·斯密：《道德情操论》，蒋自强、钦北愚、朱钟棣、沈凯璋译，第73—74页。

更有用。①

既然这些道德问题有害于“商业社会”的良序运转，那么就需要建立有利于“商业社会”良序运转的道德规范或斯密讲的“一般准则”。这是因为：

> 如果没有对这些一般准则的尊重，即使是像讲究礼貌这样一种容易做到，而且人们几乎不会煞有介事地违反它的本分，也会经常受到妨害，然则公正、诚实、贞节、忠诚等往往很难做到。……人类社会的存在端赖人们较好地遵守这些责任。如果人类没有普遍地把尊重那些重要的行为准则铭记在心，人类社会就会崩溃。②

在诸多美德当中，斯密相对重视勤劳、节俭、节制、谨慎、诚信等美德，他把这些美德看作“商业社会”需要建立的主要道德规范。也就是说，这些美德是一个“商业社会”能够良序运转所迫切需要的。斯密认为，勤劳创造财富，而节俭则集聚财富，二者都是社会经济发展和集聚资本的重要条件：

> 未有节俭以前，须先有勤劳，节俭所积蓄的物，都是由勤劳得来。但是若只有勤劳，无节俭，有所得而无所贮，资本绝不能加大。③

然而，与勤劳相比，斯密似乎对节俭更为重视。在他看来，“资本增加的直接原因，是节俭”，“一个人节省了多少收入，就增加了多少资本”，“节俭可增加维持生产性劳动者的基金，从而增加生产性劳

① ［英］亚当·斯密：《道德情操论》，蒋自强、钦北愚、朱钟棣、沈凯璋译，第 74 页。
② ［英］亚当·斯密：《道德情操论》，蒋自强、钦北愚、朱钟棣、沈凯璋译，第 201 页。
③ ［英］亚当·斯密：《国富论》，郭大力、王亚南译，第 319 页。

动者的人数。他们的劳动，既然可以增加工作对象的价值，所以，节俭又有增加一国土地和劳动的年产物的交换价值的趋势，节俭可推动更大的劳动量；更大的劳动量可增加年产物的价值”①。

而且，“就经验所得，在大多数场合，个人的节俭慎重，又似乎不仅可以补偿个人的奢侈妄为，而且可以补偿政府的浪费。每个人改善自身境况的一致的、经常的、不断的努力是社会财富、国民财富以及私人财富所赖以产生的重大因素”②。

由此，斯密得出结论说：“无论就哪一个观点说，奢侈都是公众的敌人，节俭都是社会的恩人。”③

在日常生活中，每个人都要面对来自肉体的欲望，而要控制这些欲望，不至于做出违反道德的事情，就需要谨慎、节制的美德。斯密认为：

> 人们恰如其分地称节制的美德存在于对那些肉体欲望的控制之中。把这些欲望约束在健康和财产所规定的范围内，是审慎的职责。但是把它们限制在情理、礼貌、体贴和谦逊所需要的界限内，却是节制的功能。④

不过，谨慎与节制不仅能够帮助人们控制来自肉体的欲望，在社会生活中也有其重要作用。斯密指出：

> 谨慎往往告诫我们要以相当节制的态度去对待自己的成功，因为谨慎教我们避免这种狂喜而不是其他任何东西更易激起的妒忌。⑤

---

① ［英］亚当·斯密：《国富论》，郭大力、王亚南译，第 319 页。
② ［英］亚当·斯密：《国富论》，郭大力、王亚南译，第 324 页。
③ ［英］亚当·斯密：《国富论》，郭大力、王亚南译，第 322 页。
④ ［英］亚当·斯密：《道德情操论》，蒋自强、钦北愚、朱钟棣、沈凯璋译，第 30 页。
⑤ ［英］亚当·斯密：《道德情操论》，蒋自强、钦北愚、朱钟棣、沈凯璋译，第 56 页。

在斯密看来，谨慎与节制往往表现为自制，“自制不仅其本身是一种重要的美德，而且，所有其他美德的主要光辉似乎也源自自制”[①]。他认为：

> 按照完美的谨慎、严格的正义和合宜的仁慈这些准则去行事的人，可以说是具有完善的美德的人。但是，只靠极其正确地了解这些准则，并不能使人以这种方式行事：人自己的激情非常容易把他引入歧途——这些激情有时促使他、有时引诱他去违反他在清醒和冷静时赞成的一切准则。对这些准则的最充分的了解，如果得不到最完美的自我控制的支持，总是不能使他尽到自己的职责。[②]

所以，斯密将自制提到很高的个人品质地位，他说：

> 对我们自己最为有用的品质，首先是较高的理智和理解力，我们靠它们才能觉察到自己所有行为的长远后果，并且预见到从中可能产生的利益或害处；其次是自我控制，我们靠它才能放弃眼前的快乐或者忍受眼前的痛苦，以便在将来某个时刻去获得更大的快乐或避免更大的痛苦。[③]

对于诚实这种美德，斯密说得并不多，只是在谈到中等和低等阶层人们的道德与成功关系的时候提到了。他说：

> 这种人的成功也几乎总是依赖邻人和同他们地位相等的人的支持和好评；他们的行为如果不那么端正，就很少能有所获。因

---

① ［英］亚当·斯密：《道德情操论》，蒋自强、钦北愚、朱钟棣、沈凯璋译，第314页。

② ［英］亚当·斯密：《道德情操论》，蒋自强、钦北愚、朱钟棣、沈凯璋译，第309页。

③ ［英］亚当·斯密：《道德情操论》，蒋自强、钦北愚、朱钟棣、沈凯璋译，第237页。

此，“诚实是最好的策略”这句有益的古老谚语，在这种情况下差不多总是全然适用的。①

之所以如此，大概与斯密的《道德情操论》这部著作的主要目的是要“阐明具有利己主义本性的个人怎样控制他的感情或行为，尤其是自私的感情或行为，以及怎样建立一个有确立行为准则必要的社会”有关，相对于谨慎、节制、自制，诚实在这方面的重要性略逊一些。

既然这些美德对于良序社会的运转十分重要，那么该如何建立这些道德规范呢？或者说在建立这些道德规范时应该依据什么原则，又该注意哪些问题呢？对此，斯密提出了自己的看法。

斯密认为，虽然“宗教赋予美德的实践如此强烈的动机，并且通过如此有力地抵制罪恶的诱惑来保护我们，以致许多人误认为宗教原则是行为的唯一值得称赞的动机”②。但他对人们的这种误解有着不同的看法，他说：

我不准备花时间专门考察这种观点；我只是要指出，我们不要期待看到这种观点为任何宣称信奉下面这样一种宗教的人所接受，在这种宗教中，第一条戒律是，要以自己的全部心意、全部灵魂和全部精力去敬爱我们的造物主，第二条戒律是，像爱自己一样去热爱自己的邻人；我们实际上是为了自己的缘故而热爱自己，并不仅仅因为被要求采取这样做。责任感应当是我们行动的唯一原则，这在基督教的戒律中是找不到的……③

这说明，与其他启蒙思想家一样，斯密也“持有去魅的世界观”④。

---

① ［英］亚当·斯密：《道德情操论》，蒋自强、钦北愚、朱钟棣、沈凯璋译，第74页。

② ［英］亚当·斯密：《道德情操论》，蒋自强、钦北愚、朱钟棣、沈凯璋译，第211页。

③ ［英］亚当·斯密：《道德情操论》，蒋自强、钦北愚、朱钟棣、沈凯璋译，第211页。

④ ［美］彼得·盖伊：《启蒙时代：人的觉醒与现代秩序的诞生》上卷《现代异教精神的兴起》，刘北成译，第272页。

在他的观念里，宗教不适合作为建立“商业社会”道德规范的原则。促使他做出这一判断的理由还有，在当时的英国，国教会在道德问题上过于松弛，而小教派又过于严苛，让斯密对其丧失了信心。如他所说：

> 在小教派普通人民的道德上，几乎常是特别有规则有秩序的，比在国教要严肃得多。实在说，这些小教派的道德，往往却未免过于严格，过于不合人情，使人觉得讨厌。①

既然宗教及其戒律无法承担起建立道德规范的原则指导作用，那么就应该从其他方面去寻找。在斯密看来，建立“商业社会”的道德规范，最重要的原则有两个：良心、合宜。在这两者当中，前者是“道德评判的内在准则”，后者是“道德裁决的外在尺度”②。

斯密认为，良心或内心公正的旁观者的影响和权威是非常大的，在自私、利己的人性面前就更是如此。面对自私、自利的人性，人们不禁要问：

> 既然我们消极的感情通常是这样卑劣和自私，积极的道义怎么会如此高尚和崇高呢？既然我们总是深深地为任何与己有关的事情所动而不为任何与他人有关的事情所动，那么是什么东西促使高尚的人在一切场合和平常的人在许多场合为了他人更大的利益而牺牲自己的利益呢？③

对此，斯密给出的答案是：

---

① ［英］亚当·斯密：《国富论》，郭大力、王亚南译，第760页。

② 张鲲：《斯密对现代社会道德秩序的转换与重建》，《湖北行政学院学报》2011年第2期。

③ ［英］亚当·斯密：《道德情操论》，蒋自强、钦北愚、朱钟棣、沈凯璋译，第167页。

> 这不是人性温和的力量，不是造物主在人类心中点燃的仁慈的微弱之火，即能够抑制最强烈的自爱欲望之火。它是一种在这种场合自我发挥作用的一种更为强大的力量，一种更为有力的动机。它是理性、道义、良心、心中的那个居民、内心的那个人、判断我们行为的伟大的法官和仲裁人。①

良心之所以能够成为“道德评判的内在准则”，是因为：

> 只有从他那里我们才知道自己以及与己有关的事确是微不足道的，而且只有借助于公正的旁观者的眼力才能纠正自爱之心的天然曲解。是他向我们指出慷慨行为的合宜性和不义行为的丑恶；指出为了他人较大的利益而放弃自己最大的利益的合宜性；指出为了获得自己最大的利益而使他人受到最小伤害的丑恶。②

那么，良心又是如何发挥其作为“道德评判的内在准则”的作用的呢？斯密认为：

> 每当我们将要采取的行动会影响到他人的幸福时，是他，用一种足以震慑我们心中最冲动的激情的声音向我们高呼：我们只是芸芸众生之一，丝毫不比任何人更为重要；并且高呼：如果我们如此可耻和盲目地看重自己，就会成为愤恨、憎恨和咒骂的合宜对象。③

众所周知，道德是人们共同生活及其行为的准则和规范。因此，

① ［英］亚当·斯密：《道德情操论》，蒋自强、钦北愚、朱钟棣、沈凯璋译，第167—168页。

② ［英］亚当·斯密：《道德情操论》，蒋自强、钦北愚、朱钟棣、沈凯璋译，第168页。

③ ［英］亚当·斯密：《道德情操论》，蒋自强、钦北愚、朱钟棣、沈凯璋译，第168页。

建立道德规范的原则就不能仅止于良心。斯密认为，除了良心，合宜是另一个最重要的判断何为善、何为恶的标准。

对于合宜，斯密没有给出一个完整明确的界定，但从他对合宜的诸多论述中我们可以看出，“合宜是包容同情、公正与适度德性的道德标准。合宜既有公正、合适，也有合乎规律性、不偏不倚、无过无不及的意思，还蕴含着神意和一般准则的要求”①。那么，如何判断某种情感或行为是否合宜呢？斯密认为，这要从两方面着手。一方面，从情感的一致性来判断其是否符合合宜这个“道德裁决的外在尺度”。他说：

> 在当事人的原始激情同旁观者表示同情的情绪完全一致时，它在后者看来必然是正确而又合宜的，并且符合它们的客观对象；相反，当后者设身处地发现前者的原始激情并不符合自己的感受时，那么，这些感情在他看来必然是不正确而又不合宜的，并且同激起这些感情的原因不相适应。②

另一方面，从情感与其产生原因和情感与其产生后果的关系着手，来判断其是否符合合宜这个“道德裁决的外在尺度”。他说：

> 产生各种行为和决定全部善恶的内心情感或感情，可以从两个不同的方面或两种不同的关系来研究：首先，可以从它同产生它的原因，或同引起它的动机之间的关系来研究；其次，可以从它同它意欲产生的结果，或同它往往产生的结果之间的关系来研究。③

---

① 陈晓龙、张鲲：《论亚当·斯密的良序经济社会思想》，《天津社会科学》2011 年第 4 期。

② ［英］亚当·斯密：《道德情操论》，蒋自强、钦北愚、朱钟棣、沈凯璋译，第 14 页。

③ ［英］亚当·斯密：《道德情操论》，蒋自强、钦北愚、朱钟棣、沈凯璋译，第 16—17 页。

具体来说，就是：

> 这种感情相对于激起它的原因或对象来说是否恰当，是否相称，决定了相应的行为是否合宜，是庄重有礼还是粗野鄙俗。
>
> 这种感情意欲产生或往往产生的结果的有益或有害的性质，决定了它所引起的行为的功过得失，并决定它是值得报答，还是应该受到惩罚。①

除了良心与合宜这两个原则外，要建立良好的道德规范，使“商业社会”能够实现良序运转，还必须注意以下问题。

第一，营造善有善报、恶有恶报的道德报偿氛围与机制。斯密指出，为了促成“人世间的安定，人性的完美和愉快”这个“伟大的目标”，要“力求使每种美德得到他心目中恰如其分的敬爱和尊重，并使每种罪恶得到他心目中恰如其分的轻视和憎恶”②，换句话说，要做到善有善报、恶有恶报。这既是神意，也是自然之道，因为“大自然给予每一种美德和罪恶的那种报答或惩罚，最能鼓励前者或约束后者”③。当然，这也更应该成为人类社会遵循的原则。那么，道德的报偿通过什么方式来体现呢？斯密举例对此进行了说明，他说：

> 什么是鼓励勤劳、节俭、谨慎的最恰当的报答呢？在每项事业中获得成功。这些美德是不是有可能在整个一生中始终得不到报答呢？财富和人们的尊敬是对这些美德的恰如其分的补偿，而这种补偿它们是不大可能得不到的。什么报答最能促使人们做到诚实、公正和仁慈呢？我们周围那些人的信任、尊重和敬爱。许多人并不追求显赫地位，但是希望受人敬爱。诚实和公正的人不

① ［英］亚当·斯密：《道德情操论》，蒋自强、钦北愚、朱钟棣、沈凯璋译，第17页。

② ［英］亚当·斯密：《道德情操论》，蒋自强、钦北愚、朱钟棣、沈凯璋译，第207页。

③ ［英］亚当·斯密：《道德情操论》，蒋自强、钦北愚、朱钟棣、沈凯璋译，第207页。

> 会因得到财富而欣喜，他感到欣喜的是被人信赖和信任，这是那些美德通常会得到的补偿。①

斯密认为，当“一切高尚行为都值得钦佩，一切卑劣行为都应该受到鄙视”的道德报偿氛围与机制形成后，人们就会“尊重自己认为已经确立的一些行为准则，并仅据此行事”②。

第二，营造良好的社会风气。斯密认为，一个人生活于其中的社会风气与社会环境对道德规范的养成具有重要影响。他说：

> 那些在真正的良朋益友而不是在通常所谓的良朋益友中间受到教育的人，他们在自己所尊敬的以及与其共处的人们身上惯常见到的，只是正义、谦虚、人道和井井有条，对看来是同那些美德所规定的准则相矛盾的东西至为愤慨。相反，那些不幸在强暴、放荡、虚伪和非正义之中长大的人，虽然没有完全丧失对这种行为的不合宜性的感觉，但是，完全丧失了对这种可怕的暴行，或者它应当受到报复和惩罚的感觉。他们从幼年时起就熟悉这种行为，习惯已使他们对这种行为习以为常，并且非常容易把它看成是所谓世之常情的东西，即某些可能并且必然被我们实行，从而妨碍自己成为正直的人的东西。③

而要营造良好的社会风气，社会上层要做好表率。这是因为：

> 有身份有财产的人，就其地位说，是社会中显赫的人物。他的一举一动，社会都在注意，而他因此就不得不注意他自身的一

---

① ［英］亚当·斯密：《道德情操论》，蒋自强、钦北愚、朱钟棣、沈凯璋译，第205页。

② ［英］亚当·斯密：《道德情操论》，蒋自强、钦北愚、朱钟棣、沈凯璋译，第196、199页。

③ ［英］亚当·斯密：《道德情操论》，蒋自强、钦北愚、朱钟棣、沈凯璋译，第255—256页。

> 切行动。社会尊敬他到什么程度，和他的权威与名望有很大的关系。①

所以，斯密认为，“那种风气不是每个人所呈现的、而是地位高或品质好的那些人所呈现的风气”②。他还以查理二世时代上流社会对当时英国社会道德秩序的恶劣影响为例来对此加以说明。③ 斯密认为，要营造良好的社会风气，每个人都有不可推卸的责任和义务，尤其是为人父母者，他们营造的家风对于社会风气的形成十分重要，不良家风对社会道德具有很大的危害性。他指出：

> 即使儿童身体健壮，能忍受其双亲不当行为所加于他们的痛苦而活下去，但两亲不当行为的榜样，通常亦会败坏此儿童的德行。这些儿童长大了，不但不能以其勤劳贡献社会，而且会成为社会伤风败俗的害物。④

第三，政府要充分发挥作用，一方面加强法律建设，以法律为手段促进社会道德的提升，进而保障社会的安定与发展。斯密认为，以行政和法律手段促进道德水平提升，同时遏制道德堕落，是政府各级官员的职责。他说：

> 市政官员不仅被授予通过制止不义行为以保持社会安定的权力，而且被授予通过树立良好的纪律和阻止各种不道德、不合适的行为以促进国家繁荣昌盛的权力。因此，他可以制定法规，这些法规不仅禁止公众之间相互伤害，而且要求我们在一定程度上

---

① ［英］亚当·斯密：《国富论》，郭大力、王亚南译，第760页。

② ［英］亚当·斯密：《道德情操论》，蒋自强、钦北愚、朱钟棣、沈凯璋译，第248页。

③ ［英］亚当·斯密：《道德情操论》，蒋自强、钦北愚、朱钟棣、沈凯璋译，第256页。

④ ［英］亚当·斯密：《国富论》，郭大力、王亚南译，第841页。

相互行善。[①]

另一方面，政府也要加强对民众的教育。斯密认为，“在文明的商业社会，普通人民的教育，恐怕比有身份有财产者的教育，更需要国家的注意”[②]。斯密之所以强调民众教育对道德规范的养成与遵守，是因为：

> 在无知的国民间，狂热和迷信，往往惹起最可怕的扰乱。一般下级人民所受教育愈多，愈不会受狂热和迷信的迷惑。加之，有教育有知识的人，常比无知识而愚笨的人，更知礼节，更守秩序。他们各个人都觉得自己的人格更高尚，自己更可能得到法律上、长上的尊敬，因而他们就更加尊敬那些长上。[③]

总之，斯密面对的是这样一种局面：市场经济快速发展，工业革命已经起步，但人们的道德情感陷入沦丧的危机，这种商业精神与道德情感之间的紧张冲突，给当时的英国人带来恐惧和焦虑。如何找到市场经济与道德情感这两种力量之间的平衡，是摆在这些思想家面前亟待解决的问题。[④] 他在《道德情操论》等著作中对道德的思考，在很大程度上都是对这一社会变革的回应。在他的眼中，商业社会并不是洪水猛兽，商业社会就是文明社会，那些被保守派称为“暴发户”和“粗俗者”的人们，有着他们生存与发展的道德合理性，他们对财富的追求同样是社会发展的重要动力。他在告诉世人，商业活动、财富、奢侈等也是促进文明发展的力量，这就给商业社会的发展提供了道德合理性。因此，尽管斯密并没有把注意力放在“劝诫世人如何

---

① ［英］亚当·斯密：《道德情操论》，蒋自强、钦北愚、朱钟棣、沈凯璋译，第100—101页。

② ［英］亚当·斯密：《国富论》，郭大力、王亚南译，第747页。

③ ［英］亚当·斯密：《国富论》，郭大力、王亚南译，第752页。

④ 参见 Istvan Hont and Michael Ignatieff eds.，*Wealth and Virtue*：*The Shaping of Political Economy in Scottish Enlightenment*，Cambridge，1983。

做一个有德之人，或者如何提升自己的道德水准”上，但他对“人类社会形成的道德情感基础，以及这种道德情感可能会导向一个‘好社会’的机制和条件”的解释，[①] 还是为当时正在走来的“商业社会”道德规范的建立提供了理论指导，其“对现代社会道德秩序的形成”所做的“独特解释”具有十分重要的意义。[②]

三　查尔斯·狄更斯的道德关怀

查尔斯·狄更斯是19世纪英国文学的重要代表，也是英国文学史上伟大的作家之一。他的主要作品有《大卫·科波菲尔》《匹克威克外传》《雾都孤儿》《老古玩店》《艰难时世》《我们共同的朋友》《双城记》等。在这些作品中，狄更斯揭露并抨击了社会中上层的虚伪、贪婪、卑劣、凶残、冷酷无情，对下层社会的痛苦、无知、迷茫给予了深切同情，对他们身上表现的美德大力颂扬。“狄更斯作为那个时代极具社会责任感的伟大作家，在其小说中不懈地追求着一种社会批判与道德教化的契合。”[③]

狄更斯生活的时代，英国正处在社会转型时期，第一次工业革命的完成使英国进入工业化、城市化浪潮当中，社会财富迅速增长，社会关系发生重大变动，与此同时，社会观念也处于转型当中，新旧思想观念交织。由此带来的问题是：社会贫富分化加深，社会问题日趋严重，社会冲突加剧，社会道德伦理混乱，道德问题凸显。对此，狄更斯深有感触，他在小说《双城记》中对当时的英国社会做了这样的描述：

---

① 罗卫东、张亚平：《亚当·斯密道德理论的核心是什么?》，《浙江大学学报》2016年第2期。

② 张鲲：《斯密对现代社会道德秩序的转换与重建》，《湖北行政学院学报》2011年第2期。

③ 蔡熙：《西方狄更斯研究的道德批评传统及其反思》，《湖南工业大学学报》2016年第1期。

> 那是最好的年月，那是最坏的年月，那是智慧的时代，那是愚蠢的时代，那是信仰的新纪元，那是怀疑的新纪元，那是光明的季节，那是黑暗的季节，那是希望的春天，那是绝望的冬天，我们将拥有一切，我们将一无所有，我们直接上天堂，我们直接下地狱——简言之，那个时代跟现代十分相似……①

面对这样的现实，这一时期的英国作家如笛福、萨缪尔·理查森、亨利·菲尔丁、简·奥斯汀、狄更斯、乔治·艾略特、勃朗特三姐妹、伊丽莎白·盖斯凯尔、威廉·梅克比斯·萨克雷等人，都把倡导高尚道德、抨击道德堕落、提升社会道德水平作为义不容辞的责任，在他们的作品中强调道德伦理，使这一时期的英国文学作品打上了深深的道德烙印。

作为这些作家的优秀代表，狄更斯认为，虽然当时的英国社会经济发展迅速，但社会道德建设存在很大问题，而要想经济社会获得健康发展，就不能存在道德失范的问题，换句话说，经济社会的健康发展需要基本的社会秩序，而基本的社会秩序离不开道德功能的全面发挥。为此，他“始终将创作小说作为讨论道德和社会改革的出发点，将自己的小说构建成一个涵盖社会公德、个人品德、家庭美德以及经济道德、政治道德、公共道德、生态道德等各个方面的道德库”②。狄更斯认为，文学作品尤其是小说应该在倡导、弘扬高尚道德方面发挥应有的作用，“每一个国家都必须从自己的文学中寻找教化并改良民众的伟大手段，寻找民族尊严的伟大源泉”③，他的道德关怀主要体现在他的小说当中。

拜金主义是狄更斯在小说中予以较多揭露与批判的道德问题，他

---

① ［英］查尔斯·狄更斯：《双城记》，石永礼、赵文娟译，人民文学出版社 1993 年版，第 3 页。

② 尹康敏：《时代良知的呼唤——作为社会批评家狄更斯对英国社会发展的影响》，《信阳师范学院学报》2014 年第 4 期。

③ 《1842 年 2 月 1 日在波士顿欢迎宴会上的演讲》，《狄更斯全集》第 23 卷《演讲集》，丁建民、殷企平、徐伟彬译，浙江工商大学出版社 2012 年版，第 16 页。

“毕生致力于反对那种恬不知耻的唯利是图精神”①。在小说《马丁·朱述尔维特》中，狄更斯描述了拜金主义对人们心灵的毒害，在他的笔下，对金钱的疯狂崇拜使人们自私、虚伪，彼此疏远，反目成仇，甚至还有人犯下弑杀生父的逆天大罪。在小说《董贝父子》中，狄更斯批判了董贝先生奉行的金科玉律——“金钱万能”。相信“金钱万能”的董贝先生遭遇了一系列灾难性打击：他那温柔善良的妻子死了，被他作为接班人精心培养的儿子夭折了，续娶的妻子离他而去，得到他信任的卡克尔也不忠诚于他。他所崇拜的万能的金钱根本无法让他摆脱命运的嘲弄。在小说《我们共同的朋友》中，狄更斯批判了拜金主义对人们灵魂的毒害，小说中小哈蒙的未婚妻贝拉小姐就是被拜金主义毒害了灵魂的一个人，他只有在帮助贝拉小姐摆脱了拜金主义的影响后，才可能与她缔结美满婚姻。通过这一系列描写，狄更斯将拜金主义的表现及其危害彻底呈现在读者面前，他要告诉读者的是：金钱并不是万能的，人不能做金钱的奴隶，一旦人沦为金钱的奴隶，将给人生、社会、国家带来巨大灾难。

自私自利是狄更斯给予深刻批判的又一个道德问题。在当时的英国社会，功利主义思潮盛行，受其影响与推动，个人主义尤其是极端利己主义在一部分人当中甚嚣尘上，对整个社会道德造成了极大冲击，威胁到社会公德与公共利益。狄更斯在其作品中对自私自利的观念与行为进行了深刻批判。在小说《马丁·朱述尔维特》中，老马丁的弟弟安东尼从小就用利己主义观念教育他的独生子约那斯，告诉他人不为己，天诛地灭。在这种极端利己主义观念教育下，他的儿子成为一个极端利己主义者，时时事事都为自己做打算。在约那斯的眼中，任何人包括父母都要服务于他的个人利益，都要为他的个人利益作出牺牲，算计别人成为他最大的爱好，最后为了其个人利益，他将父亲送进了棺材。在小说《艰难时世》中，狄更斯对信奉功利主义、主张个人利益是人类前进主要动力的议员葛莱恩、工厂主庞得贝的自私自利言行做了揭露与批判，指出功利主义是英国社会的一大弊病，

---

① ［法］安·莫洛亚：《狄更斯评传》，王人力译，上海译文出版社1986年版，第4页。

也是许多社会灾难的根源所在。“狄更斯的抨击成功地动摇了一种教条的道德基础。他为削弱（这种削弱是有益的）武断的利己主义作出了贡献。”①

对虚伪的揭露与批判是狄更斯小说中的另一个主题。维多利亚时代以崇尚道德和追求体面而著称，然而在道德与体面的高压之下，衍生出了另一个严重的问题——虚伪。造成这一问题的一个重要原因是：

> 维多利亚社会所提倡的道德是一种高标准的道德，大多数社会成员囿于各种原因，实际上是无法达到的。但是由于社会的高压，人们不敢公开地反对，只能私下与暗中违反。这就不难理解为什么最讲道德的维多利亚时期也是英国历史上最为虚伪的一个时期。这倒不是因为维多利亚时期的英国人特别喜欢虚伪，而是过高的道德要求与严峻的社会氛围使当时的英国人既无法达到道德要求的水平又不敢公开违反或表示反对，只能以当面一套背后一套来应对。事实上，任何社会，只要它对自己的社会成员提出了难以实践的过高的道德要求，而社会成员又不能或不敢公开违反或提出异议，虚伪的产生是不可避免的。②

然而，问题的严重性在于，虚伪成为一种不良的社会风气，更有人用虚伪来掩饰道德堕落的丑行。有的人表面一本正经、道貌岸然，但实际上卑鄙下流、堕落不堪；有的人当面一套、背后一套；有的人一方面做着慈善，另一方面极尽压榨剥削之能事；有的人口头上痛斥卖淫现象，实际上自己就是一个彻头彻尾的花花公子或淫荡之徒。对于这种虚伪或伪善，狄更斯在其作品中给予了淋漓极致的揭露。在小说《我们共同的朋友》中，狄更斯描写了上层社会的宴会、婚姻和金融活动等，揭示了这些活动中存在的诸多虚伪和欺诈。在小说《马丁·朱述尔维特》中，狄更斯描写了一个名叫裴斯匿夫的人，裴斯匿夫表

---

① 罗经国编选：《狄更斯评论集》，上海译文出版社 1981 年版，第 108 页。

② 赵炎秋、刘白、蔡熙：《狄更斯学术史研究》，译林出版社 2014 年版，第 332 页。

面上为人一本正经，道貌岸然，实际上是个彻头彻尾的伪君子。他在老马丁面前表现一副正人君子的样子，实际上时刻想着谋取老马丁的财产。直至最后被老马丁揭穿真相，他仍然装出一副无辜的样子。由于狄更斯对裴斯匿夫的描写十分成功，“从此以后，裴斯匿夫在英国成了伪善者的象征”①。

除了对拜金主义、利己主义、自私自利、虚伪等恶习进行揭露与批判之外，狄更斯还在小说中对高尚道德进行大力宣传、肯定与颂扬，希望以此推动良好社会风气的形成。在小说《匹克威克外传》中，狄更斯对主人公匹克威克的热心助人、天真善良、疾恶如仇，对匹克威克的仆人山姆·维勒的机智、勇敢、忠诚、正直，都给予了高度颂扬。在小说《尼古拉斯·尼克尔贝》中，狄更斯笔下的主人公尼古拉斯性格坚强、为人正直，他通过兢兢业业地工作，事业有成，缔结了美满婚姻，让孀居的母亲和妹妹也过上了幸福生活。在小说《双城记》中，英国青年律师西德尼·卡屯为了所爱女子的幸福，宁愿以自己的性命换取该女子所爱青年的性命。“狄更斯通过西德尼·卡屯的自我牺牲在本书中高扬利他主义精神，这是对资产阶级道德准则的一次有力冲击。”② 在《大卫·科波菲尔》这部带有自传性质的小说中，狄更斯描述了主人公大卫身上体现的自尊、自爱、自强、务实、勤俭、吃苦耐劳等美德，以大卫为代表的奋斗者“给读者做出道德示范，影响读者的道德选择”③。

狄更斯认为，道德水平高低与财富多寡没有必然联系，富人并不一定就是道德高尚的人，而穷人也并不一定就道德水平低下。他说：

> 我相信，衣衫褴褛的穷人身上显示出来的德行并不亚于那些衣着华丽的达官显宦。我相信，德行以及客观外界的每一件美好物体，即使在穷极潦倒者的心中也能唤起共鸣，尽管他每天连很

① ［法］安·莫洛亚：《狄更斯评传》，王人力译，第 37 页。

② 钱青主编：《英国 19 世纪文学史》，外语教学与研究出版社 2018 年版，第 425 页。

③ 马娅：《19 世纪英国现实主义小说与伦理道德》，《贵州大学学报》2005 年第 5 期。

> 小的面包也要掰成两半儿省着吃。我相信德行不仅与乘坐马车的人为伍，而且还和赤着脚步行的人同行。我相信，德行与其说居住在宫廷大厦，不如说居住在穷街陋巷。寻觅德行的踪迹，对她紧追不舍，这不仅美妙怡人，而且不无裨益。[①]

从这一认识出发，狄更斯在其作品中对劳动人民身上体现的高尚品德不吝笔墨，大力进行宣扬，“他肯定大众的各种优秀品德，赞扬他们乐观向上、尽职尽责、默默无闻、踏踏实实、勤奋坚忍、勇敢正直、节俭朴实、热爱幻想、执迷于梦想”[②]。在小说《大卫·科波菲尔》中，大卫家的中年女仆及其同村的渔民们都是淳朴、善良、道德高尚的人，女仆佩格蒂对大卫一家忠心耿耿，和丈夫一起给处于困境的大卫提供了尽可能的帮助，让他感受到了人间温情。青年渔民汉姆虽然为人木讷，没有受过什么教育，更谈不上风度翩翩，但他忠厚、善良、勇敢，有高尚的情操，在生死关头抛弃个人恩怨，奋不顾身跳入海中，去救助拐走其未婚妻艾米莉的斯蒂夫，最后两人都不幸溺水而亡。狄更斯用他的热情笔触，让读者感受到劳动人民的高尚品质。在小说《奥利佛·退斯特》（又译《雾都孤儿》）中，主人公奥利佛虽然出生于苦难之中，在黑暗和充满罪恶的社会中成长，但他始终保持着一颗纯真善良的心，生活中的种种磨难并没有使他堕落，反而彰显了他出淤泥而不染的优良品质。狄更斯通过这个人物告诉读者，出身卑微者不必自卑，身处泥淖中不必恐慌，高尚的道德会为其洗去所有尘埃，会助其战胜一切纷扰。

为了使读者更加深刻地认识道德堕落的表现及其危害，为了使读者不断增强远离邪恶的决心、一心向善的信心，狄更斯在其小说中总是将善恶两种观念与行为同时展现在读者面前。美国文学批评家爱德蒙·威尔逊说：

---

① 《1842 年 2 月 1 日在波士顿欢迎宴会上的演讲》，《狄更斯全集》第 23 卷《演讲集》，丁建民、殷企平、徐伟彬译，第 14 页。

② 《狄更斯全集》第 22 卷《重印集》，潘一禾等译，浙江工商大学出版社 2012 年版，译者序第 3 页。

> 狄更斯的每本书都描写了正好相反的两种道德准则，有时不同作品中的人物成双作对，形成对比。有了一个好工业家朗斯维尔先生，就有一个坏工业家庞德贝先生；有一个坏心眼的犹太老人非勤，就有一个好心肠的犹太老人里亚；有了表面和蔼可亲、实则不择手段的律师伏霍尔斯，就有外表冷酷无情、其实心地善良的律师贾克斯；有了居心不良的矮子奎尔普，就要有乐善好施的矮子毛奇尔小姐；有了满腹怨恨、性格乖戾的私生女怀特小姐，就有温柔和顺的私生女爱漱·索姆逊。[①]

这种强烈而鲜明的对比，对读者的心灵产生了巨大冲击，让恶习、丑行无所遁形，让美德、善行大行其道。狄更斯不是简单地将善恶对比放在读者面前，让读者自己去做判断，而是旗帜鲜明地表明他的立场，他要“惩恶扬善”，他要让读者看到“善有善报，恶有恶报”，以此来激发读者的向善之心、避恶之意，让人人向善蔚然成风，让恶习、恶行无处立足。在他的小说中：

> 人物的道德与人物的命运是紧密联系在一起的。狄更斯强调扬善惩恶。他不能容忍道德低劣者有幸福的结局，他总是把好的命运赋予那些道德上的正面人物。如果把人物的道德与人物的命运组成一个直角坐标系，我们便可看出，狄更斯笔下人物的命运一般是与其道德品质成正比的，道德正，命运也为正，道德负，命运也为负。[②]

例如，在小说《奥利佛·退斯特》中，狄更斯将所有人物分为善恶两大阵营，善良阵营的人都有美好的结局，奥利佛虽然饱受磨难和屈辱，但最终苦尽甘来，得到幸福，善良美丽的露丝小姐也获得了幸福生活；而邪恶阵营的人都落得个悲惨下场，费金被送上绞刑架，塞克

① 罗经国编选：《狄更斯评论集》，第147页。
② 赵炎秋、刘白、蔡熙：《狄更斯学术史研究》，第352页。

斯在逃窜中死亡，蒙克斯锒铛入狱最后死在狱中，教区干事法布尔被革职，最后在济贫院了结余生。这样的结局达到了惩恶扬善、教育世人的目的，而这也正是狄更斯希望看到的。

从狄更斯的小说来看，道德是其臧否人物、批判社会问题的出发点和立脚点，“他所批判的重大社会罪恶，几乎都是属于道德的范畴，如自私、卑劣、残忍、虚伪、高傲、欺骗、冷酷无情，等等”①。与此同时，狄更斯也形成了自己的道德体系，“高尚、诚实、仁爱，这三点是狄更斯的道德体系的核心层次。中间层次是正直、勇敢、无私、利他、厚道、真诚、通情达理等等。表面层次则指人们的教养、生活作风、处世态度如文雅、谦和、稳重、严谨、温柔、有礼貌、自尊、尊重别人、举止得体等”②。可以说，狄更斯这个道德体系的内容非常符合维多利亚时代所倡导的道德，是“一种理想化了的维多利亚时代的道德观”③。

在狄更斯的道德体系中还有着较深的基督教道德的影响。1843年，狄更斯发表了《圣诞颂歌》，1843 年至 1849 年间，他又发表了《教堂钟声》《炉边蟋蟀》《人生的战斗》《着魔的人》，并于 1852 年结集为《圣诞故事集》。1850 年至 1867 年间，狄更斯又发表了《圣诞树》等短篇小说 21 篇，在他逝世后，这 21 篇小说结集为《圣诞小说集》。虽然“这些小说并不是每一篇都正面描写圣诞节，然而其中都体现了同一精神——博爱、仁慈、宽恕”④。而博爱、仁慈、宽恕也正是基督教道德的组成部分。

狄更斯对道德的倡导与宣传并没有局限于他的小说当中，他还利用一切机会宣传自己的道德主张，在他写的随笔中，在他所做的演讲中，都可以看到或听到他对道德问题的看法。在爱丁堡、波士顿、哈

① 赵炎秋：《论狄更斯的道德观在其长篇小说人物塑造中的影响》，《陕西师范大学学报》1987 年第 4 期。

② 赵炎秋：《论狄更斯的道德观在其长篇小说人物塑造中的影响》，《陕西师范大学学报》1987 年第 4 期。

③ 赵炎秋、刘白、蔡熙：《狄更斯学术史研究》，第 332 页。

④ 钱青主编：《英国 19 世纪文学史》，第 417 页。

特福德等地的演讲中，在曼彻斯特文学协会、利物浦技工讲习所、伯明翰多科技术学院、利兹技工讲习所、格拉斯哥文学协会等机构的演讲中，狄更斯都就道德问题提出了自己的看法，宣传自己的主张，激发听众对道德问题的兴趣，引导听众走上向善之路。

在狄更斯看来，在揭露、批判恶习、丑行，倡导宣扬美德、引导民众一心向善这项工作中，除了文学作品尤其是小说应该担当起义不容辞的责任，还有许多其他途径和手段可以发挥作用。他认为，类似于曼彻斯特文学协会的社会团体能够起到提升人们道德品质的作用，他“把技工讲习所和文学协会看作改善社会的至关重要的环节”[①]。他说：

> 凡是在文学协会这样的地方日复一日地练笔或训练思维的人，凡是每天在那儿努力提高自己的人，都能获得一种心灵上的品质——这种品质在任何时代都会成为在不同程度上进行奋斗的人的依托，尤其是——并永远是——自学成材者的依托。[②]

因此，他动员听众多多参与这类组织的活动，因为这对塑造他们的高尚品格是有益的。他要听众们相信：

> 你们一生中所干的最明智的事情莫过于把赞许的目光投向像这个讲习所一样的机构，因为每当知识之光得到了传播，每当你们最清楚地看到什么是美，什么是善，什么最能抵消人类的所有错误和罪孽时，你们的品格、你们的德行、你们的风度以及你们天性中较好的那一面就能得到的最好的欣赏，你们就能自豪地得到最真诚的尊敬。[③]

---

① 《1847 年 12 月 28 日在格拉斯哥文学协会首届年度晚会上的演讲》，《狄更斯全集》第 23 卷《演讲集》，丁建民、殷企平、徐伟彬译，第 76 页。

② 《1843 年 10 月 5 日在曼彻斯特文学协会年度晚会上的演讲》，《狄更斯全集》第 23 卷《演讲集》，丁建民、殷企平、徐伟彬译，第 37 页。

③ 《1844 年 2 月 26 日在利物浦技工讲习所的晚会上的演讲》，《狄更斯全集》第 23 卷《演讲集》，丁建民、殷企平、徐伟彬译，第 44 页。

他赞同通过开设体育、娱乐设施来吸引青少年，防止他们因无所事事而浪迹街头，在受到诱惑后堕入罪恶，因为在这些体育或娱乐场所里，青少年们“会非常安全，他们能得到良好的照料和指导，不会再染上说话粗野、举止粗鲁的坏习惯，也不会再流落街头，去做低级堕落的事情”①。

狄更斯非常重视教育在道德培养上的重要作用，他认为：

> 知识的力量能使人忍辱负重，能引导人走上恪守职责的道路，能使人产生自尊——这种自尊并不仅仅停留于自我，而是包含着对最美好事物的最崇高的敬意。知识的力量还能不断增进我们对人类的悲伤、快乐、能力和缺陷的了解，从而使我们在日常生活和工作中更富有儒雅精神，并且甘愿为社会大厦的完善而添砖加瓦，竭尽绵薄之力。②

在他看来，不仅社会下层需要加强教育，就连素以有教养而自傲的社会上层也需要加强教育，因为：

> 就下层社会而言，教育能使人更清楚地了解到人们所经受的悲惨遭遇，并对此产生同情，从而努力减轻这种悲惨程度，同时致力于关闭罪恶的大门，杜绝各类社会弊端；就上层社会而言，教育能使所有受惠者增长才智，提高效率，改善品格，并使他们在与亲友的交往中产生影响——所有受过良好教育的人都会多多少少地对周围的人产生影响。③

---

① 《1858 年 6 月 1 日在运动场和普通娱乐社团成立一周年纪念会上的演讲》，《狄更斯全集》第 23 卷《演讲集》，丁建民、殷企平、徐伟彬译，第 219 页。

② 《1847 年 12 月 1 日在里兹技工讲习所晚会上的演讲》，《狄更斯全集》第 23 卷《演讲集》，丁建民、殷企平、徐伟彬译，第 70 页。

③ 《1847 年 12 月 28 日在格拉斯哥文学协会首届年度晚会上的演讲》，《狄更斯全集》第 23 卷《演讲集》，丁建民、殷企平、徐伟彬译，第 75 页。

虽然狄更斯认为当时英国社会道德问题十分严重，但他并未对未来丧失信心，他是带着乐观主义的精神来看待这些问题的。他说："我有一个信念，并且希望传播这一信念，即世界上存在着美好的事物——是的，即使在腐败、堕落、不幸的社会环境中也存在着美好的事物。"①

> （对于善与恶）这场斗争的结果，狄更斯毫不怀疑，道德的胜利是无疑的，不仅个人生活如此，而且更为广泛地说，全人类的生活都是如此。因为，狄更斯相信进步这一自然规律，他认为只要劝说人们积善从德，消灭贫困，人类就会达到一种永久的圣诞节境界，那时所有善良的英国人就能在几百年的时间里吃葡萄干布丁，喝潘趣酒，开一些善意的玩笑。②

狄更斯的作品揭示了这一时期的英国社会及其道德问题，其意义不仅仅局限于文学方面，由于他的"作品充斥了如此丰富的现实世界的经验，以至于可以当作文献来运用——也许是最重要的文献——可以理解英国 19 世纪的社会历史"③。正是由于狄更斯等作家的深刻揭露与批判，以往人们"对维多利亚时代的过分褒奖也有必要节制"④。同时，也正是由于狄更斯等道德良知的辛勤努力，这一时期的道德建设获得了很大进步。正如有学者所说，在 19 世纪社会矛盾日益突出的情况下，"道德秩序曾使英国避免了一场革命，而我们可以认为，狄更斯是这种道德秩序的因素之一"⑤。

---

① 《1842 年 2 月 7 日在哈特福德欢迎宴会上的演讲》，《狄更斯全集》第 23 卷《演讲集》，丁建民、殷企平、徐伟彬译，第 19 页。

② ［法］安·莫洛亚：《狄更斯评传》，王人力译，第 113 页。

③ 赵炎秋、刘白、蔡熙：《狄更斯学术史研究》，第 103 页。

④ 赵炎秋、刘白、蔡熙：《狄更斯学术史研究》，第 119 页。

⑤ ［法］安·莫洛亚：《狄更斯评传》，王人力译，第 2 页。

小 结

面对日益凸显的道德问题，以恩格斯、斯密、狄更斯为代表的英国思想文化界有识之士纷纷作出回应。只不过由于身处不同位置，他们思考道德问题的出发点和落脚点存在差异。恩格斯对工人阶级中的道德问题的揭示，对资产阶级道德的谴责，目的在于对资本主义制度进行批判，进而唤起工人阶级的阶级意识。斯密则是对即将到来的商业社会的道德规范及其建设提出设想，即从良心、合宜两个原则出发，通过建立道德报偿机制、塑造良好社会风尚、发挥政府作用，确立勤劳、节制、诚信等道德规范。狄更斯以小说这种大众读物为媒介，深刻批判拜金主义等恶习，倡导高尚美德。尽管存在这些差异，但他们对于道德问题的揭露与批判，以及对道德建设的思考，都反映了这一时期英国思想文化界观照社会现实的情怀，同时这对于资本主义社会的道德建设，对于英国工人阶级的道德自觉，对于英国民众道德水平的提升，也都发挥了重要作用。

结　论

17 世纪中叶到 19 世纪中叶，是英国由传统农业社会向现代工业社会转型的关键时期。在这一时期，英国社会出现了诸多道德问题。酗酒问题愈演愈烈，波及社会各阶层，贵族、乡绅、官员、商人、工人、士兵、男性、女性中酗酒者大有人在，酗酒成为一个全社会现象。上流社会性道德混乱，豢养情妇、通奸、嫖妓现象屡见不鲜。卖淫问题日益恶化，妓女人数增多，妓女构成和卖淫场所多样化，童妓问题严重。官员腐败问题突出，裙带关系、买卖官职、领取干薪、以权谋私、贪污贿赂成为普遍现象。议会选举腐败问题凸显，操纵选举、贿买选民、买卖议席，不一而足。制售假冒伪劣产品现象多发，食品掺假，出售劣质商品，制售假药。印制与售卖色情书画以及含有色情下流内容的书刊，成为当时书报业发展过程中存在的突出问题。在戏剧创作和演出中也存在下流放荡、违背道德的问题。

这些道德问题产生和存在的大背景是英国社会的转型，即英国社会从农业社会向工业社会转型，从乡村社会向城市社会转型。这两个转型带来了道德转型，即传统道德向现代道德的转型。在这一过程中，传统道德对人们的约束和控制失效，现代道德尚未确立，自然也就无法建立起有效的道德约束和控制，于是出现了道德失范和道德混乱。酗酒问题因为与工业社会的清醒、节制、守时、勤劳、守纪等品行对立，并成为偷盗、卖淫等恶习的诱因，而成为受人关注的道德问题。社会上层的婚姻制度与继承制度，青年人结婚年龄的推迟乃至单身现象的增多，个人道德素质低下，自我控制能力弱，懒惰、贪图享乐等个人品质，收入低、贫困、缺少家庭关爱等因素，成为助推上流社会性道德问题与卖淫问题恶化的原因。长期存在的贵族寡头政治体制，官员任命过程中的“恩赐制”与“政党分赃制”，权力监督机制的失效与缺失，不合理的议会选举制度，选民权利意识和民主意识的缺乏，成为政治腐败问题滋生的土壤。金钱至上的拜金主义，唯利是图、利己主义等观念，政府对经济文化生活监管的缺乏等因素，则使得制假售假、色情书刊与下流戏剧演出有了生存空间。

面对日益凸显的道德问题，英国社会各界纷纷行动起来。作为传统道德的制定者和维护者，教会认为自己责无旁贷，通过传教布道，倡导美德，推动议会和政府采取措施打击道德堕落行为，支持并参与道德改善团体活动等方式，遏制道德问题恶化的势头。然而，在教会看来，道德问题恶化的根本原因在于民众的宗教信仰出了问题，导致其失去了敬畏之心，因此强化民众信仰应该是解决道德问题的出发点和落脚点，这就限制了教会在道德改善中作用的发挥。再加上不同教派立场上的分歧，教会自身问题导致的威信降低，民众信仰淡薄，道德标准世俗化与多元化等因素，教会在治理道德问题过程中的作用就难以达到理想程度，也难以满足民众对教会的期盼。日益严重的道德问题让政府感到不安，因为道德混乱导致的社会秩序紊乱直接威胁到政权稳固。政府通过加强相关立法，加大执法力度，支持道德改善团体活动等方式，意图遏制道德问题恶化的趋势。但是，上流社会性道德问题与政治腐败问题导致政府威望降低，政府奉行的自由放任政策，司法领域存在的诸多问题，传统认为道德事务属于教会管辖权的观念，以及政府介入道德问题治理的主要关注点在于维护社会秩序等因素，都使得政府难以在道德问题治理上发挥足够的作用。关注道德问题的不只有教会和政府，社会上还有许多有识之士也对日益严重的道德问题感到担忧，并积极投入道德改善运动当中。他们建立了各种道德改善团体，通过揭发、控告道德犯罪行为及犯罪者，开展宣传教育活动，推动议会和政府加大立法执法力度等方式，积极推动道德改善，在道德问题治理过程中发挥了重要作用。然而，由于利益集团的掣肘，缺乏广泛的群众基础等原因，这些道德改善团体发挥的作用受到削弱。应该说，无论是教会还是政府，无论是道德改善团体还是其他社会人士，都注意到道德问题恶化及其带来的危害，并通过各种方式参与道德问题治理。但由于上述种种原因，他们的努力并没有收到令人满意的效果。

面对道德转型以及在此期间出现的诸多道德问题，英国的思想文化界也在思考，为解决道德问题及未来的道德建设提供方案。亚当·斯密在给即将到来的“商业社会”提供道德辩护、赋予其道德合理性的同时，也对“商业社会”的道德建设提出了自己的设想，即从良心、合宜两个原则出发，通过建立道德报偿机制、塑造良好社会风尚、发挥政府作用，确立勤劳、节制、诚信等道德规范。与斯密不同，恩格斯对当时英国社会道德问题的揭露，不是要给资本主义社会开出一剂良方，恰恰相反，他指出这些道德问题的产生，其根本原因就是资本主义制度，他要以此唤醒工人阶级的阶级意识，让工人阶级实现道德自觉，进而实现道德解放和道德自由。不同于以上两人，狄更斯通过小说这种形式，以更加形象也更加为民众喜闻乐见的方式，对不道德行为和恶习进行批判，对美德加以赞颂，以期遏制道德问题恶化的趋势，并使美德得以确立。应该说，在一定意义上，这种做法收到了更好的效果。

到 19 世纪中叶，两百年的时间过去了，英国社会上针对道德问题的责难与批评之声仍然不绝于耳。虽然有教会、政府与道德改善团体的共同努力，虽然有思想文化界强大的舆论支持，但道德改善的效果远远不能令人满意，在一些领域，道德问题甚至还有加重的趋势。然而，无论是王室与政府，还是教会与道德改善团体，都没有停下他们的步伐，道德改善事业仍然在不断推向前进。对此，当时有不少英国人抱有非常乐观的看法。1855 年，弗朗西斯·鲍尔·科布表达了他对这一问题的看法，他说：

> 随着千禧年时代的过去，我们看到了双重进步在发生……每个种族的进步和每个人的进步。尽管有许多明显的倒退，但每个世俗家庭依然在缓慢而平稳地变得更好、更聪慧、更高尚、更喜悦。尽管有许多痛苦的灵性退步，但每个活的灵魂依旧在缓慢而

平稳地向着美德成长。①

1848 年，历史学家托马斯·巴宾顿·麦考莱说，1688 年以来的英国历史是“物质、道德与精神进步的辉煌历史”。1856 年，辉格党首相亨利·约翰·坦普尔·帕默斯顿说，“持续进步是我们的道德本质的规律”。1858 年，保守党领袖、首相德比伯爵宣称，“我们生活在一个道德、政治与社会持续进步的时代”。这说明，无论是学者还是政治家，都肯定了 19 世纪以来英国社会道德状况的好转，并对未来充满了信心。因此，可以说“至少从 19 世纪 50 年代起，英国进入了一个‘新道德时代’”②。未来，这个时代将以“维多利亚时代”而闻名于世，而这种被称为“维多利亚道德规范”的“新道德”将对英国历史产生长远影响。

① M. J. D. Roberts, *Making English Morals: Voluntary Association and Moral Reform in England, 1787 - 1886*, p. 232.

② M. J. D. Roberts, *Making English Morals: Voluntary Association and Moral Reform in England, 1787 - 1886*, p. 193.

译名对照表

（以汉语拼音顺序排列）

A

阿宾登　Abingdon

阿尔斯特禁酒协会　Ulster Temperance Society

阿盖尔之家　Argyll Rooms

阿兰·亨特　Alan Hunt

阿玛莉·索菲·玛丽安·冯·沃尔莫登　Amalie Sophie Marianne von Wallmoden

阿瑟·舍韦尔　Arthur Sherwell

阿什利勋爵　Lord Ashley

阿索尔公爵　Duke of Atholl

埃德蒙·吉布森　Edmund Gibson

埃德温·阿伯特　Edwin Abbott

埃尔文　Irwin

埃格蒙特　Egmont

埃利奥特　Eliot

埃普沃斯　Epworth

埃奇库姆　Edgecombe

爱德华·布里斯托　Edward Bristow

爱德华·狄萨德　Edward Tissard

爱德华·福克斯　Edward Fuchs

爱丁堡保护少女协会　the Edinburgh Society for the Protection of

Young Girls

爱尔兰禁酒协会　Hibernian Temperance Society

A. E. 艾克尔斯　A. E. Eccles

艾斯利普　Islip

安德鲁·戈登·克雷格　Andrew Gordon Craig

安多弗　Andover

安·弗雷夫人　Lady Ann Foley

安克拉姆伯爵　Earl of Ancram

安妮·德洛夫人　Mrs Anne Deleau

T. H. B. 奥德菲尔德　T. H. B. Oldfield

奥克兰勋爵　Lord Auckland

B

芭芭拉·维利尔斯　Barbara Villiers

巴布·多丁顿　Bubb Dodington

C. L. 巴尔弗夫人　Mrs C. L. Balfour

巴格维尔夫人　Mrs Bagwell

T. H. 巴克尔　T. H. Barker

白教堂　Whitechapel

葆拉·巴特利　Paula Bartley

保罗·麦克休　Paul McHugh

鲍尔奇　Balch

贝德福德　Bedford

贝蒂·马丁夫人　Mrs Betty Martin

贝尔法斯特宗教小册子协会　the Belfast Religious Tract Society

贝尔莫子爵夫人　Viscountess Belmore

R. M. 贝弗利　R. M. Beverley

本杰明·霍德利　Benjamin Hoadly

本尼迪克特·伦纳德·卡尔弗特　Benedict Leonard Calvert

彼得伯勒伯爵　Earl of Peterborough

彼得·加斯克尔　Peter Gaskell
彼得·品达　Peter Pindar
博福特公爵　Duke of Beaufort
博林布鲁克勋爵　Lord Bolingbroke
博林布鲁克子爵　Viscount Bolingbroke
伯明翰绝对禁酒协会　the Birmingham Total Abstinence Society
伯纳德·曼德维尔　Bernard Mandeville
伯纳姆·鲁斯　Bodenham Rewse
布拉德福德长誓约联合会　Bradford Long Pledge Association
布拉德福德禁酒协会　Bradford Temperance Society
布莱恩·哈里森　Brian Harrison
布莱克·娜恩　Black Nan
布里昂松伯爵　Count Briançon
不列颠促进禁酒联合会　British Association for the Promotion of Temperance
不列颠及海外禁酒协会　British and Foreign Temperance Society
不列颠与海外遏制酗酒协会　British and Foreign Society for the Suppression of Intemperance
布罗克斯本　Broxbourne

C
查尔斯·赫里　Charles Herry
查尔斯·蒙塔古　Charles Montagu
查尔斯·沃森　Charles Watson
查尔斯·詹姆斯·阿铂利　Charles James Apperley
查理·丘吉尔　Charles Churchill
查塔姆勋爵　Lord Chatham
产科医院　the Lying-in Hospital
《晨露》　*Morning Dewdrops*
《城镇警察法》　*Town Police Act*

《传染病法》　*The Contagious Diseases Act*

D

《大不列颠和爱尔兰代议制的历史》　*Representative History of Great Britain and Ireland*

丹比　Danby

丹尼尔·斯特宾　Daniel Stebbin

《丹斯伯里一家》　*Danesbury House*

《道德改革者》　*Moral Reformer*

道德改善协会　Societies for the Reformation of Manners

德比伯爵　Earl of Derby

德文郡公爵　Duke of Devonshire

A. E. 丁格尔　A. E. Dingle

《东部新闻晨报》　*Eastern Morning News*

东伦敦宪章派禁酒协会　East London Charitist Temperance Association

《斗争》　*The Struggle*

《都市警察法》　*Metropolitan Police Act*

杜巴丽夫人　Madame du Barry

《杜松子酒法》　*The Gin Act*

《杜松子酒巷》　*Gin Lane*

多塞特公爵　Duke of Dorset

堕落街　Damnation Alley

E

恩兹利花园　Endsleigh Gardens

F

法尔默斯　Falmouth

法庭书记员　clerkship of the escheats

反烈酒　　anti-spirits
范妮　　Fanny
菲茨威廉　　Fitzwilliam
菲尔波茨主教　　Bishop Philpotts
《非法场所法》　　*The Disorderly Houses Act*
《非凡的黑书：对弊端的揭露》　　*The Extraordinary Black Book: An Exposition of Abuses*
《非凡的红皮书》　　*The Extraordinary Red Book*
菲力普·卡特　　Philip Carter
菲力普·斯塔布斯　　Philip Stubbs
芬彻姆　　Fincham
《夫妇爱》　　*Conjugal Lewdness*
《福布斯·麦肯齐法》　　*The Forbes Mackenzie Act*
弗朗西斯·鲍尔·科布　　Frances Power Cobbe
弗朗西斯·埃尔德　　Francis Elde
弗朗西斯·普莱斯　　Francis Place
弗朗西斯·赛克斯　　Francis Sykes
弗朗西丝·斯丘达莫尔　　Frances Scudamore
弗兰西斯·比尔德肖　　Francis Beardsall
弗雷德里克·本廷克勋爵　　Lord Frederick Bentinck
弗雷德里克·理查德·利兹　　Frederic Richard Lees
弗雷德里克·莫利克　　Frederick Merrick

G

改善穷人状况协会　　the Society for Bettering the Condition of the Poor
改造与救助联盟　　the Reformatory and Refuge Union
高尔　　Gower
稿荐酒店　　straw-houses
戈登骚乱　　the Gordon Riots
格拉夫顿公爵　　Duke of Grafton

《格雷会馆杂志》 *The Gray's Inn Journal*

格林诺克 Greenock

格罗夫纳勋爵理查德 Richard, Lord Grosvenor

格特鲁德·西梅尔法布 Gertrude Himmelfarb

《给少女的一封道德劝诫信》 *A Letter of Genteel and Moral Advice to a Young Lady*

《更好发现贿赂与腐败行为的法令》 *Act for Better Discovery of Bribery and Corruption*

《更有效调查腐败行为的法令》 *Act for More Effectual Inquiry into Corrupt Practices*

《公祷书》 *Common Prayer Books*

公告协会 the Proclamation Society

《公共博物馆法》 *The Public Museums Act*

《公共机构腐败行为法》 *The Public Bodies Corrupt Practices Act*

《公共图书馆法》 *The Public Libraries Act*

弓街 Bow Street

孤儿院 the Foundling Hospital

《关于地方当局打击食品与饮料掺假行为的议会法令》 *Act of Parliament for the Prevention of the Adulteration of Food or Drink by Local Authorities*

《关于遏制与惩治堕落与渎神行为的公告》 *A Proclamation for Preventing and Punishing Immorality and Prophaneness*

《关于遏制与改正渎神的诅咒和咒骂行为的法令》 *An Act of Prevent and Reform Prophane Swearing and Cursing*

《关于更加有效地打击渎神的诅咒和咒骂行为的法令》 *An Act for the More Effectual Suppressing Prophane Cursing and Swearing*

《关于更加有效地遏制议会议员选举中贿赂和腐败行为的法令》 *An Act for the More Effectual Preventing Bribery and Corruption in the Election of Members to Serve in Parliament*

《关于强化信仰和促进道德改善的计划》 *A Project for the Ad-*

vancement of Religion, and the Reformation of Manners

《关于上流人士的行为礼仪对整个社会的重要性的思考》 *Thoughts on the Importance of the Manners of the Great to General Society*

《关于有效打击妓院及诱拐和卖淫行业的提案》 *Bill for the Effectual Suppression of Brothels and Trading in Seduction and Prostitution*

管道监察官 comptrollership of the pipe

国教会感化协会 the Church Penitentiary Association

国教会禁酒协会 Church of England Temperance Society

国教会完全戒酒协会 Church of England Total Abstinence Society

H

《哈里斯的考文特花园群芳谱》 *Harris's List of Covent-Garden Ladies: or Man of Pleasure's Kalendar*

哈丽雅特·威尔森 Harriette Wilson

哈威奇 Harwich

汉弗莱·西德纳姆 Humphrey Sydenham

汉娜·莫尔 Hannah More

汉斯·温特罗普·莫蒂默 Hans Wintrop Mortimer

贺拉斯·沃波尔 Horace Walpole

赫伯特勋爵 Lord Herbert

赫斯特·斯拉夫人 Mrs Hester Thrale

赫维 Hervey

赫维勋爵 Lord Hervey

《黑皮书；或腐败现形记》 *The Black Book; or, Corruption Unmasked!*

亨莉埃塔 Henrietta

亨利·凡 Henry Venn

亨利·菲尔丁 Henry Fielding

亨利·弗布斯 Henry Forbes

亨利·康普顿 Henry Compton

亨利·梅休　Henry Mayhew
亨利·萨默塞特　Henry Somerset
亨利·圣约翰　Henry St. John
亨利·伍德夫人　Mrs Henry Wood
亨利·约翰·坦普尔·帕默斯顿　Henry John Temple Palmerston
红衣主教曼宁　Cardinal Manning
互济会　Benefit Society
花之殿堂　the Temple of Flora
怀特菲尔德　Whitefield
怀特俱乐部　White's Club
怀特莫尔　Whitmore
霍顿夫人　Lady Horton
S. 霍尔　S. Hall

J

基督教知识促进协会　Society for Promoting Christian Knowledge
《基督徒指南》　*Christian Directory*
吉伯·诺斯勋爵　Lord Keeper North
技工社团　the Mechanics Institute
家长之友　Goodman's Fields
简·伊丽莎白·哈利　Jane Elizabeth Harley
教区警察　constables
教堂监护人　churchwardens
《教堂钟声》　*The Chimes*
杰弗里·霍姆斯　Geoffrey Holmes
杰弗里·威克斯　Jeffrey Weeks
杰瓦西·希利　Gervas Hely
杰西卡·沃纳　Jessica Warner
金奈尔德勋爵　Lord Kinnaird
金斯顿勋爵　Lord Kingston

《禁酒倡导者》 *The Temperance Advocate*
禁酒合作协会 Temperance Cooperative Society
禁酒之子 the Sons of Temperance
《敬虔与圣洁生活的严肃呼召》 *Serious Call to a Devout and Holy Life*
救助协会 the Rescue Society
《剧院许可证法》 *Theatrical Licensing Act*
绝对禁酒 teetotalism
绝对禁酒派 teetotallers
绝对禁酒运动 the teetotal movement
军队禁酒协会 Military Temperance Society

K

凯伦·索尼利特 Karen Sonnelitter
凯瑟琳·里克斯 Kathryn Rix
凯特·汉密尔顿寓所 Kate Hamilton's
坎贝尔勋爵 Lord Campbell
坎伯兰公爵 Duke of Cumberland
康普顿 Compton
考文垂伯爵 Earl of Coventry
《考文特花园杂志》 *The Covent Garden Magazine or Amorous Repository*
科克和奥雷里伯爵夫人 Countess of Cork and Orrery
克拉彭派 The Clapham Saints
克劳福德 Crawford
克里克莱德 Cricklade
克利夫兰公爵夫人 Duchess of Cleveland
科尼利厄斯·奥利里 Cornelius O'Leary
《克拉丽莎》 *Clarissa, or The History of a Young Lady*
克拉伦斯公爵 Duke of Clarence

肯德尔女公爵　Duchess of Kendal

肯尼特　Kennet

《狂饮日或懒散的星期一》　*Fuddling Day, or Saint Monday*

昆斯伯里公爵　Duke of Queensberry

L

拉尔夫·沃德洛　Ralph Wardlaw

垃圾坑　Dust-Hole

拉特兰　Rutland

W. 兰德斯　W. Landels

朗斯代尔　Lonsdale

里奇蒙公爵　Duke of Richmond

李区菲耳　Lichfield

理查德·巴克斯特　Richard Baxter

理查德·巴雷特　Richard Barrett

理查德·布林斯利·谢里丹　Richard Brinsley Sheridan

理查德·惠特利　Richard Whately

理查德·施林普顿　Richard Shrimpton

理查德·维尔皮·福伦齐　Richard Valpy French

理查德·休斯　Richard Hewes

莉莲·刘易斯·希曼　Lilian Lewis Shiman

利兹禁酒联盟　the Leeds Temperance Union

利兹禁酒协会　Leeds Temperance Society

《利兹水星报》　*Leeds Mercury*

联合王国禁止贩运所有烈酒联盟　United Kingdom Alliance for the Suppression of the Traffic in All Intoxicating Liquors

联合王国遏制酒类贸易联盟　the United Kingdom Alliance for the Suppression of the Trade in Alcohol

《联盟新闻》　*Alliance News*

《流浪法》　*Vagrancy Act*

六瓶男　six bottle men

《炉边蟋蟀》　*The Cricket on the Hearth*

露西　Lucy

路易丝·德·克罗亚勒　Louise Renée de Penancoët de Kérouaille

路易斯·西蒙　Louis Simond

伦敦保护少女、打击童妓卖淫协会　the London Society for the Protection of Young Girls and the Suppression of Juvenile Prostitution

《伦敦的卖淫》　*Prostitution in London*

伦敦禁酒联盟　London Temperance League

伦敦禁酒协会　London Temperance Society

伦敦女子寓所　the London Female Dormitory

伦敦通讯协会　London Corresponding Society

《论大都市警察》　*A Treatise on the Police of the Meropolis*

P. 罗宾逊　P. Robinson

M. J. D. 罗伯茨　M. J. D. Roberts

罗伯特·克莱武　Robert Clive

罗伯特·菲尔丁　Robert Feilding

罗伯特·弗比　Robert Furby

罗伯特·哈利　Robert Harley

罗伯特·沃波尔　Robert Walpole

罗伯特·沃恩　Robert Vaughn

罗伯特·詹姆斯上校　Captain Robert James

罗杰·斯科拉　Roger Scola

罗金厄姆　Rockingham

罗什富科　La Rochefoucauld

洛恩侯爵　Marquess of Lorne

洛辛堡　Castle Rising

M

马丁·英格拉姆　Martin Ingram

马尔伯勒　　Marborough
玛格德林性病医院　　the Magdalen Hospital
玛丽·安妮·克拉克　　Mary Anne Clarke
玛丽·格鲁夫　　Mary Grove
玛丽·沃特利·蒙塔古　　Mary Wortley Montagu
玛丽·沃兹沃思　　Mary Wadsworth
马乔里·摩根　　Marjorie Morgan
马修·亨利·库克　　Matthew Henry Cooke
马修神父　　Father Mathew
迈克尔·马森　　Michael Mason
迈克尔·瑞安　　Michael Ryan
麦克莱斯菲尔德　　Macclesfield
曼彻斯特宪制协会　　Manchester Constitutional Society
曼利太太　　Mrs Manley
曼斯菲尔德勋爵　　Lord Mansfield
梅德斯通　　Maidston
梅纳德勋爵　　Lord Maynard
美道会　　Bible Christians
W. 蒙塔古　　W. Montagus
《秘密投票法》　　*Ballot Act*
摸巷　　Grapecunt Lane
莫利屋　　molly house
莫特寓所　　Mott's

N

奈尔·圭恩　　Nell Gwyn
南希·帕森斯　　Nancy Parsons
内莉·奥布莱恩　　Nelly O'Brien
牛津伯爵　　Earl of Oxford
纽卡斯尔　　Newcastle

诺里季禁酒协会　　Norwich Temperance Society
诺森伯兰　　Northumberland
诺斯　　North

O

奥福德　　Orford
欧尔德·戴尔克斯　　Old Delks

P

《帕梅拉》　　*Pamela, Or, Virtue Rewarded*
帕特里克·狄龙　　Patrick Dillon
帕特里克·科尔奎豪恩　　Patrick Colquhoun
《徘徊者杂志》　　*The Ranger's Magazine, or the Man of Fashion's Companion*
蓬巴杜夫人　　Madame de Pompadour
彭布罗克勋爵　　Lord Pembroke
《啤酒法》　　*The Beer Act*
《啤酒街》　　*Beer Street*
《评论》　　*The Review*
珀西瓦尔　　Percival
朴次茅斯女公爵　　Duchess of Portsmouth
《普雷斯顿禁酒倡议书》　　*Preston Temperance Advocate*
普雷斯顿禁酒协会　　Preston Temperance Society

Q

钱多斯公爵　　Duke of Chandos
乔安娜·英尼斯　　Joanna Innes
乔丹夫人　　Mrs Jordan
乔纳森·斯威夫特　　Jonathan Swift
乔治·艾略特　　George Eliot

乔治·W. 卡尔　　Geerge W. Carr

乔治·克鲁克香克　　George Cruikshak

乔治·福代斯　　George Fordyce

乔治·卢卡斯　　George Lucas

乔治·罗斯　　George Rose

乔治·塞尔温　　George Selwyn

乔治·史密斯　　George Smyth

青年人禁酒协会　　Youth's Temperance Society

《取缔选举舞弊及非法行为法》　　*The Corrupt and Illegal Practices Prevention Act*

全国禁酒协会　　National Temperance Society

全国警惕协会　　the National Vigilance Association

权利法案支持者协会　　Society of the Supporters of the Bill of Rights

R

《人的完全责任》　　*Complete Duty of Man*

人民之友会　　Association of the Friends of the People

《人生的战斗》　　*The Battle of Life*

S

萨默塞特　　Somerset

塞缪尔·卡廷　　Samuel Cutting

塞缪尔·库林　　Samuel Couling

塞缪尔·理查森　　Samuel Richardson

塞缪尔·佩皮斯　　Samuel Pepys

塞缪尔·皮特里　　Samuel Petrie

塞缪尔·卫斯理　　Samuel Wesley

塞缪尔·谢泼德　　Samuel Sheppard

《色情出版物法》　　*The Obscene Publications Act*

莎夫茨伯里勋爵　Lord Shaftesbury
《少年戒酒者》　*Juvenile Abstainer*
少年禁酒协会　the Band of Hope
少年禁酒协会联盟　Band of Hope Union
《少年禁酒协会评论》　*Band of Hope Review*
设菲尔德宪制知识协会　Sheffield Society for Constitutional Information
社会恶习　social evil
社会性疾病　social diseases
《圣诞故事集》　*The Christmas Books*
《圣诞颂歌》　*A Christmas Carol*
《圣诞小说集》　*Christmas Stories*
圣贾尔斯　St. Giles
圣卢克教区　St. Luke's Parish
圣乔治广场　St. George's Fields
W. 史多德　W. Strode
史密斯太太　Mrs Smith
斯基博林　Skibereen
斯坦霍普伯爵　Earl Stanhope
斯图亚特夫人　Mrs Stuart
斯托克布里奇　Stockbridge
苏格兰禁酒联盟　the Scottish Temperance League
《苏格兰人》　*The Scotsman*
《索尔兹伯里读本》　*Salisbury Reader*

T

塔尔伯特勋爵　Lord Talbot
堂会理事长　Head-Church-Warden
陶尔哈姆莱茨　Tower Hamlets
托马斯·阿诺德　Thomas Arnold

托马斯·巴宾顿·麦考莱　Thomas Babington Macaulay
托马斯·班布里奇　Thomas Bambridge
托马斯·伯吉斯　Thomas Burgess
托马斯·布雷　Thomas Bray
托马斯·戴维斯　Thomas Davis
托马斯·海特　Thomas Hayter
托马斯·卡鲁　Thomas Carew
托马斯·科顿　Thomas Cotton
托马斯·莱特　Thomas Wright
托马斯·曼恩·冈恩　Thomas Mann Gunn
托马斯·乔治·肖　Thomas George Shaw
托马斯·皮特曼　Thomas Pitman
托马斯·塞耶斯　Thomas Sayers
托马斯·斯科特　Thomas Scott
托马斯·斯温德赫斯特　Thomas Swindlehurst
托马斯·特尼森　Thomas Tenison
托马斯·威尔逊　Thomas Wilson
托马斯·沃尔特·拉奎尔　Thomas Walter Laqueur
托马斯·沃斯诺普　Thomas Worsnop
托马斯·希尔　Thomas Hill
汤姆·塞耶　Tom Thayer
特吕格弗·R. 索福森　Trygve R. Tholfsen

W

完全戒酒誓约　total abstinence pledge
J. F. 威蒂牧师　Rev. J. F. Witty
威廉·贝尔　William Bell
威廉·贝克　William Baker
威廉·贝文　William Bevan
威廉·伯斯勒姆　William Burslem

威廉·布莱克　　William Blake
威廉·格雷斯利　　William Gresley
威廉·格里姆肖　　William Grimshaw
威廉·亨特　　William Hunter
威廉·科贝特　　William Cobbett
威廉·科林斯　　William Collins
威廉·贺加斯　　William Hogarth
威廉·霍伊尔　　William Hoyle
威廉·劳　　William Law
威廉·洛根　　William Logan
威廉·梅克比斯·萨克雷　　William Makepeace Thackeray
威廉·琼斯　　William Jones
威廉·泰特　　William Tait
威廉·威尔伯福斯　　William Wilberforce
威尼西亚·默里　　Venetia Murray
《违法场所法》　　*The Disorderly Houses Act*
维利尔斯勋爵　　Lord Villiers
魏登霍尔·威尔克斯　　Wetenhall Wilkes
卫斯理宗完全戒酒派联合会　　Wesleyan Union of Total Abstainers
未雨绸缪的权宜之计　　The Expediency of Preventive Wisdom
温和禁酒派　　moderationist
温和禁酒运动　　moderate movement
P. T. 温斯基尔　　P. T. Winskill
《我们的肥友要就寝了》　　*Our Fat Friend Going to Roost*
沃顿　　Wharton
沃伦·黑斯廷斯　　Warren Hastings
《舞弊行为法》　　*The Corrupt Practices Act*
伍德豪斯　　Woodhouse
伍德斯托克　　Woodstock
伍斯特侯爵　　Marquess of Worcester

《午夜的现代会话》　*A Midnight Modern Conversation*

X

《西比尔》　*Sybil*

《西部新闻晨报》　*Western Morning News*

西蒙·高夫　Simon Gough

西西莉亚·斯拉　Cecilia Thrale

夏洛特·李　Charlotte Lee

夏普博士　Dr. Sharpe

宪制知识协会　Society for Constitutional Information

《亵渎誓言法》　*The Profane Oaths Act*

新不列颠与海外禁酒协会　New British and Foreign Temperance Society

《新不列颠与海外协会手册》　*The Tracts of the New British and Foreign Society*

新罗斯　New Ross

新市场　Newmarket

新肖勒姆　New Shoreham

信仰协会　The Religious Society

《信仰之书》　*Books of Religion*

宣纸　Chinese paper

Y

鸭狗之家　the Dog and Duck

雅茅斯女伯爵　Countess of Yarmouth

《一日之四时：夜》　*The Four Times of Day*：*Night*

伊丽莎白·福斯特夫人　Lady Elizabeth Foster

伊丽莎白·盖斯凯尔　Elizabeth Gaskell

伊丽莎白·皮特　Elizabeth Pitt

伊萨克·马多克斯　Isaac Maddox

伊斯特波利　Eastbury
抑制恶习协会　the Society for the Suppression of Vice
议会权利与选举委员会　the Committee of Privileges and Elections
《英格兰邮报》　*English Post*
原初卫理公会　Primitive Methodists
《远离时下恶习的告诫》　*Disswasives from the Vices of the Age*
约翰·埃德加　John Edgar
约翰·伯内特　John Burnett
约翰·博斯科恩·萨维奇　John Boscawen Savage
约翰·查尔斯·纽比　John Charles Newby
约翰·登内　John Denne
约翰·迪斯尼　John Disney
约翰·蒂勒森　John Tillotson
约翰·埃利斯　John Ellis
约翰·菲利普斯爵士　Sir John Philipps
约翰·贡松　John Gonson
约翰·哈金斯　John Huggins
约翰·亨利·纽曼　John Henry Newman
约翰·科里　John Corry
约翰·克莱　John Chaplain
约翰·邓洛普　John Dunlop
约翰·菲尔丁　John Fielding
约翰·格里纳韦　John Greenaway
约翰·基布尔　John Keble
约翰·马歇尔　John Marshall
约翰·麦顿　John Mytton
约翰·斯图亚特·密尔　John Stuart Mill
约翰·威尔克斯　John Wilkes
约翰·威廉·德拉弗莱谢尔　John William de La Flechere
约翰·威廉·冯·阿兴霍尔茨　Johann Wilhelm von Archenholz

约翰·韦德　John Wade
约翰·卫斯理　John Wesley
约翰·沃登　John Warden
约翰·沃尔科特　John Wolcot
约翰·约翰斯通　John Johnstone
约克公爵　Duke of York
约瑟夫·艾迪生　Joseph Addison
约瑟夫·朗特里　Joseph Rowntree
约瑟夫·利夫西　Joseph Livesey
约书亚·雷诺兹　Joshua Reynolds

Z
詹姆斯·鲍斯韦尔　James Boswell
詹姆斯·布里奇斯　James Brydges
詹姆斯·霍金　James Hocking
詹姆斯·吉尔雷　James Gillray
詹姆斯·杰克逊　James Jackson
詹姆斯·拉金顿　James Lackington
詹姆斯·劳瑟　James Lowther
詹姆斯·奈特　James Knight
詹姆斯·汤利　James Townley
詹姆斯·詹金斯　James Jenkins
《着魔的人》　*The Haunted Man*
珍妮·赫尔－埃蒙　Jennine Hurl-Eamon
《政治纪事报》　*Political Register*
支持与促进英格兰各郡开设主日学校协会　Society for the Support and Encouragement of Sunday Schools in the Different Counties of England
《致管区内诸主教通函》　*Circular Letter to the Bishops of His Diocess*

《致圣大卫教区执事长及其他教士函》 *Letter to the Arch-Deacons and the Rest of the Clergy of the Diocess of St. David*

《致约克大主教阁下的一封信：国教会目前的腐败状况》 *A Letter to His Grace the Archbishop of York on Present Corrupt State of the Church of England*

朱迪思·迪福尔 Judith Defour

朱迪思·R. 沃尔克维茨 Judith R. Walkowitz

主计长 Paymaster General

主教常设法庭 consistory court

主教城堡 Bishop's Castle

主日学校 Sunday School

宗教小册子协会 Religious Tract Society

参考文献

一　中文文献

1. 中文著作
陈力丹、董晨宇：《英国新闻传播史》，人民日报出版社2015年版。
程汉大：《英国政治制度史》，中国社会科学出版社1995年版。
丁建定：《英国济贫法制度史》，人民出版社2014年版。
龚长宇：《道德社会学引论》，中国人民大学出版社2012年版。
龚龑：《塞缪尔·约翰逊的道德关怀》，中国社会科学出版社2015年版。
郭家宏：《富裕中的贫困——19世纪英国贫困与贫富差距问题研究》，社会科学文献出版社2016年版。
郭忠：《法律秩序和道德秩序的相互转化》，中国政法大学出版社2012年版。
蒋承勇等：《英国小说发展史》，浙江大学出版社2006年版。
姜德福等：《转型时期英国社会重构与社会关系调整研究》，商务印书馆2017年版。
姜德福：《社会变迁中的贵族——16—18世纪英国贵族研究》，商务印书馆2004年版。
雷结斌：《中国社会转型期道德失范问题研究》，人民出版社2015年版。
李保芳：《维多利亚时期英国中产阶级婚姻家庭生活研究》，社会科学文献出版社 2015 年版。

李强：《英国工业革命时期社会道德的文化研究》，云南大学出版社 2015 年版。

刘金源：《现代化与英国社会转型》，生活·读书·新知三联书店 2013 年版。

罗经国编选：《狄更斯评论集》，上海译文出版社 1981 年版。

吕晓燕：《施善与教化：伦敦的慈善组织研究（1700—1900）》，中国社会科学出版社 2018 年版。

钱乘旦主编，刘金源、李义中、刘明周、胡传胜：《英国通史》第 4 卷《转型时期——18 世纪的英国》，江苏人民出版社 2016 年版。

钱乘旦主编，刘城、胡传胜、陆伟芳、傅新球：《英国通史》第 5 卷《光辉岁月——19 世纪的英国》，江苏人民出版社 2016 年版。

钱乘旦：《第一个工业化社会》，四川人民出版社 1988 年版。

钱乘旦、陈晓律：《在传统与变革之间——英国文化模式溯源》，浙江人民出版社 1991 年版。

钱乘旦、高岱主编：《英国史新探：工业革命的新视角》，北京大学出版社 2018 年版。

钱青主编：《英国 19 世纪文学史》，外语教学与研究出版社 2018 年版。

乔修峰：《巴别塔下：维多利亚时代文人的词语焦虑与道德重构》，中国社会科学出版社 2017 年版。

曲卫国：《近代英国礼貌变革研究》，复旦大学出版社 2017 年版。

邵政达：《英国宗教史》，中国社会科学出版社 2017 年版。

舒小昀、高麦爱、褚书达：《恩格斯〈英国工人阶级状况〉研究读本》，中央编译出版社 2017 年版。

唐科：《英国牛津运动研究》，中国社会科学出版社 2019 年版。

王振林：《人性、人道、人伦——西方伦理道德问题研究》，中国社会科学出版社 2011 年版。

韦政通：《伦理思想的突破》，中国人民大学出版社 2005 年版。

魏秀春：《英国食品安全立法与监管史研究（1860—2000）》，中国社会科学出版社 2013 年版。
阎照祥：《英国贵族史》，人民出版社 2015 年版。
阎照祥：《英国政治思想史》，人民出版社 2010 年版。
阎照祥：《英国政治制度史》，人民出版社 1999 年版。
阎照祥：《英国政党政治史》，中国社会科学出版社 1993 年版。
袁弋胭：《19 世纪英国中产阶级自愿社团研究》，中国社会科学出版社 2017 年版。
张文亮：《兄弟相爱撼山河：威伯福斯与克拉朋联盟》，敦煌文艺出版社 2006 年版。
赵海虹：《“道德研究”——威廉·贺加斯的“现代道德主题”绘画》，中国美术学院出版社 2017 年版。
赵炎秋、刘白、蔡熙：《狄更斯学术史研究》，译林出版社 2014 年版。

2. 中文译著
［美］阿拉斯代尔·麦金太尔：《伦理学简史》，龚群译，商务印书馆 2014 年版。
［英］阿萨·布里格斯：《英国社会史》，陈叔平、陈小惠、刘幼勤、周俊文译，商务印书馆 2015 年版。
［美］阿瑟·赫尔曼：《苏格兰：现代世界文明的起点》，启蒙编译所译，上海社会科学院出版社 2016 年版。
［德］爱德华·傅克斯：《欧洲风化史：风流世纪》，张洁编译，陕西人民出版社 2014 年版。
［德］爱德华·傅克斯：《欧洲风化史：资产阶级时代》，赵永穆、许宏治译，辽宁教育出版社 2000 年版。
［德］爱德华·福克斯：《欧洲漫画史（上卷）：古代—1848 年》，章国锋译，商务印书馆 2017 年版。
［德］爱德华·福克斯：《欧洲情爱史》，富强译，华文出版社 2006 年版。
［英］艾玛·罗斯柴尔德：《帝国豪门——18 世纪史》，巫语白译，商

务印书馆 2016 年版。

［法］爱弥尔·涂尔干：《职业伦理与公民道德》，渠东等译，上海人民出版社 2001 年版。

［法］爱弥尔·涂尔干：《道德教育》，陈光金等译，上海人民出版社 2001 年版。

［美］爱默生：《英国人的特性》，张其贵、李昌其、胡莉莉译，方莉校译，中国社会科学出版社 2008 年版。

［英］艾瑞克·霍布斯鲍姆：《革命的年代：1789—1848》，王章辉等译，中信出版社 2014 年版。

［法］安·莫洛亚：《狄更斯评传》，王人力译，上海译文出版社 1986 年版。

［法］保尔·芒图：《十八世纪产业革命——英国近代大工业初期的概况》，杨人楩、陈希秦、吴绪译，商务印书馆 1983 年版。

［英］彼得·阿克罗伊德：《伦敦传》，翁海贞等译，译林出版社 2016 年版。

［美］彼德·布劳：《社会生活中的交换和权力》，孙非、张黎勤译，华夏出版社 1988 年版。

［美］彼得·盖伊：《启蒙时代：人的觉醒与现代秩序的诞生》上卷《现代异教精神的兴起》，刘北成译，上海人民出版社 2019 年版。

［美］彼得·盖伊：《启蒙时代：人的觉醒与现代秩序的诞生》下卷《自由的科学》，王皖强译，上海人民出版社 2019 年版。

［美］彼得·盖伊：《施尼兹勒的世纪：中产阶级文化的形成，1815—1914》，梁永安译，北京大学出版社 2006 年版。

［英］比·威尔逊：《美味与欺诈：食品造假与打假的历史》，周继岚译，生活·读书·新知三联书店 2010 年版。

［英］边沁：《道德与立法原理导论》，时殷弘译，商务印书馆 2000 年版。

［美］波考克：《德行、商业和历史：18 世纪政治思想与历史论辑》，冯克利译，生活·读书·新知三联书店 2012 年版。

［英］查尔斯·狄更斯：《双城记》，石永礼、赵文娟译，人民文学出

版社 1993 年版。

［英］戴雪：《公共舆论的力量：19 世纪英国的法律与公共舆论》，戴鹏飞译，上海人民出版社 2014 年版。

《笛福文选》，徐式谷译，商务印书馆 2011 年版。

《狄更斯全集》第 19 卷《博兹特写集》，庄建华、梅桂能译，浙江工商大学出版社 2012 年版。

《狄更斯全集》第 22 卷《重印集》，潘一禾等译，浙江工商大学出版社 2012 年版。

《狄更斯全集》第 23 卷《演讲集》，丁建民、殷企平、徐伟彬译，浙江工商大学出版社 2012 年版。

［英］H. T. 狄金森：《十八世纪英国的大众政治》，陈晓律等译，商务印书馆 2015 年版。

［美］凡勃伦：《有闲阶级论》，蔡受百译，商务印书馆 2011 年版。

［法］菲利浦·阿利埃斯、［法］乔治·杜比主编：《私人生活史Ⅳ：演员与舞台》，周鑫等译，北方文艺出版社 2008 年版。

［法］费尔南·布罗代尔：《15 至 18 世纪的物质文明、经济和资本主义》，施康强、顾良译，生活·读书·新知三联书店 2002 年版。

［美］弗朗西斯·福山：《大断裂：人类本性与社会秩序的重建》，唐磊译，广西师范大学出版社 2015 年版。

［英］弗兰西斯·哈奇森：《道德哲学体系》（上下册），江畅、舒红跃、宋伟译，浙江大学出版社 2010 年版。

［法］弗雷德里克·鲁维洛瓦：《礼貌史》，王琪译，上海文艺出版社 2014 年版。

［法］弗洛朗斯·塔玛涅：《欧洲同性恋史》，周莽译，商务印书馆 2009 年版。

［德］哈贝马斯：《公共领域的结构转型》，曹卫东等译，学林出版社 1999 年版。

［英］哈里·狄金森：《英国激进主义与法国大革命：1789—1815》，辛旭译，北京师范大学出版社 2016 年版。

［英］吉拉恩特·H. 詹金斯：《威尔士史》，孙超译，东方出版中心

2017 年版。
［英］J. C. D. 克拉克：《1660—1832 年的英国社会：旧制度下的宗教信仰、观念形态和政治生活》，姜德福译，商务印书馆 2014 年版。
［英］克拉潘：《现代英国经济史》上卷第一分册，姚曾廙译，商务印书馆 1964 年版。
［英］克拉潘：《现代英国经济史》中卷，姚曾廙译，商务印书馆 1975 年版。
［美］克莱顿·罗伯茨、戴维·罗伯茨、道格拉斯·R. 比松：《英国史》（上下册），潘兴明等译，商务印书馆 2013 年版。
［英］克里斯蒂娜·科顿：《伦敦雾：一部演变史》，张春晓译，中信出版社 2017 年版。
［英］克里斯托弗·J．贝瑞：《苏格兰启蒙运动的社会理论》，马庆译，浙江大学出版社 2013 年版。
［英］J. C. 莱尔：《英国复兴领袖传》（增订版），梁曙东等译，华夏出版社 2014 年版。
［英］劳伦斯·詹姆斯：《中产阶级史》，李春玲、杨典译，中国社会科学出版社 2015 年版。
［英］劳伦斯·斯通：《英国的家庭、性与婚姻 1500—1800》，刁筱华译，商务印书馆 2011 年版。
［英］劳威廉：《敬虔与圣洁生活的严肃呼召》，杨基译，生活·读书·新知三联书店 2013 年版。
［英］雷蒙·威廉斯：《文化与社会：1780—1950》，高晓玲译，商务印书馆 2018 年版。
［英］雷蒙·威廉斯：《关键词：文化与社会的词汇》，刘建基译，生活·读书·新知三联书店 2016 年版。
［英］琳达·科利：《英国人：国家的形成，1707—1837 年》，周玉鹏、刘耀辉译，商务印书馆 2017 年版。
［英］罗伯特·基：《爱尔兰史》，潘兴明译，东方出版中心 2010 年版。
［英］罗伯特·欧文：《欧文选集》第一卷，柯象峰译，商务印书馆

1979 年版。

［英］罗斯玛丽·阿什顿：《大恶臭：1858 伦敦酷夏》，乔修峰译，东方出版社 2019 年版。

［英］E. 罗伊斯顿·派克编：《被遗忘的苦难：英国工业革命的人文实录》，蔡师雄等译，巫维衡审校，福建人民出版社 1983 年版。

［英］马克·戈尔迪、罗伯特·沃克勤主编：《剑桥十八世纪政治思想史》，刘北成、马万利、刘耀辉、唐科译，商务印书馆 2017 年版。

［英］马克·辛伯格：《奢侈与逸乐：18 世纪英国的物质世界》，孙超译，中国工人出版社 2019 年版。

《马克思恩格斯全集》第 2 卷，中共中央马克思恩格斯列宁斯大林著作编译局译，人民出版社 1957 年版。

《马克思恩格斯选集》第 1 卷，中共中央马克思恩格斯列宁斯大林著作编译局译，人民出版社 2012 年版。

［英］迈克尔·弗里登：《英国进步主义思想：社会改革的兴起》，曾一璇译，张新刚校，商务印书馆 2018 年版。

［美］迈克尔·麦基恩：《英国小说的起源，1600—1740》，胡振明译，华东师范大学出版社 2015 年版。

［荷］B. 曼德维尔：《蜜蜂的寓言：或私人的恶德，公众的利益》（全两卷），肖聿译，商务印书馆 2016 年版。

［法］米歇尔·福柯：《规训与惩罚》，刘北成、杨远婴译，生活·读书·新知三联书店 2012 年版。

［丹］努德·哈孔森：《自然法与道德哲学：从格老秀斯到苏格兰启蒙运动》，马庆、刘科译，浙江大学出版社 2010 年版。

《潘恩选集》，马清槐等译，商务印书馆 1982 年版。

［英］佩里·安德森：《绝对主义国家的系谱》，刘北成、龚晓庄译，上海人民出版社 2001 年版。

［英］乔治·马尔科姆·汤姆森：《英国历届首相小传》，高坚、昌甫译，新华出版社 1986 年版。

［美］乔治·萨拜因：《政治学说史》（下卷），［美］索尔森修订，

邓正来译，上海人民出版社 2010 年版。
［美］J. B. 施尼温德：《自律的发明：近代道德哲学史》，张志平译，上海三联书店 2012 年版。
［英］斯特雷奇：《维多利亚女王传》，薛诗绮译，新星出版社 2017 年版。
［英］E. P. 汤普森：《共有的习惯：18 世纪英国的平民文化》，沈汉、王加丰译，上海人民出版社 2020 年版。
［英］E. P. 汤普森：《英国工人阶级的形成》，钱乘旦、杨豫、潘兴明、何高藻译，译林出版社 2001 年版。
［美］威尔·杜兰：《世界文明史》第 8 卷《路易十四时代》，幼狮文化公司译，东方出版社 1999 年版。
［美］威尔·杜兰：《世界文明史》第 9 卷《伏尔泰时代》，幼狮文化公司译，东方出版社 1999 年版。
［美］威尔·杜兰：《世界文明史》第 10 卷《卢梭与大革命》，幼狮文化公司译，东方出版社 1999 年版。
［德］维尔纳·桑巴特：《奢侈与资本主义》，王燕平等译，上海人民出版社 2000 年版。
［英］威廉·葛德文：《政治正义论》，何慕李译，关在汉校，商务印书馆 1980 年版。
［英］休谟：《人性论》（下册），关文运译，商务印书馆 2011 年版。
［英］休谟：《道德原则研究》，曾晓平译，商务印书馆 2001 年版。
［英］休谟：《休谟经济论文选》，陈玮译，商务印书馆 1984 年版。
［英］亚当·斯密：《亚当·斯密哲学文集》，石小竹、孙明丽译，商务印书馆 2016 年版。
［英］亚当·斯密：《国富论》，郭大力、王亚南译，商务印书馆 2015 年版。
［英］亚当·斯密：《道德情操论》，蒋自强、钦北愚、朱钟棣、沈凯璋译，商务印书馆 1997 年版。
［美］伊恩·P. 瓦特：《小说的兴起：笛福、理查逊、菲尔丁研究》，高原、董红钧译，生活·读书·新知三联书店 1992 年版。

［英］约翰·坎农主编：《牛津英国历史辞典》，孙立田、庞玉洁等译，孙立田总校译，人民出版社 2018 年版。

［英］约翰·雷：《亚当·斯密传》，胡企林、陈应年译，朱泱译校，商务印书馆 2014 年版。

［美］约翰·马丁·里奇等：《道德发展的理论》，姜飞月译，黑龙江人民出版社 2003 年版。

［英］约翰·密尔：《论自由》，许宝骙译，商务印书馆 2011 年版。

［英］约翰·卫斯理：《约翰·卫斯理日记》，王英、闫永立译，甘肃人民美术出版社 2013 年版。

［英］约瑟夫·阿狄生等：《伦敦的叫卖声》，刘炳善译，生活·读书·新知三联书店 2013 年版。

［英］詹姆斯·鲍斯韦尔：《伦敦日志（1762—1763）》，薛诚译，中国人民大学出版社 2009 年版。

［美］詹姆斯·弗农：《远方的陌生人：英国是如何成为现代国家的》，张祝馨译，商务印书馆 2017 年版。

［英］朱利安·威尔森：《两个人改变世界：卫斯理兄弟传》，吴慧晶译，东方出版社 2019 年版。

3. 期刊论文

蔡熙：《西方的狄更斯研究道德批评传统及其反思》，《湖南工业大学学报》2016 年第 1 期。

陈晓龙、张鲲：《论亚当·斯密的良序经济社会思想》，《天津社会科学》2011 年第 4 期。

陈勇：《咖啡馆与近代早期英国的公共领域——哈贝马斯话题的历史管窥》，《浙江学刊》2008 年第 6 期。

程西筠：《从恩赐官职到择优录士——十九世纪中叶英国文官制度的改革》，《世界历史》1980 年第 5 期。

董文俊：《〈Speenhamland 法案〉与近代英国社会转型的道德困境》，《江西社会科学》2008 年第 11 期。

高兆明：《主观善、客观善与商业道德——重读恩格斯〈英国工人阶级状况〉1892 年序》《浙江社会科学》2004 年第 1 期。

龚敏:《论近代早期英国政治社会监督机制与社会腐败》,《湖南科技大学学报》2006 年第 4 期。

龚敏:《论近代转型时期英国庇护网的构成和特点》,《佛山科学技术学院学报》2006 年第 4 期。

龚敏:《早期斯图亚特英国贵族官员腐败行为剖析》,《湖南科技大学学报》2005 年第 4 期。

龚敏、张彧:《复辟时期英国社会中上层婚外两性关系探析》,《佛山科学技术学院学报》2009 年第 5 期。

龚小刚:《工业革命时期英国工人形象的构建与权利的斗争——基于酗酒问题及其政治文化影响的考察》,《长江师范学院学报》2014 年第 4 期。

胡振明:《18 世纪英国小说兴起中的道德因素》,《四川外语学院学报》2007 年第 1 期。

兰教材:《19 世纪初英国食品药品掺假泛滥的历史原因》,《哈尔滨师范大学学报》2018 年第 3 期。

李增、龙瑞翠:《英国"黄金时代"道德风尚之流变——英国维多利亚社会阶级与道德关系流变探论》,《东北师大学报》2008 年第 6 期。

林有鸿:《禁酒运动中的英国茶文化刍议》,《中国茶叶》2017 年第 5 期。

刘金源、骆庆:《19 世纪伦敦市场上的牛奶掺假问题》,《世界历史》2014 年第 1 期。

刘新利:《文艺复兴时代的罗马教会与伦理道德》,《山东大学学报》2004 年第 6 期。

刘星:《简论〈英国工人阶级状况〉的阶级伦理思想》,《南昌大学学报》2006 年第 6 期。

罗卫东、张亚平:《亚当·斯密道德理论的核心是什么?》,《浙江大学学报》2016 年第 2 期。

马娅:《19 世纪英国现实主义小说与伦理道德》,《贵州大学学报》

2005 年第 5 期。
毛利霞：《19 世纪末英格兰社会净化运动》，《历史教学》2017 年第 12 期。
毛利霞：《19 世纪英国围绕性病防治的争端》，《世界历史》2016 年第 5 期。
毛利霞：《约瑟芬·巴特勒与维多利亚时代废除〈传染病法〉运动》，《北方论丛》2015 年第 4 期。
舒小昀：《英国十九世纪的离婚》，《社会》2002 年第 2 期。
谭赛花：《啤酒馆与英国近代早期平民公共领域的形成》，《绥化学院学报》2006 年第 3 期。
魏子任、丁双双：《近代英国陆军士兵酗酒问题及禁酒运动》，《军事历史研究》2013 年第 3 期。
吴仁平：《恩格斯对资产阶级利己主义和金钱道德的批判及其意义——读恩格斯〈英国工人阶级状况〉》，《宜春师专学报》1995 年第 1 期。
向荣：《啤酒馆问题与近代早期英国文化和价值观念的冲突》，《世界历史》2005 年第 5 期。
向荣：《移风易俗与英国资本主义的兴起》，《武汉大学学报》2000 年第 3 期。
许志强：《19 世纪英国禁酒运动与工人文化转向》，《苏州科技学院学报》2014 年第 3 期。
许志强：《英国主日学校运动背景、发展与影响》，《历史教学》（下半月刊）2011 年第 14 期。
许志强：《伦敦“杜松子酒之靡”：社会转型与酗酒问题》，《史林》2011 年第 1 期。
阎照祥：《17—19 世纪初英国贵族欧陆游学探要》，《世界历史》2012 年第 6 期。
杨芳：《美德与商业社会——亚当·斯密〈道德情操论〉解读》，《历史教学问题》2005 年第 6 期。
杨新新：《诚信首先是经济范畴——重读恩格斯〈英国工人阶级状

况〉序言》，《许昌学院学报》2004 年第 6 期。
尹康敏：《时代良知的呼唤——作为社会批评家狄更斯对英国社会发展的影响》，《信阳师范学院学报》2014 年第 4 期。
曾亚英：《英国维多利亚时期的女性酗酒现象分析》，《绵阳师范学院学报》2015 年第 1 期。
曾亚英：《维多利亚时期英国城市的娼妓问题》，《妇女研究论丛》2005 年第 3 期。
张怀印：《19 世纪英国治理选举舞弊现象的法律规制及其借鉴》，《湖南科技大学学报》2008 年第 2 期。
张佳生：《从啤酒馆到咖啡馆：近代英国公共空间的文明化》，《湖南科技大学学报》2008 年第 4 期。
张鲲：《斯密对现代社会道德秩序的转换与重建》，《湖北行政学院学报》2011 年第 2 期。
张延华：《廉洁与效率：英国两次文官制度改革的共同价值取向》，《山东师范大学学报》2002 年第 1 期。
赵炎秋：《论狄更斯的道德观在其长篇小说人物塑造中的影响》，《陕西师范大学学报》1987 年第 4 期。
周文英：《工业革命时期英国卫斯理宗（1740—1840）》，《暨南学报》2000 年第 5 期。
朱法贞：《恩格斯伦理思想简论》，《杭州大学学报》1989 年第 1 期。
邹穗：《英国工业革命中的福音运动》，《世界历史》1998 年第 3 期。
邹翔：《维多利亚时代的〈接触传染病法〉与中下层妇女的废法运动》，《世界近现代史研究》第八辑，社会科学文献出版社 2011 年版。

4. 学位论文

陈礼伟：《马修神父与 19 世纪爱尔兰禁酒运动研究》，硕士学位论文，南京大学，2016 年。
崔明远：《英国道德与习俗改良运动研究（17 世纪末—18 世纪中期）》，硕士学位论文，兰州大学，2017 年。

韩红华：《19 世纪英国城市的娼妓问题》，硕士学位论文，南京大学，2007 年。

李晴：《17 世纪末到 18 世纪上半期英国社会道德与习俗改良运动研究》，硕士学位论文，北京师范大学，2007 年。

罗卫东：《亚当·斯密的伦理学——〈道德情操论〉研究》，博士学位论文，浙江大学，2004 年。

邱振裕：《论 1829—1853 年英国的禁酒运动》，硕士学位论文，南京大学，2015 年。

王晨辉：《英国 19 世纪禁酒运动研究》，博士学位论文，北京师范大学，2015 年。

张江伟：《欲望、自利与商业社会——从曼德维尔到凡勃伦的思想史考察》，博士学位论文，浙江大学，2015 年。

张钦：《休谟伦理思想研究》，博士学位论文，湖南师范大学，2005 年。

二　英文文献

1. 时人著述、小册子、布道文、传单、审判记录、书信、议会记录等

Abstract of the Laws Against Sabbath-Breaking, Swearing, and Drunkenness, Published Under the Direction of the Committee of Special Constables, and the Society for the Reformation of Manners, Stockport, November, 1797.

A Civilian, *Free Thoughts on Seduction, Adultery, and Divorce*, London, 1771.

A Copy of the Craftsman, Containing an Abstract of the Act Against Bribery and Corruption, Edinburgh, 1734.

Adultery Anatomized: in a Select Collection of Tryals, for Criminal Conversation. Brought down from the Insant Ages of Cuckoldom in England, to Its Full Growth in the Present Times, Volumes Two, London, 1761.

Adultery: The Trial of Mr. William Atkinson, Linen-Draper of Cheapside for

Criminal Conversation with Mrs. Corner, Wife of Mr. Corner, Late of the Mitre at Barnet Which Was Tried in Hilary Term, 1789, in the Court of King's Bench Before Lord Kenyon, London, 1789.

Adultery: Trial in the Court of King's Bench Before Lord Kenyon and a Special Jury, Between Edward Dodwell Esq. Plaintiff and the Rev. Henry Bate Dudley Defendant, for Crim. Con., London, 1789.

A Help to a National Reformation, London, 1706.

A Letter from Several Members of the Society for Reformation of Manners, London, December 10th, 1704.

An Account of the Societies for Reformation of Manners, in England and Ireland with a Persuasive to Persons of All Ranks to Be Zealous and Diligent in Promoting the Execution of the Laws Against Prophaneness and Debauchery for the Effecting a National Reformation, London, 1701.

An Act for the More Effectual Preventing Bribery and Corruption, in the Elections of Members to Serve in Parliament, Edinburgh, 1761.

An Address to Grand-Juries, Constables, and Church-Wardens, Representing their Power in the Suppression of Vice and Profaneness, and the Obligation the Lies upon Them from Their Oaths Thereto, London, 1710.

An Earnest Dissuasive from Intemperance in Meats and Drinks. With a More Particular View to the Point of Spirituous Liquors. Revised and Enlarged by the Right Reverend Father in God. Edmund Gibson, D. D. Late Lord Bishop of London, London, 1771.

An Epistle to the Right Honourable the Lord-Mayor, Aldermen and Common-Council, of the City of London, and Governors of the Several Hospitals, with an Appendix Containing the Most Material Extracts from the Sermon, & C. Concerning the Pernicious and Excessive Use of Spirituous Liquors. The Third Edition, with Additions, by the Right Reverend Isaac Lord Bishop of Worcester, London, 1751.

Arthur Bedford, *The Evil and Danger of Stage-Plays: Shewing Their Natural Tendency to Destroy Religion, and Introduce a General Corruption of*

Manners; *In almost Two Thousand Instances*, *Taken from the Plays of the Two Last Years*, *Against All the Methods Lately Used for Their Reformation*, Bristol, 1706.

Arthur Bedford, *A Sermon Preached to the Societies for Reformation of Manners*, *at St. Mary-Le-Bow*, *on Thursday*, *January10th*, *1733*, London, 1734.

Arthur Hill Hassall, *Food and Its Adulterations*: *Comprising the Reports of the Analytical Sanitary Committee of 'The Lancet' for the Yeas 1851 to 1854*, London, 1855.

A Second Address from the Committee of Association of the County of York, *to the Electors of the Counties*, *Cities*, *and Boroughs within the Kingdom of Great Britain. To Which Is Added*, *The Resolutions of That Committee*, *at Their Meeting Held on the 17th of October*, 1781.

Briberyand Simony; *or a Satyr Against the Corrupt Use of Money*, by the Author of the London Spy, London, 23th November, 1703.

City Corruption and Mal-Administration Displayed; *Occasion'd by the Ill Management of the Public Money in General*: *With Some Remarks upon the Modest Enquiry into the Conduct of the Court of Aldermen*, *& C. Address'd to the Citizens of London Against the Ensuing Election for Common-Council-Men*, by a Citizen, London, 1738.

Determinations of the Honourable House of Commons, *Concerning Elections*, *and All Their Incidents*; *as the Issuing of the Writ*, *the Taking of the Poll*, *the Scrutiny*, *the Return*, *the Qualification of the Electors and Elected*, *Oaths to Be Taken*, *Rights of Election in the Several Cities and Boroughs*, *Evidence Proper on Hearing*, *Disqualification by Offices*, *Bribery*, *Treating*, *Riots*, London, 1761.

Determinations of the Honourable House of Commons, *Concerning Elections*, *and All Their Incidents*; *as the Issuing of the Writ*, *the Taking of the Poll*, *the Scrutiny*, *the Return*, *the Qualification of the Electors and Elected*, *Oaths to be Taken*, *Rights of Election in the Several Cities and Boroughs*,

Evidence Proper on Hearing, Disqualification by Offices, Bribery, Treating, Riots, London, 1774.

Frederick Accum, *A Treatise on Adulterations of Food and Culinary Poisons. Exhibiting the Fraudulent Sophistications of Bread, Beer, Wine, Spirituous Liquors, Tea, Coffee, Cream, Confectionery, Vinegar, Mustard, Pepper, Cheese, Olive Oil, Pickles, and Other Articles Employed in Domestic Economy. And Methods of Detecting Them*, London, 1820.

George Smyth, *A Sermon Preached to the Societies for Reformation of Manners, Preach'd at Salters-Hall, on Monday, June 26, 1727*, London, 1727.

H. Northcote & C. E. Trevelyan, *Report on the Organisation of the Permanent Civil Service*, London, 1854.

Hannah More, *Thoughts on the Importance of the Manners of the Great to General Society*, London: Printed for T. Cadell, 1788.

Henry Crossman M. A., *Ecclesiastical Merchandise Shown to Be Unlawful, and Exceedingly Injurious to the Church of Christ; with a Brief Remark on the Prevailing Sin of Bribery; in a Sermon Preached at the Archdeacon's Visitation in Sudbury, Suffulk, May 25, 1769*, London, 1769.

Henry Dixon, *Moral Essays: or, the Wisdom of All Nations*, Bath, 出版日期不详。

J. Marshall, *The Gin-Shop, or a Peep into a Prison*, Bath, 出版日期不详。

James Knight, *A Sermon Preached to the Societies for Reformation of Manners, at St. Mary-Le-Bow, on Monday, January the 5th, 1738*, London, 1733.

John Corry, *The Gardener's Daughter of Worcester; or the Miseries of Seduction*, London, 出版日期不详。

John Denne, *The Religious, Moral, and Civil State of the Nation Considered, in a Sermon Preached in the Parish Church of St. Leonard, Shoreditch, upon January 9, 1744*, London, 1744.

John Disney, *A View of Ancient Laws, Against Immorality and Profaneness; Under the Following Heads: Lewdness, Profane Swearing, Cursing, and Blasphemy, Perjury, Prophanation of Days Devoted to Religion, Contempt or Neglect of Divine Service; Drunkenness, Gaming, Idleness, Vagrancy, and Begging, Stage-Plays and Players, and Duelling*, Cambridge, 1729.

John Ellis, *The Necessity of a National Reformation of Manners; Or the Duty of Magistrates, Ministers, and All Others, to Put the Laws in Pececution Against Prophaneness and Immorality. Being a Sermon Preached at the Church of St. Mary, in Nottingham, Before the Mayor and Aldermen & C. and the Society for Reformation of Manners*, London, 1701.

John Fallowfield, *Miscellaneous Essays, Divine and Moral, Designed to Discourage Vice, and to Promote Virtue*, Whitehaven, 1788.

John Heylyn, *A Sermon Preached to the Societies for Reformation of Manners; at St. Mary-Le-Bow, on Monday, December the 26th MDCCXX*, London, 1721.

John Leng, *A Sermon Preached to the Societies for Reformation of Manners at St. Mary-Le-Bow, on Monday, December the 29th MDCCXVIII*, London, 1719.

Joseph Burroughs, *A Sermon Preached to the Societies for Reformation of Manners; at Salters-Hall, on Monday, the 28th of June, 1731*, London, 1731.

M. D'Archenholz, *A Picture of England: Containing a Description of the Laws, Customs, and Manners of England*, Dublin, 1791.

Michael Ryan, *Prostitution in London*, London: H. Bailliere, 1839.

Obadiah Hughes, *A Sermon Preached to the Societies for Reformation of Manners; preach'd at Salters-Hall, July 1, 1728*, London, 1728.

On Adultery: A Sermon Preached at Rye, in Sussex, by the Reverend Lord Preston, London, 1772.

Parish Corruption in Part Displayed: Or, a Narrative of Some Late Transac-

tions in St. Luke's Parish, in the County of Middlesex, Especially Such as Respect the Indicting for Forgery, and Outlawing Mr. Thomas Sayers, the First Head-Church-Warden in That New Parish, London, 1760.

Reformation Necessary to Prevent Our Ruine: A Sermon Preached to the Societies for Reformation of Manners, At St. Mary-le-Bow, On Wednesday, January 10th, 1727, London, By the Right Reverend Father in God, Richard [Smalbroke], Lord Bishop of St. David's.

Robert Drew, *A Sermon Preached to the Societies for Reformation of Manners, at St. Mary-Le-Bow, on Monday, January 27th, 1734*, London, 1735.

Samuel Smith, *A Sermon Preached to the Societies for Reformation of Manners, at St. Mary-Le-Bow, on Monday, March 5th, 1738*, London, 1738.

Sound Reason and Solid Argument for a Reform in Parliament; and the Abolition of Bribery, Corruption, Rotten Boroughs, and Other Abuses: His Grace the Duke of Richmond, His Grace the Duke of Portland, the Right Honourable William Pitt, Chancellor of the Exchequer, First Lord of the Treasury, & C. and Others, London, 1782.

Substance of the Speeches of Lord Auckland, in the House of Lords, May 16th and 23d, 1800; In Support of the Bill for the Punishment and More Effectual Prevention of the Crime of Adultery, London, 1800.

The Candidate: Being a Detection of Bribery and Corruption as It Is Just Now in Practice All Over Great Britain, in Order to Make Members of Parliament, London, 1715.

The Comical Pilgrim, or Travels of a Cynick Philosopher, thro' the Most Wicked Parts of the World, namely England, Wales, Scotland, Ireland, and Holland, London, 1723.

The Dreadful Guilt of Bribery, Seconded by Perjury: in a Serious Address to the Consciences of All Persons Who Have Votes in Counties, Cities, Corporations, and Buroughes; and of All Returning Officers, at the Ensuring

Elections of Members to Serve in Parliament, London, 1734.

The Evils of Adultery and Prostitution; With an Inquiry into the Causes of Their Present Alarming Increase, and Some Means Recommended for Checking Their Progress, London, 1792.

The Four and Twentieth Account of the Progress Made in the Cities of London & Westminster, and Places Adjacent, by the Societies for Promoting a Reformation of Manner, London, 1719.

The Forty-Fourth Account of the Progress Made in the Cities of London & Westminster, and Places Adjacent, by the Societies for Promoting a Reformation of Manner, London, 1738.

The Nine and Thirtieth Account of the Progress Made in the Cities of London & Westminster, and Places Adjacent, by the Societies for Promoting a Reformation of Manner, London, 1734.

The Rev. Matthew Henry Cooke, *The Newest and Most Complete Whole Duty of Man, or Every Christian's Family Companion*, London, 出版日期不详。

The Six and Twentieth Account of the Progress Made in the Cities of London & Westminster, and Places Adjacent, by the Societies for Promoting a Reformation of Manner, London, 1721.

The Trial of Lady Ann Foley, Wife of the Hon. Edward Foley, Esq. and Daughter of William, Earl of Coventry, for Adultery with the Right Hon. Charles Herry Earl of Peterborough, in the Consistorial and Episcopal Court at Doctor's Commons, London, 1785.

The Trial of the Cause on the Action Brought by Hans Wintrop Mortimer, Esq. Member for the Borough of Shaftesbury, Against Francis Sykes, Esq.; for Bribery Committed at Shaftesbury, Previous the General Election, in October, 1774. Tried by a Special Jury, on Saturday the 27th of July, 1776. At the Assize held at Dorchester for the County of Dorset, 1776.

The Trial of the Right Hon. Ann, Countess of Cork and Orrery, at the Con-

sistory Court of Doctors Commons, upon a Libel, Charging Her with Committing the Crime of Adultery, and Violating Her Marriage Vow, Dublin, 1784.

The Trial of Viscountess of Belmore for Adultery with the Earl of Ancram, London, 1792.

The Two and Twentieth Account of the Progress Made in the Cities of London & Westminster, and Places Adjacent, by the Societies for Promoting a Reformation of Manner, London, 1717.

Thomas Cotton, *A Sermon Preached to the Societies for Reformation of Manners, in the Cities of London and Westminster*, London, October 5, 1702.

To the Honourable the Commons of Great Britain in Parliament Assembled. The Petitions of the Gentlemen, Clergy, and Freeholders of the County of York, 1779.

To the Honourable the Commons of Great Britain in Parliament Assembled. The Petitions of the Gentlemen, Clergy, and Freeholders of the County Palatine of Chester, 1780.

To the Honourable the Commons of Great Britain in Parliament Assembled. The Humble Petitions of the Noblemen, Gentlemen, Clergy, Freeholders, and Other Inhabitants of the County of Sussex, 1780.

To the Honourable the Commons of Great Britain in Parliament Assembled. The Petitions of the Gentlemen, Clergy, and Freeholders of the County of Derby, 1780.

Tracts Entertaining Moral, and Religious, London, 1798.

Trial of an Action for Thirty Seven Thousand Pounds Brought by Paul Benfield, Esq. Against Samuel Petrie, Esq. Upon a Charge of Bribery. Tried at Salisbury, the 12th of March 1782, Before Sir Richard Perryn, Knt. One of the Barons of His Majesty's Court of Exchequer, London, 1782.

W. Landels, *Lessons of the Street: A Lecture*, London, 1858.

William Hoyle, *Fifty Years of Drinking, and Its Influence upon the Wealth and Industrial Well-Being of the Nation*, Manchester: United Kingdom Alliance, 1880.

William Hunter, *Plain Thoughts and Friendly Hints on the Sabbath, and a Reform of Moral; in Consequence of His Majesty's Most Gracious Proclamation for the Suppression of Vice and Immorality*, London, 1791.

2. 书信集、史料汇编、日记等

Arthur Christopher Benson and Viscount Esher eds., *The Letters of Queen Victoria: A Selection from Her Majesty's Correspondence Between the Years 1837 and 1861, Vol. Ⅰ, 1837 – 1843*, London: John Murray, 1908.

Arthur Christopher Benson and Viscount Esher eds., *The Letters of Queen Victoria: A Selection from Her Majesty's Correspondence Between the Years 1837 and 1861, Vol. Ⅱ, 1844 – 1853*, London: John Murray, 1908.

Arthur Christopher Benson and Viscount Esher eds., *The Letters of Queen Victoria: A Selection from Her Majesty's Correspondence Between the Years 1837 and 1861, Vol. Ⅲ, 1854 – 1861*, London: John Murray, 1908.

David C. Douglas ed., *English Historical Documents, Vol Ⅵ, 1660 – 1714*, London and New York: Routledge, 1996.

David C. Douglas ed., *English Historical Documents, Vol. Ⅶ, 1714 – 1783*, London and New York: Routledge, 1996.

David C. Douglas ed., *English Historical Documents, Vol. Ⅷ, 1783 – 1832*, London and New York: Routledge, 1996.

David C. Douglas ed., *English Historical Documents, Vol. Ⅸ, 1833 – 1874*, London and New York: Routledge, 1996.

Robert Latham ed., *The Diary of Samuel Pepys: A Selection*, London: the Penguin Group, 1985.

Samuel Pepys, *Pepys' Memoires of the Royal Navy, 1679 – 1688*, edited by J. R. Tanner, Oxford: the Clarendon Press, 1906.

3. 今人著作

A. E. Dingle, *The Campaign for Prohibition in Victorian England*, London: Croom Helm, 1980.

Alan Hunt, *Governing Morals: A Social History of Moral Regulation*, Cambridge: Cambridge University Press, 1999.

Bob Harris, *Politics and the Nation: Britain in the Mid-Eighteenth Century*, Oxford: Oxford University Press, 2002.

Brian Harrison, *Drink and the Victorians: The Temperance Question in England 1815 – 1872*, London: Faber and Faber, 1971.

Charles Ludington, *The Politics of Wine in Britain: A New Cultural History*, London: Palgrave Macmillan, 2013.

Chris Cook, *The Routledge Companion to Britain in the Nineteenth Century, 1815 – 1914*, London: Routledge, 2005.

Clive Emsley, *Crime and Society in England, 1750 – 1900*, Harlow: Pearson Education Limited, 2010.

Douglas Hay and Nicholas Rogers, *Eighteenth-Century English Society: Shuttles and Swords*, Oxford: Oxford University Press, 1997.

F. M. L. Thompson, *The Rise of Respectable Society: A Social History of Victorian Britain, 1830 – 1900*, London: Fontana Press, 1988.

Gertrude Himmelfarb, *De-Moralization of Society: From Victorian Virtues to Modern Values*, New York: Vintage Books, 1995.

Harold Perkin, *The Origins of Modern English Society*, London and New York: Routledge, 2002.

Istvan Hont and Michael Ignatieff eds., *Wealth and Virtue: The Shaping of Political Economy in Scottish Enlightenment*, Cambridge, 1983.

J. Cannon, *Aristocratic Century: The Peerage of Eighteenth Century England*, Cambridge: Cambridge University Press, 1984.

J. V. Beckett, *The Aristocracy in England 1660 – 1914*, New York: Basil Blackwell, 1986.

James Nicholls, *The Politics of Alcohol*: *A History of the Drink Question in England*, *Manchester*: *Manchester University Press*, 2009.

Jeffrey Weeks, *Sex*, *Politics and Society*: *The Regulation of Sexuality Since 1800*, Harlow: Pearson Education Limited, 2012.

Joanna Innes, *Inferior Politics*: *Social Problems and Social Policies in Eighteenth-Century Britain*, Oxford: Oxford University Press, 2009.

John Greenaway, *Drink and British Politics Since 1830*: *A Study of Policy-Making*, Basingstoke: Palgrave Macmillan, 2003.

Joseph Rowntree and Arthur Sherwell, *The Temperance Problem and Social Reform*, London: Hodder and Stoughton, 1901.

Judith R. Walkowitz, *Prostitution and Victorian Society*: *Women*, *Class*, *and the State*, Cambridge: Cambridge University Press, 1980.

Keith Wrightson, *English Society 1580 – 1680*, London and New York: Routledge, 2003.

Lilian Lewis Shiman, *Crusade Against Drink in Victorian England*, Basingstoke: Macmillan, 1988.

Lawrence James, *Aristocrats Power*, *Grace and Decadence*: *Britain's Great Ruling Class from 1066 to the Present*, London: ABACUS, 2010.

Lawrence Stone, *Broken Lives*: *Separation and Divorce in England 1660 – 1857*, Oxford: Oxford University Press, 1993.

M. Dorothy George, *London Life in the Eighteenth Century*, Chicago: Academy Chicago Publishers, 2000.

M. J. D. Robert, *Making English Morals*: *Voluntary Association and Moral Reform in England*, Cambridge: Cambridge University Press, 2004.

Maureen Waller, *The English Marriage*: *Tales of Love*, *Money and Adultery*, London: John Murray, 2010.

Paul McHugh, *Prostitution and Victorian Social Reform*, London: Routledge, 1980.

Paula Bartley, *Prostitution*: *Prevention and Reform in England*, *1860 – 1914*, London: Routledge, 2000.

Philip Carter, *Men and the Emergence of Polite Society, Britain 1660 - 1800*, Edinburgh: Pearson Education Ltd., 2001.

Richard Barrett, *The Temperance Movement: Its Rise, Progress and Results*, London: Mark Lane, 1854.

Richard Price, *British Society, 1680 - 1880: Dynamism, Containment and Change*, Cambridge: Cambridge University Press, 1999.

Roy Porter, *English Society in the 18th Century*, London: Penguin Books Ltd., 1991.

Samuel Couling, *History of the Temperance Movement in Great Britain and Ireland*, London: William Tweedie, 1862.

Thom Braun, *Disraeli the Novelist*, London: George Allen & Unwin, 1981.

Venetia Murray, *High Society: A Social History of the Regency Period 1788 - 1830*, London: the Penguin Group, 1998.

Walter L. Arnstein, *Lives of Victorian Political Figures Ⅲ, Vol Ⅰ: Queen Victoria*, London: Pickering & Chatto, 2008.

William B. Willcox and Walter L. Arnstein, *The Age of Aristocracy 1688 to 1830*, Lexington: D. C. Heath and Company, 1988.

W. M. Jacob, *The Clerical Profession in the Century 1680 - 1840*, Oxford: Oxford University Press, 2007.

4. 期刊论文

Faramerz Dabhoiwala, "Sex and Societies for Moral Reform, 1688 - 1800", *Journal of British Studies*, Vol. 46, No. 2, 2007, pp. 290 - 319.

Kathryn Rix, " 'The Elimination of Corrupt Practices in British Election'? Reassessing the Impact of the 1883 Corrupt Practices Act", *English Historical Review*, Vol. CXXIII, No. 500 (Feb. 2008), pp. 65 - 97.

Robert B. Shoemaker, "Reforming the City: The Reformation of Manners Campaign in London, 1690 - 1738", in L. Davison, et al. eds., *Stilling the Grumbling Hive: The Response to Social and Economic Problems in*

England, *1689 – 1750*, Stroud and New York, 1992, pp. 99 – 120.

T. C. Curtis & W. A. Speck, "The Societies for the Reformation of Manners: A Case Study in the Theory and Practice of Moral Reform", *Literature and History*, 1976 (3), pp. 45 – 64.